김영갑 교수와 박노진 대표의 식당이야기

성공하는
식당에는
이유가 있다

김영갑 교수와 박노진 대표의 식당이야기

성공하는 식당에는 이유가 있다

김영갑·박노진 지음

교문사

음식점 사업, 경험과 지식 중
어디에 기반을 두어야 할까요?

아직도 음식점을 경험에 의존하는 사업이라고 믿는 사람들이 많습니다. 10
년 전까지만 해도 그런 믿음이 크게 틀리지 않았습니다. 하지만 이제 세상
이 많이 변했습니다. 음식점 사업도 지식에 기반을 두었을 때 높은 생산성
을 낼 수 있고, 경쟁력을 갖출 수 있게 되었으니까요.

　음식점이 겪게 될 미래를 가장 잘 보여주는 업종의 사례가 있습니다. 동
네 구멍가게나 동네 슈퍼로 불리던 소매점들이 지금은 거의 사라졌습니다.
모두 어디로 간 것일까요? 대형할인점과 SSM(Super Supermarket), 그리고
24시간 편의점이 과거 작은 소매점이 위치했던 자리를 모두 차지하고 있습
니다. 이런 유통업체는 대기업이나 대형자본에 의해 운영되는 체인 또는
프랜차이즈 형태의 기업들입니다.

　과거 동네의 작은 소매점은 경험이 전혀 없어도 운영이 가능했던 점포들
이었습니다. 자리를 지키고만 있으면 손님들이 찾아와서 구매를 하고 현
금으로 물건 값을 치루거나 외상을 하기도 했었죠. 사람들이 모여서 이야
기를 나누는 일종의 커뮤니티 공간의 역할을 하기도 했습니다. 그런데 여
기까지가 한계였습니다. 자본력, 경영능력, 마케팅능력을 갖춘 대형 업체들
의 치밀한 공략으로 인하여 대량구매고객을 시작으로 소비자들은 동네 구
멍가게와 슈퍼를 외면하기 시작했습니다. 철저한 소비자 분석에 기초한 상
품 배치와 가격전략은 물론이고, 최첨단 데이터베이스 기술을 바탕으로 개
인정보, 구매정보를 이용한 고객관계관리(CRM)는 대형할인점을 찾는 고객

이 재구매를 하도록 만족시키는데 부족함이 없었습니다.

대기업과 대형자본 유통업체는 소량구매 소비자에게도 치밀한 전략으로 접근하기 시작했습니다. 24시간 편의점이 그것입니다. 할인점에 비하여 가격은 비싸더라도 소비자의 가장 가까운 거리에서 24시간 내내 모든 편의품을 살 수 있는 서비스를 제공하기 시작했으니까요. 작은 공간에 수백 가지의 상품을 진열하였으며, 도시락에 커피까지 실생활에 필요한 모든 상품을 적절한 상권과 입지에서 적시에 제공하는 서비스는 동네 구멍가게가 감당하기에는 벅찰 수밖에 없었습니다.

유통업을 점령한 대기업과 거대자본이 노리는 다른 산업이 있습니다. 바로 외식산업입니다. 최소 연간 60조 원에서 최대 120조 원으로 추정되는 외식산업의 규모는 국내 최대의 산업 군이면서 유일하게 소상공인이 대부분을 차지하고 있는 매력적인 산업이라 할 수 있습니다. 그런데 이런 시장에서 경험에 의존하는 개인과 지식에 의존하는 대기업 또는 대형자본의 경쟁이 예상되고 있으니 걱정이 아닐 수 없죠. 어쩌면 예측 자체가 무의미할지도 모릅니다. 하지만 무조건 비관적이라고 포기할 수는 없는 게 현실입니다. 외식산업에서 소상공인이 살아남은 일본이나 유럽의 사례에서 우리는 큰 교훈을 얻을 수 있습니다. 즉 희망이 있다는 의미입니다.

인적산업이며 서비스산업의 특징이 강한 음식점 사업. 결코 대기업만 유리하다고 할 수 없습니다. 대기업은 표준화에 기반을 둔 원가우위전략을 사용해야 하기 때문입니다. 음식점은 특화된(또는 차별화된) 개인화 서비스가 가장 중요한 사업 중 하나입니다. 즉 표준화된 서비스 보다는 모든 고객을 개별적으로 대할 수 있는 서비스가 더 필요한 사업이라는 의미입니다.

그런데 이러한 개인화된 서비스는 어디서 구할 수 있을까요? 결론부터 말하면 음식점도 경험이 아닌 지식에 기반을 둔 음식과 서비스를 연구하고 개발해야 합니다. 작지만 강한 기업이 되어야 한다는 의미이죠. 소위 강소기업이 그것입니다. 혼자서 일하는 1인 음식점이 앞으로 강세를 보일 가능성이 높습니다. 예를 들면, 오너셰프는 새벽에 식재료를 준비하고, 점포의 문을 연 후 청소를 할 것입니다. 준비된 식재료를 다듬어서 최상의 요리를 만들고, 직접 손님에게 서빙한 후 마지막에 계산까지 직접 합니다. 물론 멋진 멘트와 친절한 배웅 인사도 잊지 않을 겁니다.

이러한 일련의 과정은 단순한 노동만으로는 불가능합니다. 최상의 식재료를 최저가격으로 구매하기 위한 구매관리시스템을 활용할 수 있어야 합니다. 하루에 12시간 이상을 근무해서는 생산성을 높이기 힘듭니다. 2시간의 점심시간과 3시간의 저녁시간에만 운영하기 위해서 SNS를 이용한 예약과 고객관리가 이루어져야 합니다. 주말에는 쉬어야 하므로 평일에 주어진 시간에 목표수익률을 달성할 수 있는 수익관리(Yield Management)를 할 수 있어야 합니다. 시간대별 요일별 월별 등락이 있는 매출액을 안정시키기 위해서는 인터넷 마케팅(또는 소셜마케팅) 능력도 갖추어야 합니다. 이러한 일련이 과정은 단순 육체노동으로는 결코 완수할 수 없는 일입니다. 지식을 활용한 경영을 하지 않고서는 결코 수행할 수 없는 일입니다.

공상과학 영화의 한 장면과 같은 이러한 음식점 경영과정을 단숨에 전문적인 수준의 지식으로 채울 수는 없습니다. 정상에 오르기 위해서 한걸음씩 산을 오르듯 지금부터 공부하는 수밖에 없습니다. 치열한 경쟁이 예상되는 미래를 위한 준비가 절실한 시점입니다. 이 책은 음식점 경영이 경험에서 지식 중심으로 넘어가야 한다는 점을 강조하기 위해 쓰였습니다. 그런 목적을 달성하기 위해 전체 구성을 두 부분으로 나누었습니다. 그리고 Part 1은 한양사이버대학교 호텔조리외식경영학과의 김영갑 교수가 담당했습니다. 소규모 음식점의 부가가치를 높이고 생산성을 증대시키기 위해 필요한 이론적인 내용을 주로 다루었습니다. 이 부분은 마케팅이나 상권분석에 대한 기초지식이 없는 경우 다소 어렵다고 느낄 수 있지만 가볍게 읽고 넘어가도 좋습니다. 반복해서 읽고 정리하면 자신의 지식으로 전이될 수 있을 겁니다. Part 2는 마실 2.0이라는 새로운 콘셉트로 제2의 전성기를 누리고 있는 숟가락반상 박노진 대표가 담당했습니다. 전반부에 다룬 이론에 기반을 두어 실무에 적용한 사례를 누구나 알기 쉽게 제시하고 있습니다.

본서는 가볍게 읽을 수 있는 경험기반의 책과는 다소 차이가 있습니다. 그러나 아무리 좋은 의도라도 독자가 외면하면 아무런 소용이 없지 않을까요. 그래서 듀엣의 전문가가 저자로 나선 것입니다. 그럼에도 불구하고 음식점 경영자를 위한 모든 지식을 담았다고 할 수는 없습니다. 일단은 지식의 필요성을 강조하고 현재 상황에서 반드시 필요한 내용을 위주로 다루었습니다. 지금은 여기에 만족하고 향후 지속적으로 전문화된 지식을 전달하기 위해 노력할 것을 약속드립니다.

그리고 저의 원고가 이렇게 책으로 변신할 수 있게 된 것은 전적으로 숟가락반상 마실의 박노진 대표님 덕분입니다. 모든 구성을 도맡아서 정리하여 주셨습니다. 무엇보다도 Part 1에서 다룬 이론을 그대로 현장에 적용하고 검증을 거친 후 실무에 즉시 활용할 수 있도록 Part 2를 완성하셨습니다. 마지막으로 이 책이 나올 수 있도록 열정을 가지고 노력해 주신 교문사 류제동 사장님과 편집부 직원 여러분께 감사드립니다.

2015년 12월 사이버2관 연구실에서
김영갑

차례

프롤로그   4

PART 1

잘되는 가게에는 이유가 있다   12

경영철학을 중심에 세워라 : 왜 음식점을 하십니까?   12
브랜드 인지도를 높여라 : 고객은 왜 우리 식당을 선택하는가?   17
경영능력을 향상시켜라 : 우리 점포의 승부수는 무엇인가?   21
사업타당성을 검토하라 : 원하는 수익을 얻을 수 있는가?   24
투자수익률을 검토하라 : 지속가능한 사업인가?   29
매출목표를 수립하라 : 목표는 정기적으로 통제되는가?   36

마케팅은 전략이다   46

고객을 철저히 분석하라 : 우리의 고객은 무엇을 원하는가?   46
메뉴를 경영하라 : 우리 가게의 메뉴는 매력적인가?   53
가격전략을 활용하라 : 가격관리 원칙은 무엇인가?   63
시각 효과를 극대화하라 : 눈으로 맛보는 것은 무엇인가?   73
서비스를 디자인하라 : 서비스 프로세스를 갖고 있는가?   79
고객과 소통을 시작하라 : 온라인 마케팅을 이해했는가?   86

숨은 1%를 찾아라   98

한번 성공을 영원한 성공으로 만들어라 : 성장 단계별 전략이 있는가?   98
'어떻게'를 연구하라 : 경쟁 극복 전략을 갖고 있는가?   103
매출 패턴을 찾아내라 : POS 데이터를 활용할 줄 아는가?   106
작은 차이에 민감해져라 : 매장 내에서 어떤 마케팅활동을 하는가?   109
낭비를 최소화하라 : 원가관리를 할 수 있는가?   115
숫자에 익숙해져라 : 회계를 할 줄 아는가?   122

PART 2

100년 식당, 사장에게 달려 있다　　　　　　　　128

가장 먼저 경영철학과 비전을 세워라 : 마실의 비전 세우기　　　128
섬세한 경영자가 되어라 : 직원 만족이 마케팅의 첫걸음이다　　134
끊임없이 공부하라 : 식당 공부하는 다섯 가지 방법　　　　　　140
준비되기 전에 시작하지 마라　　　　　　　　　　　　　　　　147
기록하고 분석하라 : 과학적 데이터를 근거로 한 선택은 믿을 수 있다　153
세금은 투명하게 처리하라 : 세금 잘 내는 음식점이 돈도 잘 번다　160

생존이 아닌 성장을 위한 전략을 짜라　　　　　　　166

재구매에 열광하라 : 마케팅은 고객만족경영이다　　　　　　　166
조리방식과 서비스방식을 규격화하라　　　　　　　　　　　　170
나눔을 시작하라 : 마실네트워크의 해피데이　　　　　　　　　175
찾아오는 식당을 만들어라 : 입지조건이 대박식당의 절대 조건은 아니다　181
우리 손님이 어디서 오는지 확인하라 : 우리 손님은 누구인가?　188
메뉴는 고객과 식당을 연결하는 강력한 마케팅 도구다　　　　194

식당경영, 이것만은 꼭 지켜라　　　　　　　　201

마실을 운영하는 다섯 가지 원칙　　　　　　　　　　　　　　201
내가 떳떳한 곳에서 손님을 맞이하라 : 외식업의 경쟁력은 청결과 위생에서 출발한다　206
고객의 목적을 달성하게 하라 : 식당에 오는 이유는 무엇인가?　212
하나에 집중하라 : 술보다 밥, 저녁보다 점심, 남성보다 여성고객　218
음식점마케팅은 매출향상과 브랜드스토리를 동시에 진행해야 한다　227
매출과 원가의 상관관계 : 손님이 몰리면 원가는 잡힌다　　　232

에필로그　　　　　　　　　　　　　　　　　　　　　　　　238
참고문헌　　　　　　　　　　　　　　　　　　　　　　　　243

Part 1

잘되는 가게에는 이유가 있다

마케팅은 전략이다

숨은 1%를 찾아라

잘되는 가게에는 이유가 있다

경영철학을 중심에 세워라
: 왜 음식점을 하십니까?

며칠 전, 음식점 사장님들을 대상으로 한 특강을 하면서 가장 먼저 이런 질문을 던졌다. "사장님들은 왜 음식점을 하십니까?" 사장님들로부터 돌아온 답변은 간단했다. "돈 벌려고." 또는 "먹고 살아야 하니까." 그래서 이런 질문을 다시 던졌다. "제가 여기 강의를 하러 온 이유는 뭘까요?" 멋쩍은 웃음을 지으시면서 역시 간명하게 대답을 해주신다. "돈 벌려고 왔겠지, 왜 왔겠어." 사장님은 자신의 입장을 대답할 때는 거리낌이 없었는데, 강의를 하는 사람이 왜 왔는지를 답하면서는 다소 민망한 표정과 난감한 어투로 이야기를 했다.

그래서 좀 더 난감한 질문을 던졌다. "혹시 여러분의 자녀를 가르치는 학교 선생님들이 왜 선생님이 되셨다고 생각하세요? 선생님들이 먹고 살기 위해서 또는 돈을 벌 목적으로 선생님이 되셨고, 그래서 하루하루 여러분의 자녀들을 형식적으로 가르치고 있다고 생각하세요?" 강의실이 조용해졌다. 아무도 답을 하지 않는다. 강의를 듣는 사장님들의 대부분이 그건 아니라고 생각하는 표정이다. 그래서 다시 처음 질문으로 돌아갔다. 그리고 사장님들이 음식점을 하는 이유가 뭔지 생각해 보자고 했다.

직업이 무엇이든지 간에 그 직업을 선택한 이유는 대부분 비슷하다. 즉 목적과 목표가 대동소이하다는 의미이다. 남에게 음식과 서비스를 판매하는 사장님들의 목표는 '고객이 음식을 맛있게 먹고, 음식을 먹는 과정에서 행복을 느끼게 만들어 주는 것'이다. 학생을 가르치는 선생님의 목표는 '학생이 즐겁게 지식을 익히고, 익힌 지식을 사회를 위해 유용하게 활용하게 만들어 주는 것'이다. 궁극적으로 고객을 만족시키거나 수강생을 만족시키는 일체의 활동이 우리가 하는 일의 목표이자 목적이다.

보기에는 쉽지만, 힘들고 어려운 음식점 사업

음식점은 그 어떤 업종보다도 힘들고 어렵다. 일단 음식점의 경영자들이 힘들다고 언급하는 대표적인 내용을 나열해 본다.

첫째, 하루에 12시간 이상 일해야 한다. 특별한 경우 24시간 영업하며 틈틈이 쉬어야 할 수도 있다. 둘째, 1년에 설과 추석 당일, 이틀밖에 쉬지 못한다. 일부 음식점은 1년 24시간 영업하는 곳도 있다. 셋째,

육체적인 노동만이 아니라 직원 및 아르바이트 구인과 관리, 세금 계산과 납부, 메뉴 개선과 개발 등 끊임없이 정신적 노동도 해야 한다. 넷째, 모든 가족이 음식점 사업에 매달려야 하는 경우도 있다. 자칫 가정에 불화가 생길 수도 있다. 다섯째, 요일별, 월별, 계절별로 매출의 등락이 심하다. 불안정한 생활을 하게 되면 적자가 나는 경우도 비일비재하다. 여섯째, 조리능력에 경영능력까지 다재다능해야 한다. 일곱째, 직원의 이직률이 높고, 4대 보험, 수당, 퇴직금 등 인건비가 지속적으로 늘고 있다. 여덟째, 음식의 라이프사이클이 짧아서 계속 리뉴얼과 업종 변경을 하지 않으면 단명한다. 우리나라 음식점의 평균업력은 2년 내외로 알려져 있다.

그림 1 음식점 사업이 어려운 요인

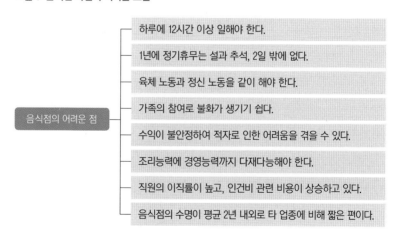

음식점 사업이 꼭 어려운 점만 있는 것은 아니다. 큰 투자를 하지 않고 안정적인 수입을 올리는 성공적인 사례도 많다. 다만 금전적으로 성공하더라도 육체적으로나 정신적으로 불안정한 상황이 많기 때문에 나름대로 음식점을 하는 목표와 목적을 명확히 할 필요가 있다. 어떤 직업을 가지든 스스로 하는 일에 자부심을 가지고 즐거움을 느낄 수 있는 가치를 추구할 때, 어려움도 극복할 수 있다. 그래서 경영철학이 필요하다.

경영철학은 어떤 일을 어떻게 할지 결정하는 기준이다

과거와 달리 이제는 작은 음식점을 운영하더라도 경영철학management philosophy이 필요하다. 경영철학이란 '경영자가 사업을 영위하는 데 있어 지침이 되는 기본적인 의식·경영신조·경영이념'이다. 즉, 나의 사업이 사회에 존재하는 이유를 표시하고 경영활동이 향하는 바를 규정하는 것이다. 결과적으로 경영철학은 사업의 지표인 동시에 경영자의 의사결정 기준이다. 따라서 음식점이 성공하기 위해 어떤 활동을 해야 하는지 알려주는 구체적이고 현실적인 지침이 경영철학이고 사훈社訓이다. 일반적으로 경영철학은 장기적으로 변하지 않는 것이 특징이지만 사업의 발전단계에 따라 변하기도 한다. 예를 들어 과거에는 음식점들이 영리추구에 집중했다면, 최근에는 특별한 가치를 추구하거나 사회공헌에 더 큰 비중을 두고 있다.

어떤 사업이든지 간에 경영철학이 필요한 이유는 사업이 궁극적으로 가져야 할 모습을 이념체계로 정리할 수 있기 때문이다. 사업체와 사업자의 명확한 존재 가치, 조직원 일체감, 목표달성의 원동력, 사업체질 혁신, 새로운 사업 기회의 발견 등을 위해 경영철학은 사업의 기초가 된다. 국내외에서 오랜 기간 존속하는 음식점들을 살펴보면, 경영철학이 명확하고 이를 실제로 실천하는 점포임을 알 수 있다. 경영자는 조직을 경영하는데 보람을 느끼고, 직원들은 그런 조직의 일원이라는데 자부심을 가지고 일하게 된다.

그림 2 동네빵집 성심당의 경영철학 사례 ────────────────

> **" 모든이가 다 좋게 여기는 일을 하도록 하십시요 "**
>
> 로마서 12:17
>
> 성심당은 카톨릭 정신을 기본으로 모든이가 다 좋아하는 곳으로 만들어가고자 하며 이는 이웃과 사회 그리고 고객과 이곳에 근
> 무하는 직원들과 협력업체까지 모두가 좋아하고 사랑하는 회사가 되고자 합니다. 또한 제품 하나하나에 정성과 애정을 불어넣
> 어 좋은 상품으로 고객과 신뢰속에서 만나며 고객의 식생활을 풍요롭게 하여 새로운 식문화를 만들어 가고자 합니다. 향토기업
> 으로 성장한 성심당은 지역사회에 봉사하는 "가치있는 기업"이 되고자 합니다.

자료 : 성심당 홈페이지(http://www.sungsimdang.co.kr)

〈그림 2〉는 '대전의 향토기업'이라는 자부심과 '가치 있는 기업'을 지
향하는 동네빵집 성심당의 경영철학이다. "모든이가 다 좋게 여기는
일을 하도록 하십시요"라는 이 문구로 인하여 경영자는 물론이고 직
원 모두가 합심하여 노력했기에 많은 동네빵집이 어려움을 겪는 와중
에도 성심당은 57년의 역사를 이어오면서 국내 최고의 빵집이 되었다.

돈을 벌기 위하여 음식점을 하면, 우리는 고객과 모든 이해관계자
를 수익과 비용의 대상으로 보게 될 것이며, 결국 고객도 잃고 직원과
거래처도 떠나게 만들지 모른다. 이제부터라도 음식점의 경영자는 물
론이고 직원과 지역사회 모두가 행복할 수 있는 가치를 찾아내고, 이
를 사훈으로 삼아 모든 의사결정을 하며 모두가 바라는 성과를 추구
해야 한다.

작은 음식점이 대기업이 되는 비법은 경영철학

지금은 세계적인 기업으로 성장했더라도 모든 외식업체는 작은 점포
에서 시작되었다. 처음부터 대기업이었던 외식업체는 없다. 스타벅스

와 도미노피자 역시 처음에는 작은 점포부터 시작했지만 각각의 철학을 가지고 노력한 끝에 세계적인 기업으로 성장했다. 지금의 스타벅스를 만든 하워드 슐츠는 '커피가 아닌 편안한 공간을 판다'는 철학으로 세계 최고의 커피전문점 브랜드를 일구었다. 도미노피자 역시 맛있는 피자보다는 집까지 빠르게 배달되는 피자에 더 큰 가치를 부여하고 '30분 내 배달 보증'을 실시했다. 물론 배달사고가 잦아지면서 지금은 포기한 슬로건이 되었지만 그들의 빠른 서비스는 오프라인을 넘어서서 온라인에서 더 큰 위력을 발휘하며 최고의 실적을 시현하고 있다.

아무리 작은 음식점을 하더라도 누군가 "왜 음식점을 하십니까?"라고 질문하면 대단한 경영철학을 이야기해야 한다. 너무 모양과 겉치레에 치중하는 사람처럼 보이는 게 싫더라도 경영자는 경영자다워야 한다. 혼자서 하는 음식점이라도 하루 수십 명에서 수백 명의 고객과 마주하는 음식점 경영자는 이미 공인이나 다름없다. 식재료를 선택하고 위생 수준을 결정하는 것부터 가격과 서비스 수준을 맞추는 모든 결정은 경영철학에서 비롯된다. 그리고 그런 과정은 고객을 만족시키는 순간을 거쳐 사회에 기여하는 점포로 만들어준다. 음식점도 하나의 기업이다. 기업은 경영철학이라는 핵심가치를 통해 유지되고 성장한다. 국내의 모든 음식점이 경영철학을 바탕으로 원하는 목표를 이룰 수 있기를 기원한다.

브랜드 인지도를 높여라
: 고객은 왜 우리 식당을 선택하는가?

소비자 구매행동에 영향을 미치는 요소에서 '음식의 맛'과 '브랜드' 중 하나를 선택하라면 여러분은 무엇을 선택하겠는가? 이 질문에 대한 답을 선택하기 전에 추가 질문을 먼저 고려해 보기 바란다. 첫째, 빵을 구매하려는 귀하가 주로 이용하는 빵집은 어디인가? 그 점포를 선택하는 특별한 이유는 무엇인가? 둘째, 과자류나 음료수 또는 문구류를 주로 구매하는 곳은 어디인가? 무의식적으로 편의점을 이용하고 있다면 그 이유는 무엇일까?

브랜드가 곧 마케팅이라고 할 정도로 브랜드의 위상은 계속 커지고 있다. 모든 기업들이 강력한 브랜드 인지도를 만들기 위해 열을 올리고 있다. 고객만족을 위해서 최고의 맛을 추구하고 서비스 수준을 높이기 위해 최선을 다하는 노력은 결국 소비자의 눈높이만 높이고 있는지 모른다. 어쩌면 영원히 만족시킬 수 없는 고객이라면 차라리 습관화시키는 방법을 선택해야 한다. 고객을 습관화시키는 방법은 결국 브랜드이다.

음식점의 현실은 어떠한가?

음식이 맛있고, 서비스가 최고라면 모든 것이 해결될 것이라 믿었던 동네의 음식점이 하나둘 사라져가고 있다. 이제 브랜드가 없이는 생존하기 힘든 시대가 되었다. 주변을 돌아보기 바란다. 동네에 그 많던 구멍가게가 다 어디로 갔다고 생각하는가? 세상에서 가장 친절하다고 할 수 있는 아저씨와 아주머니가 지키던 구멍가게는 하나둘씩 사라져가고 있는 반면에 손님이 와도 크게 반기지 않는 아르바이트생이 지키는 점포의 수는 기하급수적으로 증가했다. 아주머니의 손맛을 자랑하던 동네 음식점도 별반 다르지 않다. 개인적인 입맛도 맞추어 주시고 양이 적은 듯하면 덤도 주시던 아주머니가 운영하던 분식집은 없어진지 오래다. 그 자리에는 손님이 오면 쳐다보지도 않고 큰소리로 인사만 하는 이런 저런 업종의 프랜차이즈 점포가 대신 자리하고 있다.

홍성태 교수는 "만족한다고 대답한 고객의 8% 정도만이 재구매를 하며, 브랜드 선택을 좌우하는 요소는 '습관'이다."라고 했다. 즉 고객의 만족도는 구매한 제품이 구매 전의 기대수준을 능가할 때 일어나는 인식이기 때문에 음식점이 어렵게 고객의 기대수준을 충족하더라도 고객들의 기대수준은 다시 높아지게 되어 향후에는 충족이 어렵게 된다. 결과적으로 고객만족은 재구매로 연결되지 않을 가능성이 높다.

그림 3 **구매행동을 습관으로 만들어주는 브랜드에 집중하라**

| 만족한다고 대답한 고객의 8% 정도만 재구매 | 맛있고 친절하던 동네 음식점이 사라짐 |
| 브랜드 선택을 좌우하는 요소는 '습관' | 고객이 스스로 모든 것을 알아서 하는 셀프서비스, 패스트푸드 점포가 늘어남 |

CS 전문가인 닐 마틴Neale Martin 역시 "만족한다고 대답한 고객 중 기껏해야 8% 정도가 재구매하고, 거꾸로 불만족하다고 말한다고 해서 그 브랜드의 구매를 기피하지도 않는다."고 했다. 예를 들어 어떤 음식점에서 불만족을 느끼는 경우가 생겨도 기존에 쌓여 있는 마일리지를 포기할 수 없어서 다시 방문하게 되는 경우가 여기에 해당한다.

이제 음식점들도 고객만족CS: Customer Satisfaction에서 고객습관화CH:

그림 4 **고객만족에서 고객습관화로**

| 고객만족 (CS: Customer Satisfaction) | ▶ | 고객습관화 (CH: Customer Habituation) |

Customer Habituation에 더 집중해야 할 시기가 되었다. 심리학자 수잔 피스크Susan Fiske의 '인지적 구두쇠cognitive miser' 이론에 따르면, "인간의 두뇌는 정보를 처리할 때 많은 에너지가 사용되는데, 가능하면 그 에너지를 절약하려 노력한다."고 한다. 따라서 사람들은 음식점을 이용할 때에 각각의 음식을 구매할 때마다 평가하는 것이 아니라 '휴리스틱'을 활용한다. 휴리스틱은 일종에 주먹구구식 의사결정 방법인데 활용 가능한 모든 변수를 이용할 수 없을 때 평소의 습관이나 기타 연상, 대표 이미지와 메시지 등을 활용하여 의사결정을 하는 방법을 의미한다. 물론 어쩌다 한 번은 매우 의식적으로 의사결정을 할 수도 있지만 대부분의 의사결정은 무의식적으로 습관을 따르게 된다.

우리 자신의 구매행동을 다시 생각해 보자. 커피전문점을 선택했던 기억, 햄버거를 사먹었을 때의 과정, 점심식사를 위해 음식점을 선택하는 의사결정 등은 바로 휴리스틱에 의해 이루어지는 경우가 많았을 것이다.

지금까지의 연구에 기초할 때, 소비자의 구매과정에서 습관에 의한 선택이 95% 이상이라는 점에는 이의가 없어 보인다. 그리고 그 습관은 음식의 품질, 서비스, 마케팅, 디자인, 접근의 편의성 등에 의해 만들어지지만 궁극적으로 브랜드로 종결된다는 사실을 알 수 있다. 아무리 작은 음식점이라도 브랜드 인지도와 가치를 높이는 데 주력해야 하는 이유이다.

경영능력을 향상시켜라
: 우리 점포의 승부수는 무엇인가?

국민경제의 양극화, 소매업의 양극화를 보면서 외식산업의 양극화를 조심스럽게 예측하는 전문가가 많았다. 그리고 그들은 걱정하던 상황이 현실화 되면 어떻게 극복해야 할지에 대해서도 많은 고민을 하고 있다. 하지만 그런 우려가 현실로 나타났을 때 실현 가능한 대안을 내놓을 수 있을지는 비관적이다. 만약 그것이 가능하다면 경제의 양극화나 눈에 보이는 소매업태의 양극화도 쉽게 해결하지 않았을까? 다만 외식업의 경우 서비스 산업의 특성상 소규모 업체들의 경쟁력 강화를 통한 생존전략은 비관적이지만은 않다는 것을 일본 등의 사례에서 확인할 수 있다.

얼마 전 대형 외식기업의 호황과 소형 외식 점포들의 불황이 대조적으로 보도된 바 있다. 단순한 추측이 아닌 금융감독원의 경영공지자료와 현장조사를 통한 자료에 근거한 것이어서 그 충격은 더욱 크지 않을 수 없다. 결국 올 것이 오고 있음을 보여주었다. 이미 예고된 바와 같이 양극화는 필연이다. 다만 정책적인 것은 어쩔 수 없더라도 사업자 개인의 입장에서 그 원인을 명확히 이해하려는 노력이 필요하다. 원인분석을 통해 나름대로의 경쟁력을 확보하고 새로운 틈새시장을 찾아 생존과 발전을 이어가려 한다면 충분히 승산이 있으리라 믿는다.

대형 외식업체는 무엇으로 승부하는가?

대기업은 대량구매와 대량소비를 통한 규모의 경제를 추구한다. 소매사업과 연계하여 한꺼번에 많이 구매하므로 저렴한 가격으로 구매가 가능하다. 게다가 프랜차이즈 시스템을 통한 점포 확장으로 다량의 소비가 가능하다. 정형화되긴 했어도 어느 정도의 고객만족도를 유지할 수 있는 서비스 시스템과 최첨단의 소셜네트워크서비스를 이용한 마케팅 능력까지 갖추고 시장을 선도한다. 다양한 쿠폰과 고객관계관리 시스템까지 갖추고 있어서 수시로 고객의 재구매를 자극한다. 대형 자본을 이용한 광고는 더욱 강력한 소비자 유입력을 갖는다. 대부분의 대형 외식업체는 고급화된 콘셉트를 이용하여 소비자에게 고가격전략으로 고품질임을 인식케 하여 소비자를 만족시킨다.

경제발전에 따른 명품소비를 추구하는 소비자 심리는 외식산업에서도 크게 다르지 않다. 가격에 민감하기보다는 품질과 분위기로 승부하는 업체를 선호하게 된다. 그들은 2년 내지 3년 주기로 트렌디한 인테리어를 선보인다. 개인의 소규모 점포로는 결코 따라가기 힘든 구조이다. 외식소비에서도 위험을 회피하려는 의식이 점점 강해지고 있다. 마치 소매시장에서 전통시장보다 대형할인점을 이용하는 심리이다. 저렴한 동네 슈퍼보다는 가격이 비싼 대형 브랜드의 편의점을 찾는 것도 이와 유사한 현상이다. 소비자들의 고품질 추구, 위험회피 인식은 소규모의 외식 점포에게는 큰 부담이 아닐 수 없다.

소규모 외식점포의 승부수는 무엇인가?

이른바 시스템, 원가 우위, 소비자의 고품질 추구 및 위험회피 심리를 활용하는 대형 외식기업과 소규모 외식점포가 경쟁할 수 있는 대안은 없는 것일까? 소규모 점포는 대형업체들이 갖출 수 없는 장점을 살릴 수 있다. 그것은 틈새시장을 위한 차별화와 빠른 시장 대응력 그리고 경영능력을 향상시키는 것이다. 대형업체의 장점인 규모의 경제를 위해서는 대량구매와 대량소비가 필요하기 때문에 대중을 상대할 수밖에 없다. 평균적인 소비자를 대상으로 하는 메뉴만이 성공할 수 있다. 그에 반하여 소규모 업체는 수익성이 있는 차별화된 틈새시장을 찾아 경쟁할 수 있다. 평균적인 소비자가 아닌 다른 맛과 다른 메뉴를 원하는 소비자를 만족시키는 것이다. 다음은 빠른 시장 대응력을 키우는 것이다. 메뉴 개발과 서비스 개선을 위해 많은 단계와 의사결정을 거치는 대형업체와 달리 소규모 업체는 빠른 의사결정과 대응이 가능하다. 하루가 다르게 변화하는 소비자의 욕구를 현장에서 파악하고 즉시 메뉴와 서비스에 반영하는 능력이 요구된다.

경영능력의 향상은 그 어떤 문제보다도 가장 시급한 과제가 아닐 수 없다. 과거에는 이른바 주먹구구식으로도 음식의 맛만 있다면 충분히 성공할 수 있었다. 하지만 음식의 종류가 많아지고 국제화되면서 맛의 기준이 모호해지고 소비자의 만족에 미치는 영향 정도가 급격히 줄어드는 현상을 발견할 수 있다. 기업형 업체의 경영자뿐만 아니라 소규모 업체의 경영자도 충분한 자질을 갖추지 않고는 결코 성공할 수 없는 상황임을 인지해야 한다. 원가관리를 포함한 재무관리 능력, 마케팅 능력, 인적자원관리 능력 외에 외식산업에 특화된 서비스 경영능력을 갖추고서야 소규모 점포도 성공의 반열에 오를 수 있음을 이해해야 한다. 그리고 국가나 그 어떤 전문가도 그것을 대신할 수 없음을 명심해야 한다.

사업타당성을 검토하라
: 원하는 수익을 얻을 수 있는가?

창업하려는 사람들에게 가장 먼저 해야 할 일로 사업계획서 작성을 추천한다. 하지만 필자는 사업타당성 분석을 먼저 해볼 것을 권한다. 사업타당성 분석을 한 후, 타당성이 입증되면 그때부터 사업계획서를 작성하는 것이 논리적으로 합당하기 때문이다.

사업타당성 분석이란?

사업에 앞서서 '사업의 성공 여부를 사전에 평가해 보는 총체적 활동'을 사업타당성 분석이라고 한다. 여기서 주의해야 할 단어로 '성공'을 들 수 있다. 그리고 '총체적 활동'이 어떤 과정과 내용인지 알아야 한다. 성공이란 자신이 설정한 목표를 달성하는 것을 의미한다. 사업에서의 성공은 창업자가 얻고 싶은 '투자수익률' 달성이다. 예를 들어 1억 원을 투자하여 1년에 5천만 원을 벌고 싶다면 성공은 연 50%의 투자수익률을 달성하는 것이다. 이렇게 계산해 보면 자신이 원하는 결과가 터무니없는지, 아니면 현실적인지 알 수 있다.

사업타당성 분석을 좀 더 구체적으로 설명하면 '목표 투자수익률을 달성할 수 있을지 여부를 확인하는 과정'이라고 할 수 있다.

사업타당성 분석이 왜 필요한가?

사업타당성 분석은 단순히 목표 투자수익률을 확인하는데 그치는 활동이 아니다. 예비창업자가 사업타당성 분석을 해야 하는 이유는 다음과 같다.

첫째, 창업 예정인 사업을 논리적이고 객관적으로 분석하게 되어 창업의 성공 가능성을 높일 수 있다. 둘째, 창업에 필요한 요소들을 정확하게 파악하게 되므로 창업기간이 단축되어 투자비용을 절감할 수 있다. 셋째, 사업타당성 분석을 하면서 철저한 준비가 되므로 좀 더 효율적인 창업을 하게 된다. 넷째, 사업타당성 분석 과정에서 자연스럽게 경영능력이 향상되고 사업 및 고객에 대한 이해도가 높아진다.

이처럼 사업타당성 분석은 단순히 사업의 성공 여부를 확인하는 것을 넘어서 창업자가 좀 더 자신감을 가지고 창업을 시도하고 경영자로서의 자질을 갖추어 창업하게 만드는 큰 역할을 한다.

사업타당성 분석 어떻게 하나?

사업타당성 분석 방법을 정리하면 〈그림 5〉와 같다.

그림 5 **사업타당성 분석 방법**

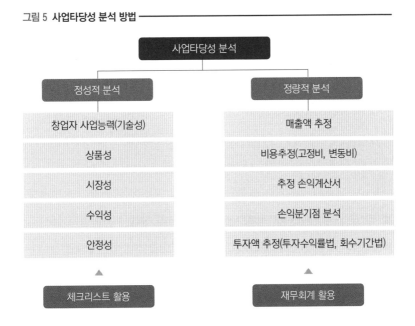

사업의 성공 여부를 판단하기 위하여 활용 가능한 분석법은 크게 정성적 분석과 정량적 분석으로 나눌 수 있다. 정성적 분석이란 전문가의 주관적 판단에 근거하여 사업타당성을 분석하는 것을 의미한다. 그에 반하여 정량적 분석은 수치자료를 활용한 과학적 분석법이라고 할 수 있다. 그러나 정성적 방법은 비과학적이라서 실효성이 떨어진다는 생각을 할 필요는 없다. 어떤 방법이 더 우월하다고 할 수 없고 분석해야 할 내용에 따라서 분석 방법을 선택해야 한다. 정성적 분석은 체크리스트나 설문지 등을 활용하고, 정량적 분석은 회계학에 근거한 손익계산, 손익분기점 분석, 투자수익률 계산 등을 통해 결과를 도출한다.

먼저 정성적인 분석 방법의 세부적인 내용을 살펴보면 다음과 같다.

첫째, 창업자의 사업능력으로서 기술성과 경영능력을 판단해 본다. 스스로 창업하려는 업종에 대한 전문성을 갖추었는지 자문해 보면 쉽다. 기술적으로 경쟁력이 없다면 치열한 경쟁상황에서 사업을 유지하기는 어렵다. 종종 프랜차이즈 본사의 기술력에 의존하는 경우가 있는데, 우리나라 프랜차이즈 본사의 평균수명도 매우 짧은 현실을 직시해야 한다. 기술력 외에 소상공인은 경영능력도 스스로 갖추어야 한다. 아무리 작은 점포라도 경영능력이 없이 성공하기를 바라는 것은 마치 로또에 당첨되기를 바라는 것과 다름없다.

둘째, 상품성과 시장성을 검토해야 한다. 식재료를 안정적으로 구매할 수 있는지 제조한 상품을 구매해 줄 소비자층은 충분한지 등이 중요한 의사결정 변수가 된다.

셋째, 수익성과 안정성을 점검해야 한다. 수익성의 경우 정량적 분석을 해야 할 부분이 많지만 안정성은 정성적인 판단이 매우 중요한 변수이다. 사업이 오랫동안 유지될 수 있을 만큼 창업 아이템이 유행에 민감하지 않은지 확인해야 한다.

정성적 분석을 위해서는 자신이 창업하려는 업종에 대한 지식과 식견을 많이 쌓아야 하지만 정량적 분석은 더욱 많은 지식을 필요로 한다. 대표적인 학문으로 회계학을 공부해야 하는 어려움이 있다. 소상공인이 굳이 회계학까지 공부해서 창업해야 하는지 의문을 가질 수 있지만 평생직업으로서의 사업을 계획한다면 다소 시간이 걸리더라도 충분히 공부하는 것이 필요하다. 정량적 분석 방법은 다음과 같은 절차를 거친다.

첫째, 자신이 창업하려는 업종의 대표적인 업체의 매출액을 추정해본다. 가능하면 창업을 하려는 상권과 가장 유사한 곳의 점포를 선택하고 매장의 규모도 비슷하면 좋다. 일반적으로 가장 활성화된 점포의 매출을 추정하게 되는데, 가능하면 최저, 중간, 최고 수준을 모두 확인하는 것이 좋다.

둘째, 매출액을 추정해본 점포들의 비용을 추정해야 한다. 비용항목은 일반적으로 알 수 있는 수준으로는 부족하므로 회계학에서 정한 계정과목을 기준으로 매출원가, 판매비와 관리비를 세부적인 항목별로 산출해야 한다. 예를 들어 부가가치세, 신용카드수수료, 광고비, 홍보비, 판매촉진비 등의 항목이 빠지지 않아야 한다.

셋째, 추정한 매출액과 비용을 이용하여 추정손익계산서를 만들어본다. 손익계산서는 역시 회계학에서 정해준 기준에 의하여 매출총이익, 영업이익, 경상이익, 순이익의 순으로 작성해야 한다.

넷째, 비용을 변동비와 고정비로 분류하여 손익분기점을 분석한다. 손익분기점은 사업을 유지하기 위해 필요한 최소한의 매출 수준을 의미한다. 손익분기점 분석을 해 보면 자신이 창업하려는 점포에서 달성 가능한 매출액 수준에 대한 새로운 관점을 갖는 데 유리하다.

다섯째, 지금까지 추정한 매출액과 비용 수준을 고려할 때 투자해야 하는 금액을 산출한다. 투자금이 산출되면 이전에 추정한 순이익을 이용하여 간략한 투자수익률을 산출할 수 있으며 자연스럽게 투자금의 회수기간도 알 수 있게 된다.

정성적 분석과 정량적 분석을 통해 창업자는 창업 여부를 결정할 수 있다. 물론 이러한 과정을 통해 확인한 결과가 실제 현실에서 그래도 실현될 확률을 100%라고 할 수는 없다. 하지만 그런 과정을 통해 자신의 부족한 점을 발견하고 창업하려는 업종의 문제점도 자연스럽게 알게 될 것이다. 결과적으로 창업자는 부족한 점을 보완하고 문제점은 극복하면서 창업을 시도하게 되어 자신이 설정한 목표를 달성할 가능성이 높아지게 될 것이다. 앞으로는 타인의 조언이나 직관적인 판단으로 쉽게 창업하는 사람들이 줄고, 합리적이고 과학적인 방법으로 타당성을 분석한 후 창업하는 사례가 많이 늘어나기를 기원한다.

투자수익률을 검토하라
: 지속가능한 사업인가?

사람들이 창업을 하는 목적은 결과적으로 이익창출에 있다. 즉 판매를 통하여 얻은 매출액이 사업에 소요된 비용보다 많아서 원하는 이익을 얻는다는 확신이 있어야 사람들은 창업을 한다.

이익 = 매출액 − 비용

이처럼 모든 창업자들은 자신이 이익을 달성한다는 확신으로 점포를 개점한다. 손실을 볼 것을 알면서 창업하는 사람은 없다. 그러나 실제 현실에서는 대부분의 창업자들이 원하는 이익을 얻기보다는 손실을 보다가 유지하기 어려워져서 폐업을 하는 경우가 더 많다. 많은 준비와 노력으로 이익을 얻는 경우라도 또 한 가지 유념해야 할 사항이 있다. 이익이 나더라도 자신이 목표했던 투자수익률을 달성하지 못한다면 결과적으로 성공했다고 보기 어렵다는 사실이다. 안전한 정기예금에 가입하고 편하게 쉬는 것이 더 큰 투자수익률을 올릴 수 있는데 무리하여 창업을 하는 사람은 없을 것이다.

투자수익률 = 이익 ÷ 총 투자비

그러한 차원에서 창업자들이 이익을 달성하고 그 이익이 자신이 원하는 투자수익률에 가까운 결과인지를 검증하는 방법을 간략한 사례를 통하여 살펴보기로 한다.

요즘 유행하는 '스몰비어' 업종에 1억 원을 투자하여 월 500만 원의 이익을 얻고자 하는 사람이 있다고 가정해 보자. A프랜차이즈 홈페이지에는 10평의 점포에서 〈표 1〉과 같이 월 500만 원의 순이익이 가능하다며 손익계산서를 제시하고 있다. 약 1억 원의 총투자비가 소요된다고 가정하고 창업자들이 프랜차이즈 본사가 제시하는 또는 창업자가 원하는 목표를 달성할 수 있을지 함께 검토해보기로 하자.

표 1 국내 스몰비어 A브랜드의 수익성 제시 현황

계정과목		10평(33평방미터) 추정 금액	비고
기준 회전수		2.5	테이블 회전수
일 매출		450,000	
총매출액(가)		13,500,000	30일 기준
고정비	임대료	1,100,000	상권에 따라 상이함
	인건비	2,000,000	점주 1인 운영 기준
	로열티	200,000	
	기타잡비	500,000	소모품비
	소계(A)	3,800,000	
변동비	수도광열비	500,000	운영에 따라 상이함
	주류/식자재	4,180,000	평균원가율
	소계(B)	4,685,000	
총지출액(나) = (A)+(B)		8,485,000	
수익률		37.1%	
순이익= (가)-(나)		5,015,000	

자료: 스몰비어 A브랜드 홈페이지 수익성 분석 내용

매출액 추정하기

외식업체의 매출액을 추정하기 위해서는 '매장의 테이블 수, 테이블 단가, 테이블 회전수' 또는 '좌석 수, 좌석점유율, 객단가, 회전율'을 알아야 한다.

일 매출액 추정 방법(1안) = 테이블 수 × 테이블 단가 × 테이블 회전수
일 매출액 추정 방법(2안) = 좌석 수 × 좌석점유율 × 객단가 ×좌석 회전수

위 수익성 예시에서는 약 33평방미터10평의 매장에서 하루에 45만 원의 매출을 가정하고 있다. 창업자는 실제 연간 기준으로 일평균 매출액이 45만 원이 가능한지를 테이블 기준이나 좌석 수 기준으로 현장 점검이나 기타 다양한 방법을 이용하여 추정해보아야 한다. 다만 이때 중요한 것은 여름의 성수기와 겨울의 비수기가 있다는 것을 고려하여 평균매출을 추정해야 한다. 〈표 1〉과 같은 결과가 나오기 위해서는 테이블 수가 9개, 하루 저녁 테이블 회전율 2.5회전, 테이블 단가가 2만 원 수준이 되어야 한다.

일 매출액 추정 방법(1안) = 테이블 수 × 테이블 단가 × 테이블 회전수
(9개 × 20,000원 × 2.5 = 450,000원)

창업자는 실제로 현장조사와 다양한 상권분석시스템 등을 이용하여 각 변수별로 이런 수준의 매출이 가능한지 점검을 할 수 있다.

매출액을 추정할 때 가장 주의해야 할 점은 부가가치세를 매출액에서 제외시켜야 한다. 사업자가 소비자로부터 수취하는 모든 금액에는 부가가치세가 포함되어 있으며, 실제로 국가에 납부하는 금액은 매출액의 4~5% 수준이므로 〈표 1〉에서도 실제 매출은 13,500,000원이 아니라 5%를 제외한 12,825,000원이라고 보는 것이 정확하다.

비용 추정하기

비용을 추정하는 방법은 매출액의 추정보다 좀 더 복잡하고 어려운 과정을 거쳐야 한다. 특히 창업 경험이 전혀 없는 경우에 비용을 추정하는 과정이 더욱 어렵다. 그래서 창업자들은 프랜차이즈 기업이나 컨설턴트가 제시하는 비용 수준을 그대로 믿는 경우가 많다. 매출액을

정확히 추정하더라도 비용 추정에서 실패하는 경우 자신이 원했던 이익을 달성하기는 불가능하다.

예를 들어 〈표 1〉의 월 매출액 추정치를 12,825,000원으로 정확하게 검증했더라도 8,485,000원인 추정 비용이 잘못되었다면 추정 이익

표 2 손익계산서에서 쓰는 비용의 계정과목 현황

비용항목		내용	〈표 1〉의 비용
매출원가		소상공인들이 비용을 쉽게 추정할 수 있도록 매출원가는 주류 및 식재료 원가만 포함시킴	4,180,000
판매비와 관리비	급여	직원들에게 매월 지급하는 월급	2,000,000
	퇴직급여	1년 이상 근속한 직원이 퇴직 시 지급해야 할 퇴직금	
	잡급	일용직 아르바이트생에게 지급한 급여 등	
	복리후생비	건강보험 회사 부담분, 고용보험 회사 부담분, 회식비, 야유회비, 직원의 경조사비, 화환 등	
	회의비		
	여비교통비		
	통신비	인터넷사용료, 전화요금, 이동통신기기사용료, 우편요금 등	
	수도광열비	전기요금, 수도요금, 도시가스요금	500,000
	세금과공과	직원 국민연금 회사 부담분, 재산세, 자동차세, 종합토지세, 상공회의소회비, 교통위반범칙금 등	
	임차료	점포 임차료	1,100,000
	차량유지비		
	교육훈련비		
	보험료	산재보험료, 화재보험료, 자동차보험료	
	접대비	거래처 경조사비	
	광고선전비		
	소모품비		500,000
	도서인쇄비		

〈계속〉

비용항목		내용	〈표 1〉의 비용
판매비와 관리비	운반비		
	지급수수료	신용카드결제수수료, 은행송금수수료, 수표발행수수료, 위성방송수신료, 세무조정 보수료, 가맹로열티	200,000
	포장비		
	대손상각비		
	수선비		
	감가상각비	시설투자에 대한 비용처리	
	무형자산상각비	권리금과 같은 무형자산에 대한 비용처리	
	잡비		
합계			8,485,000

은 거짓이 된다. 비용을 정확하기 추정하기 위해서 어떤 비용항목이 존재하는지를 〈표 2〉와 같은 손익계산서 양식을 통해 확인할 수 있다.

〈표 2〉의 비용항목에 〈표 1〉에서 추정한 비용을 대응하여 보았다. 매우 다양한 비용이 추정과정에서 생략되었음을 알 수 있다. 생략된 대표적인 비용으로 감가상각비, 신용카드결제수수료, 통신비, 보험료, 세금과공과금 등이 있다. 예를 들어 매출액의 약 2.5%에 달하는 신용카드수수료는 매출액을 고려할 때 300,000원이 넘는 금액이다. 사업자 자신의 4대 보험은 물론이고 마케팅을 위해 필수적으로 지출해야 하는 광고선전비도 전혀 고려가 되지 않았다. 판매비와 관리비는 자신이 생산하는 제품을 판매하고 사업을 관리하기 위하여 필수적으로 발생하는 비용들이다. 창업 경험이 없다면 주변의 기존 사업자 조사를 통하여 모든 비용항목에 대한 꼼꼼한 점검이 필요하다.

비용의 추정에서 특별히 주의해야 하는 계정과목 중에 감가상각비가 있다. 감가상각비는 시설이나 기물 등에 투자한 금액을 비용화하는 회계학적인 방법이다. 예를 들어 인테리어와 기물 등의 구입을 위하여 6천만 원을 투자했다면 일반적으로 5년 동안 매년 1천 2백만 원씩을 비용으로 처리하는 것이 필요하다. 즉 매월 1백만 원을 비용으로 간주하여 이익을 계산해야 한다.

표 3 감가상각비 계산 사례

감각상각비 산출 방법			
구분	총 투자비용	감가상각 기간	연 감가상각비	매월 감가상각비
금액	6,000만 원	5년	1,200만 원	100만 원
내용	인테리어, 기물			

〈표 1〉에서 추정한 비용을 감가상각비, 복리후생비, 기타 판매비와 관리비 등을 고려하여 좀 더 현실적으로 계산할 때 총 비용이 11,825,000원이라고 가정해 본다.

투자수익률과 사업의 지속성 추정하기

매출과 비용이 정확하게 추정되었다면 이익매출-비용을 산출할 수 있다. 예를 들어 매출액은 12,825,000원이고 총비용은 11,825,000원이라고 가정하면 소득세를 납부하기 전의 순이익은 월 1,000,000이다. 이렇게 추정된 이익을 연간 금액으로 환산12,000,000원한 후, 투자금액인 1억 원으로 나누면 매우 단순화된 투자수익률은 연 12%가 된다. 물론 이 수익률은 세금을 고려하지 않은 수치이므로 실제로는 더 낮아진다.

1억 원이란 금액을 은행의 정기예금에 들었다면 연 3%의 수익률도 거두기 힘든 저금리 시대에 12.0%의 투자수익률은 매우 높은 수준이라고 할 수 있다. 하지만 여기서 고려해야 하는 중요한 변수가 있다. 바로 위험이다. 대형은행에 넣은 정기예금의 위험은 거의 제로에 가깝다. 하지만 사업에 투자한 돈은 사업 실패로 인하여 회수할 수 없을 가능성이 매우 높다. 따라서 소상공인 점포의 평균 수명이 2~3년 내외라고 할 정도로 높은 위험을 고려할 경우 연간 투자수익률은 최소 20~30% 수준은 되어야 한다는 것이 중론이다.

창업을 검토할 때 투자수익률을 추정하는 것도 중요하지만 그보다 더 중요한 항목은 사업의 안정성이다. 자신이 창업한 점포가 얼마나 지속될 수 있을지를 정확히 알 수는 없지만 기존에 유사한 업종의 평균수명은 상권분석시스템 등을 이용하여 충분히 확인할 수 있다. 이러한 정보 등을 활용하여 자신의 사업이 원하는 기간 동안 지속될 수 있을지를 냉철하게 점검하는 과정이 창업자에게는 반드시 필요하다.[1]

현장에서 많은 소규모 업종들의 투자수익률을 분석해 보면 알려진 사실보다 매우 낮은 경우가 많다. 이익은 고사하고 창업 초기부터 손실이 확실시되는 수익구조의 업종도 종종 발견하게 된다. 이익을 추정할 때는 보수적인 시각이 필요하다. 즉 매출은 가능한 최소수준을 고려하고 비용은 최대수준을 감안하여 이익을 부풀리는 일이 없어야 한다. 창업을 고려하고 있는 예비창업자들은 타인의 수익성 추정에만 의존하지 말고 자신이 직접 손익계산 능력을 갖추어야 함을 잊지 않아야 한다. 순익분기점과 투자수익률, 사업의 지속성 등을 충분히 검토한 후에 창업에 임할 때 성공이 보장된다.

---

1) 추정 사례는 이해를 돕기 위한 가상의 내용으로 특정 브랜드와는 전혀 관련이 없다.

매출목표를 수립하라
: 목표는 정기적으로 통제되는가?

현장에서 프랜차이즈 본부나 가맹점의 매출목표를 수립할 때 일반적인 상권분석시스템 정보를 활용하는 방법을 제시한다. 먼저 그러한 과정을 살펴보기 전에 목표는 어떤 의미를 가지며, 왜 중요한지에 대해 생각해 보자. 매출목표의 중요성은 이렇게 표현할 수 있다.

> "목표가 없으면 관리가 불가능하고 결과도 없다"

가맹본부든 가맹점이든지 또는 개인점포이든지 간에 사업을 하는 경영자라면 아무리 작은 기업 또는 점포라도 목표를 수립해야 한다. 그리고 그 목표는 1년, 1개월, 1주, 1일, 시간대별로 설정할 수 있어야 한다. 매출목표는 경영자가 사업의 성공을 위하여 반드시 수립하고 이어서 이를 달성할 수 있도록 관리해야 하는 지표이기 때문이다. 다만 목표를 너무 주먹구구식으로 설정해서는 곤란하다. 또한 과도하게 희망적인 수치로 설정하거나 쉽게 달성할 수 있는 수준으로 정해서는 안된다. 가능한 한 목표는 과학적이고 합리적인 방법을 활용해야 하며, 최선의 노력을 다했을 때 달성할 수 있는 수준으로 수립해야 한다.

충분한 영업기간과 매출실적을 추적한 프랜차이즈 본부의 경우 자체적인 시스템을 이용하여 목표를 설정하는데 전혀 문제가 없다. 하지만 사업을 시작한 기간이 짧고 본부의 업력이 길어도 상권특성을 고려해야 하는 가맹점이나 개인점포의 매출목표 설정은 기존의 정보만으로 한계가 있다. 따라서 누구나 쉽게 활용할 수 있는 상권분석시스템을 활용한 매출목표 설정 방법을 살펴본다.

월 매출목표 수립하기

중소기업청의 상권정보시스템이나 나이스비즈맵의 상권분석시스템을 이용하면 특정 상권에서 특정 업종의 '월평균 추정매출액'을 확인할 수 있다. 예를 들면 〈그림 6〉과 같이 A상권의 '후라이드/양념치킨' 업종의 1월의 평균매출액이 7,754만 원으로 추정되었다.

추가로 나이스비즈맵에서는 매출 구간 분포까지 확인이 가능하다. 예를 들면 〈그림 7〉에서 A상권 '후라이드/양념치킨' 업종의 점포 중약 41.9%가 월 4,000만 원 이하의 매출을 달성하고 있음을 보여주고

그림 6 특정 상권의 '후라이드/양념치킨' 업종 상권 평균 추정매출 사례

상권 평균 추정매출

분석지역 상권 내 후라이드/양념치킨 업종의 점포당 월 평균매출은 7,754만 원이며, 하위 20%의 평균매출은 772만 원, 상위 20%의 평균매출은 19,180만 원으로 분석되었다.

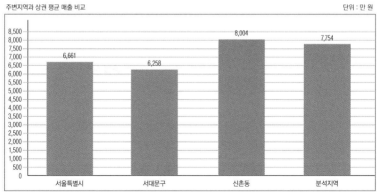

자료 : 나이스비즈맵 상권분석시스템(2015) 견본 보고서

그림 7 특정 상권 '후라이드/양념치킨' 업종의 매출 구간 분포 사례 ────────────

매출 구간 분포

분석지역 상권 내 후라이드/양념치킨 점포의 월 매출분포는 4,000만 원 이하에 가장 많이 분포하고 있다.

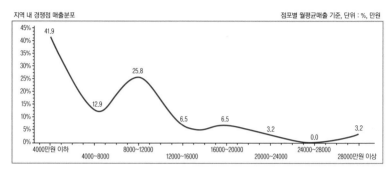

지역 내 경쟁점 매출분포   점포별 월평균매출 기준, 단위 : %, 만원

자료 : 나이스비즈맵 상권분석시스템(2015) 견본 보고서

있다. 상위 3.2%에 해당하는 점포는 월 매출액이 2억 8천만 원 이상이라는 사실도 그래프를 통해서 알 수 있다.

1월의 평균매출액과 매출 구간 분포를 정리하면 〈표 4〉와 같다. 여기서 사업자는 상권 내 경쟁점들의 실태를 고려할 때 자신이 어느 정도의 매출을 달성할 수 있을지 판단이 가능하다. 즉 모든 점포들의 브랜드, 상품성, 가격 수준, 서비스 수준, 촉진활동, 인적자원 수준, 물리

표 4 평균매출액과 매출 구간 분포를 이용한 연간 매출목표 수립 사례

구분	금액	기타
상권 평균매출액	7,754만 원	
매출분산	4,000만 원 이하(41.9%) 4,000~8,000만 원(12.9%) 8,000~12,000만 원(25.8%) 28,000만 원 이상(3.2%)	8천만 원~1억 원 사이에서 목표 수립
1월의 매출목표	10,000만 원	

적 환경 등을 종합적으로 고려하면 자신이 달성 가능한 매출 분포 구간에서의 위치를 어느 정도 예측할 수 있다는 것이다. 본 사례에서는 자신의 점포가 상권 내 매출순위에서 상위 40% 이내에 속할 것으로 판단하고 월 매출목표를 1억 원으로 설정했다고 가정한다〈표 4〉참조.

연간 매출목표 수립하기

〈표 4〉에서와 같이 월평균 매출목표를 1억 원으로 설정했고, 현재 시점이 1월이라고 가정하면, 〈그림 8〉과 같은 연간 매출비중을 이용하여 1년 동안의 월 매출액 목표를 산출하고 합산 과정을 통해 1년 목표 매출액을 계산할 수 있다.

그림 8 특정 상권 '후라이드/양념치킨' 업종의 월별 매출비중 사례

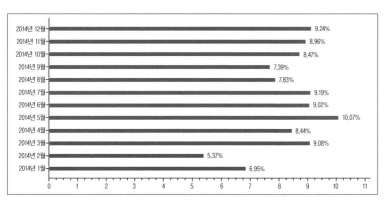

자료 : 나이스비즈맵 상권분석시스템(2015) 견본 보고서

〈그림 8〉을 기준으로 1월부터 12월까지의 매출액 비중을 표로 나타내면 〈표 5〉와 같다. 이제 1월의 매출목표로 설정한 약 1억 원을 기준으로 2월부터 12월까지의 매출목표를 계산할 수 있다. 이렇게 계산한

표 5 월별 매출액 비중을 이용한 연간 매출목표 수립하기

구분	매출비중(%)	매출목표(만 원)	기타
1월	6.95	10,000	매출목표 1억 원
2월	5.37	7,727	
3월	9.08	13,065	
4월	8.44	12,144	
5월	10.07	14,489	
6월	9.02	12,978	
7월	9.19	13,223	
8월	7.83	11,266	
9월	7.39	10,633	
10월	8.47	12,187	
11월	8.96	12,892	
12월	9.24	13,295	
계	100.0	143,885	

월 매출액을 합산하면 연간 매출목표가 수립된다. 본 사례에서는 약 14.3억 원의 연간 매출목표가 산출되었다.

요일별 매출목표 수립하기

월 매출목표가 1월부터 12월까지 수립되었고, 이를 합산한 연간 매출목표도 산출이 되었다. 이제는 일일 매출목표를 요일별 매출비중을 이용하여 계산해 보기로 한다. 예를 들어 1월의 매출목표 1억 원에서 일주일7일 매출목표를 '1억 원/30일×7일=2,333만 원'으로 가정하면, 요일별 매출비중인 〈그림 9〉의 비율을 이용하여 요일별 매출목표를 산출할 수 있다.

그림 9 특정 상권 '후라이드/양념치킨' 업종의 요일별 매출비중 사례 ───────

요일별 매출비중

분석지역 상권 내 후라이드/양념치킨 업종의 요일별 평균매출액은 토요일이 가장 높고, 월요일
이 가장 낮은 것으로 추정되었다.

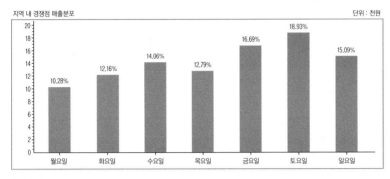

자료 : 나이스비즈맵 상권분석시스템(2015) 견본 보고서

　　〈표 6〉은 상권 내 '후라이드/양념치킨' 업종의 요일별 매출비중을
이용하여 요일별 매출목표를 산출한 사례이다. 즉 7일간의 매출목
표가 2,333만 원으로 정해졌을 때 월요일 매출목표는 2,333만 원의
10.28%에 해당하는 240만 원이 된다.

표 6 요일별 매출비중을 이용한 요일별 매출목표 산출 사례

구분	매출비중(%)	매출목표(만 원)	기타
월	10.28	240	
화	12.16	284	
수	14.06	328	1월 매출목표
목	12.79	298	기준
금	16.69	389	(10,000만 원)
토	18.93	442	
일	15.09	352	1주차 목표
계	100%	2,333	(2,333만 원)

시간대별 매출목표 수립하기

시간대별 매출목표를 수립하기 위해서 요일을 정하고 해당 요일의 매출목표를 이용하되 상권분석시스템이 제공하는 평균적인 시간대별 매출비중을 이용하면 된다. 〈그림 10〉은 특정 상권의 '후라이드/양념치킨' 업종의 시간대별 매출비중을 보여주고 있다. 그림에서 오른쪽의 그래프가 시간대별 매출비중을 보여주고 있으며, 저녁 9시부터 자정까지의 매출비중이 가장 큰 40%를 나타내고 있다.

그림 10 특정 상권 '후라이드/양념치킨' 업종의 시간대별 매출비중 사례

시간대별 매출비중
분석지역 상권 내 후라이드/양념치킨 업종의 시간대별 평균매출은 21~24시 사이에 가장 많이 (40%) 발생하는 것으로 추정되었다.

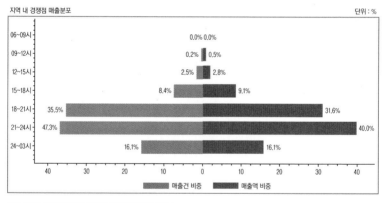

자료 : 나이스비즈맵 상권분석시스템(2015) 견본 보고서

〈표 6〉에서 산출한 월요일의 매출목표 240만 원을 이용하여 시간대별 매출목표를 산출한 내용은 〈표 7〉과 같다. 산출 결과에 따르면, 매출비중이 가장 큰 21시에서 24시까지의 매출목표는 96만 원임을 알 수 있다.

표 7 시간대별 매출비중을 이용한 시간대별 매출목표 산출 사례

구분	매출비중(%)	매출목표(만 원)	기타
09~12시	0.5	1.2	1월 매출목표 기준 (10,000만 원)
12~15시	2.8	6.7	
15~18시	9.1	21.8	
18~21시	31.6	75.8	1주차 목표 (2,333만 원)
21~24시	40.0	96.0	
24~06시	16.1	38.5	월요일 목표 (240만 원)
계	100%	240	

테이블 단가(1회 결제금액) 목표 수립하기

　매출목표는 1년, 1개월, 요일, 시간대 별로 산출하여 관리하는 것도 중요하지만 외식업체에서 더 중요한 관리대상은 객단가 또는 테이블 단가라고 할 수 있다. 일반적인 상권분석시스템에서는 특정 상권의 특정 업종에 대한 '월평균 건당 매출액' 정보를 제공하고 있다. 〈그림 11〉에 따르면 분석 대상 상권에서 '후라이드/양념치킨' 업종의 1회 결제금액 평균이 약 2만 5천 원 수준임을 알 수 있다.

그림 11 특정 상권의 '후라이드/양념치킨' 업종 3개월 평균 건당 매출액 사례 ────

월평균 건당 매출액

분석지역 상권 내 후라이드/양념치킨 업종의 최근 3개월 월평균 건당 매출액은 25,336원으로 서울특별시 대비 7.9% 높은 것으로 추정되었다.

3개월 월평균 건당 매출액 25,336원(±5,067)원

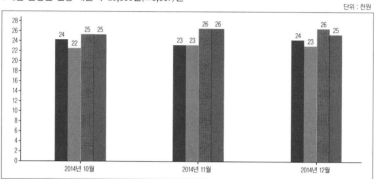

자료 : 나이스비즈맵 상권분석시스템(2015) 견본 보고서

　　다만 이 금액은 평균치에 해당하므로 좀 더 구체적인 정보를 활용하기 위하여 〈그림 12〉와 같은 '건당 매출액별 발생비중'을 참고할 수 있다. 예를 들면, 소비자들의 1회 결제금액 평균은 2만 5천 원이지만 1만원 이하를 지출하는 소비자도 8.2%가 존재한다. 또한 최고 금액인 5만 원 이상을 결제하는 소비자도 6.6%가 존재한다.

　　〈그림 12〉의 건당 매출액1회 결제금액 발생비중을 정리하면 〈표 8〉과 같다. 이 표를 이용하여 경쟁점이 어떤 수준에 해당하는지 파악이 가능하다. 즉 자신의 상권에서 자신이 운영하는 업종의 건당 매출액 목표를 설정하는 것이 필요하다. 이러한 목표는 결과적으로 어떤 메뉴를 어떤 가격에 어떻게 판매할지를 결정하는 근거가 된다.

그림 12 특정 상권의 '후라이드/양념치킨' 업종 6개월 평균 건당 매출액 비중 사례 ──────

건당 매출액별 발생비중(6개월 평균)

분석지역 상권 내 후라이드/양념치킨 업종의 점포당 6개월 평균 이용단가는 25,844원이고, 10만원 이상 거래가 37.2%의 비중을 차지하고 있다.

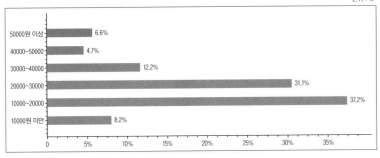

단위 : %

자료 : 나이스비즈맵 상권분석시스템(2015) 견본 보고서

표 8 건당 매출액 목표 산출 사례

구분	금액	기타
상권평균 건당 매출액	25,336원	
건당 매출비중	10,000원 미만(8.2%) 10,000~20,000원(37.2%) 20,000~30,000원(31.1%) 30,000~40,000원(12.2%) 40,000~50,000원(4.7%) 50,000원 이상(6.6%)	2~3만 원대의 수준에서 목표 설정
건당 매출목표	26,000원	

> 가맹본부든지 가맹점이든지 또는 개인점포이든지 간에 자신들이 가야 할 지향점이 필요하다. 정성적인 지향점이 경영이념이라면 정량적인 지향점은 매출목표가 된다. 매출목표는 이미 살펴본 바와 같이 1년, 1개월, 1일, 시간대 별로 세분화되어 제시되어야 한다. 좀 더 세부적으로는 객단가 목표와 건당 매출액(1회 결제 금액) 목표도 필요하다. 이러한 목표는 곧 평가의 기준이 되어야 하며, 정기적인 통제가 될 수 있도록 시스템화해야 한다. 개인점포보다 좀 더 체계적인 관리가 필요한 프랜차이즈 기업이라면 그 중요성은 더욱 커질 것이다.

마케팅은 전략이다

고객을 철저히 분석하라
: 우리의 고객은 무엇을 원하는가?

성공하는 음식점에는 어떤 비밀이 숨어 있을까? 성공한 음식점들은
철저한 분석을 통해 실천방향을 정하고 있다는 점에서 일반적인 음식
점 경영자와 차이가 있다. 성공하는 음식점 경영자가 사업을 시작하
기 전에는 물론이고 사업을 하면서도 정기적으로 그리고 지속적으로
조사하고 분석하는 내용에 어떤 것이 있는지 살펴보자.

상권을 정하고 분석하여 목표고객을 찾는다

'상권분석'은 음식점으로 성공하기 위하여 반드시 실천해야 하는 대표적인 과정이다. 상권분석은 여러 가지 목적으로 이루어지지만 무엇보다도 고객을 세분화하고, 이어서 세분화한 고객 중 목표고객을 정하는 데 필요하다. 음식점 경영자가 목표고객을 정하는 이유는 마치 양궁 선수가 10점에 화살을 쏘기 위해 정확한 타깃이 어디인지를 확인하는 것과 같다. 사격 경기에서 사수가 총을 쏘기 전에 명중시켜야 할 표적지의 중심을 확인하는 것도 이와 같은 이치이다.

예를 들면 홍대 상권의 고기구이전문점 중에서 성업 중인 점포를 조사한 후, 지도 위에 입지를 표시하고 해당 점포들의 주고객을 확인한 결과는 〈그림 13〉과 같다. 각각의 점포를 통합적으로 살펴보면 공통점을 발견하게 된다. 연령대별로 이용하는 점포가 밀집되어 있다는 사실이다.

그림 13 홍대 상권 고기구이전문점의 입지 사례 —————————

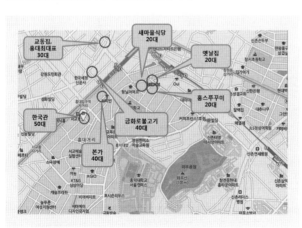

자료 : 네이버 지도

홍대 상권에서 고기구이전문점의 고객특성을 이용하여 권역을 〈그림 14〉와 같이 A, B, C로 구분하여 상권분석을 실시하여 보았다. 결과는 매우 극명하게 3개의 권역이 구분되어 나타났다.

그림 14 홍대 상권 고기구이전문점의 연령대별 상권분류 사례

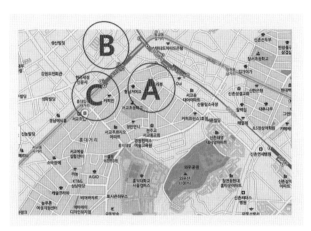

자료 : 네이버 지도

각각의 권역을 세부적으로 살펴보면 〈표 9〉와 같다. A권역은 주고객이 20대이다. 따라서 평균 테이블 단가가 B와 C에 비하여 낮고 결과적으로 평균매출액도 5천 8백만 원으로 가장 낮은 수준을 보이고 있다. B권역은 30대가 주고객인 관계로 A에 비하여 테이블 단가가 높고, 점

표 9 홍대 상권 고기전문점의 권역별 특성

구분	A권역	B권역	C권역
주고객 연령층	20대	30대	40, 50대
주고객 연령층 비중	50% 내외	32% 내외	50% 내외
평균매출액(월)	5,800만 원	8,000만 원	9,200만 원
평균 테이블 단가	3만 6천 원	6만 4천 원	7만 6천 원

자료 : 나이스비즈맵 상권분석시스템, 중소기업청 상권정보시스템

포당 평균매출도 8천만 원으로 A에 비하면 높은 수준이다. C권역은 A
와 B에 비하여 영역의 범위가 좁다는 사실을 알 수 있다. 그럼에도 불
구하고 주고객층의 연령대가 40, 50대여서 높은 테이블 단가와 평균매
출액을 시현하고 있다.

홍대 상권을 선택하는 창업자들은 대부분 20대의 대학생을 목표고
객으로 설정하고 창업을 준비하는 경우가 많다. 대학가 상권이라는
고정관념 때문이다. 〈표 10〉은 홍대 상권의 인구분포를 조사하여 정
리한 내용이다. 유동인구의 비중은 20대가 높은 편이지만 실제로 주
거하는 인구와 직장인구의 비중은 40, 50대가 더 많다는 사실을 쉽게
알 수 있다.

표 10 **홍대 상권 인구 현황**

구분(%)	20대	30대	40, 50대
유동인구	36.2	24.2	26.1
주거인구	21.1	22.7	28.0
직장인구	14.4	34.4	41.7

자료 : 나이스비즈맵 상권분석시스템, 중소기업청 상권정보시스템

모든 상권을 정의할 수 있는 대표적인 특징은 어디나 존재한다. 하
지만 그 특성만을 고려하여 목표고객을 정하는 것은 매우 위험하다.
작지만 더 안정적인 수요를 가진 틈새시장이 존재한다는 사실을 인지
한다면 성공가능성은 더 높아질 수 있다.

목표고객이 원하는 가치를 찾아야 한다

고객의 성별이나 연령대 또는 라이프스타일에 따라서 추구하는 가
치는 차이가 있다. 먼저 가치의 개념을 정의해 보자. 가치를 공식으로

표현하면 다음과 같다. 공식에서 보는 바와 같이 가치를 높이는 방법은 가격이 고정되어 있는 경우 품질을 높이는 것이고, 품질이 고정되어 있다고 가정하면 가격을 낮추는 것이다. 즉 가치를 높이기 위해서는 품질을 높이거나 가격을 낮추면 된다.

$$가치 = \frac{품질}{가격}$$

위 홍대 상권의 사례를 예로 들어 목표고객이 추구하는 가치를 이야기해 보자. 테이블 단가 수준을 고려할 때, 20대는 낮은 가격을 선호함을 알 수 있다. 즉 품질을 경쟁점포들과 비슷하게 맞춘다면 가능한 낮은 가격이 목표고객을 만족시킬 수 있다. 반대로 40대와 50대는 가격보다는 품질에 더 많은 비중을 두어야 한다는 사실도 상권분석 결과에서 확인할 수 있다. 다만 품질을 구성하는 요소가 워낙 많아서 획일적으로 정하기는 쉽지 않다. 서비스도 품질을 구성하는 요소가 되며, 음식의 식재료 질과 원산지도 중요한 품질요소가 된다. 음식점의 위생상태도 매우 중요한 품질요소가 된다. 이 외에도 품질을 구성하는 요소는 매우 다양하다. 따라서 음식점의 경영자는 무형적인 품질부터 유형적인 품질까지 고객의 품질인식에 영향을 미치는 모든 요소를 탐구하고 높게 인식하게 만드는 방법을 끊임없이 연구하며 실험이나 관찰 그리고 설문조사 등을 통해 검증해야 한다.

어떻게 가치를 높일 것인가?

고객이 음식점을 이용하고 나갈 때, 그들이 지불한 금액 이상의 가치를 얻었다고 느낄 수 있어야 한다. 즉 자신들이 지불한 금액과 음식점으로부터 받은 가치를 비교한 후, 지불금액 대비 가치가 크다고 판단하면 만족을 하게 되고 그 반대의 경우라면 불만족을 느끼게 된다. 그리고 만족과 불만족은 재방문의사에 영향을 줄 뿐만 아니라 주위의 지인을 비롯하여 인터넷을 이용한 구전에도 영향을 미친다.

따라서 음식점은 자신들의 목표고객이 가격에 민감하다고 판단하면 낮은 가격에 집중하게 될 것이다. 다만 값싼 요리일지라도 가능하면 양이 많고 맛있게 접시를 채워서 높은 품질이라고 인식하게 만드는 노력이 필요하다. 아무리 저렴한 음식이라도 품질을 의심하게 되면 고객이 느끼는 가치는 낮아지기 때문이다.

일반적으로 고소득층을 목표고객으로 삼는 경우가 아니라면 음식점은 중간 수준의 가치를 실현하는데 집중하는 것이 유리하다. 예를 들면, 미국의 올리브 가든 같은 레스토랑은 이런 점에서 매우 이상적이라 할 수 있다. 미국 전역에 걸쳐 매장이 있는 이탈리아 레스토랑

그림 15 미드 마켓을 타깃으로 한 이탈리안 레스토랑 '올리브 가든'

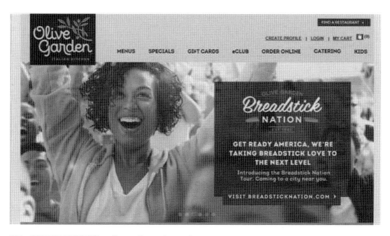

자료 : 올리브 가든 홈페이지(http://www.olivegarden.com)

올리브 가든은 점심메뉴로 파스타를 주문하면 수프, 샐러드, 스틱빵이 무한리필되며 가격도 20달러대로 저렴하다. 국내에서도 이와 비슷한 콘셉트의 이탈리안 레스토랑부터 한식 뷔페 등이 인기를 누리고 있다.

극단적으로 표현하면 음식점은 고객들에게 공간을 빌려주는 비즈니스를 한다고 볼 수 있다. 이익은 고객에게 공간을 임대하여 준 횟수로 얻어진다. 결과적으로 이익을 창출할 수 있는 수준의 고객이 방문을 해야 한다는 의미이다. 그러기 위해서는 고객이 지불한 가격에서 재료비와 운영비 등의 변동비용을 차감한 공헌이익으로 고정비를 커버할 수 있는 수준의 가치를 창출할 수 있어야 한다.

외식사업에서 가장 안정적인 목표고객은 미드 마켓mid-market을 타킷으로 하는 경우이다. 국내 외식산업에서의 미드 마켓은 가격을 기준으로 할 때, 점심의 경우 6~8천 원이고 저녁의 경우는 1만~1만 5천 원 수준이다. 미드 마켓을 타깃으로 하는 경우는 가능한 가격을 단수로 처리하는 것이 좋다. 예를 들면 8천 원의 메뉴는 7,900원으로, 1만 원의 메뉴는 9,900원으로 가격을 설정한다. 다만 미드 마켓이 목표시장이라 하더라도 고객들이 더 많은 비용을 지불할 기회를 포기해서는 안 된다. 항상 메뉴에는 높은 가격 또는 높은 가치의 메뉴를 몇 가지 정도는 포함시킬 필요가 있다. 예들 들면 신선설렁탕이 7,000원 대의 설렁탕을 대표메뉴로 판매하고 있지만 11,000원 대의 백세설렁탕을 메뉴에 포함시킨 것이 대표적인 사례라 할 수 있다. 고가의 메뉴는 단순히 객단가를 높이려는 목적보다는 고객의 음식점에 대한 가치인식을 높이는 데도 큰 역할을 한다.

메뉴를 경영하라
: 우리 가게의 메뉴는 매력적인가?

음식점과 주점이하 음식점이라 함에서 취급하는 제품아이템을 통상적으로 '메뉴'라고 부른다. 따라서 메뉴라는 표현은 음식점에서 판매하는 상품을 의미하며, 메뉴가 표시된 차림표는 '메뉴북'이라고 부른다. 메뉴는 고객이 음식점을 방문하는 근본적인 이유로서 점포의 성패를 좌우하는 요인이다. 따라서 음식점을 창업하는 경우 무엇보다도 메뉴를 먼저 선택하는 경우가 많다. 즉 메뉴는 음식점의 핵심상품으로서 점포를 대표하는 얼굴이다. 그 외에도 메뉴는 점포를 구성하는 콘셉트의 핵심이며, 목표고객 및 수익성과도 직결되는 특징을 가진다.

음식점의 메뉴 개발과 관리방법은 ① 메뉴경영, ② 메뉴계획, ③ 메뉴개발과 개선, ④ 메뉴평가, ⑤ 메뉴북 디자인, ⑥ 메뉴 분석으로 구성된다.

메뉴경영

음식점의 핵심상품인 메뉴는 계획, 실행, 통제의 프로세스에 따라 관리되어야 한다. 음식점은 고객만족을 통한 이익의 극대화를 위해 메뉴를 경영관리과정에 따라 관리하고 정기적으로 개선을 위한 노력을 기울여야 하는데, 그 과정을 구체적으로 정리하면 〈그림 16〉과 같다.

작은 음식점들이 창업하여 오랜 기간을 유지하지 못 하고 단기간에 폐업을 하게 되는 가장 큰 이유 중 하나가 메뉴경영에 소홀하기 때문이라고 할 수 있다. 대형 프랜차이즈 음식점들은 매월 메뉴분석을 통하여 분기에 1회 이상 신메뉴를 출시하는 메뉴경영을 하는 데 반하여,

그림 16 메뉴경영 ─────────────────────────

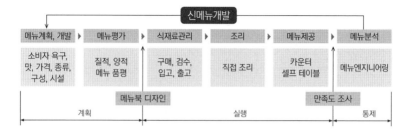

소규모 음식점은 창업 초기에 도입한 메뉴를 1년이 지나 2년이 되어도 그대로 유지하는 경우가 다반사이다.

메뉴계획

메뉴계획이란? 메뉴경영의 첫 단계인 메뉴계획은 '음식점에서 이익을 극대화할 목적으로 목표고객에게 제공할 메뉴를 종합적으로 검토하는 과정'을 의미한다. 메뉴계획의 전제조건은 목표고객이 원하고 만족할 수 있어야 하며, 음식점 경영자 입장에서는 생산가능하고 수익성이 있어야 한다. 메뉴계획은 음식점의 콘셉트를 구체적으로 표현하는 것으로 고객만족을 위한 마케팅의 출발점이기도 하다. 따라서 경쟁점에 대한 벤치마킹을 통하여 차별적인 메뉴를 계획하는 노력이 필요한데, 이러한 내용을 정리하면 〈그림 17〉과 같다.

음식점은 메뉴계획 및 메뉴개발을 위한 프로세스를 〈그림 18〉과 같이 확립하고 체계적으로 접근해야 한다.

메뉴계획 시 고려사항 메뉴계획은 외식산업에서의 풍부한 경험, 식재료에 대한 지식, 원가관리 능력을 겸비한 전문가가 담당해야 한다. 그리

그림 17 메뉴계획의 조건

| 고객의 욕구 충족 |

| 성공적인 메뉴계획 | → | 1. 차별화된 메뉴
2. 모방 아닌 창조
3. 원가우위
4. 트렌드에 적합 |

| 이익의 극대화 |

그림 18 메뉴계획 및 개발 프로세스

고 창조적이고 성공적인 메뉴를 개발하기 위해서는 메뉴의 계획 단계
에서 〈그림 19〉와 같은 다양한 요인을 고려해야 한다.

그림 19 메뉴계획 시 고려해야 할 사항

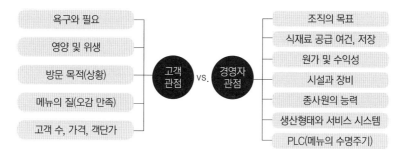

메뉴계획을 위하여 알아야 하는 사전지식

① 메뉴의 분류

메뉴계획 전문가는 〈표 11〉과 같은 '제공 기간에 따른 분류, 식사 가격과 내용에 따른 분류, 기타 분류' 등의 메뉴의 분류 체계를 이해해야 한다.

표 11 **메뉴의 분류 체계**

구분	세분류	내용
제공 기간에 따른 분류	고정메뉴(fixed menu)	장기간 바뀌지 않고 지속적으로 유지됨. 일반적 메뉴
	순환메뉴(cycle menu)	일정기간의 간격을 두고 순환됨. 단체급식
	단기메뉴(market menu)	짧은 기간만 존재함. 특별메뉴, 오늘의 메뉴
식사 가격 및 내용에 따른 분류	정식메뉴 (더블도트 메뉴)	코스로 제공되는 메뉴로 애피타이저, 수프, 생선, 주요리, 샐러드, 후식, 차 등의 순서로 구성 -고객 입장에서 선택이 용이하고 조리과정이 일정하여 인력이 절감되며 능률적 서비스 가능
	일품메뉴 (알라카르트 메뉴)	-품목별로 가격이 정해져 제공되는 메뉴로 고객의 입장에서 선택이 어려움 -수급 예측이 어려워 식재료의 낭비가 심함
	결합메뉴 (콤비네이션 메뉴)	-정식 메뉴와 일품 메뉴가 결합된 형태로 연회 시에 많이 이용
기타 분류	국적에 의한 분류	-한식, 미국식, 일식, 중식, 프랑스식, 이탈리아식, 멕시코식, 베트남식, 인도식 등
	식사 시간에 의한 분류	-조식, 브런치, 중식, 애프터눈티, 석식, 서퍼(가벼운 야식)
	한식의 분류	-밥류, 죽류, 국수와 만두류, 국과 탕류, 전골과 찌개류, 찜과 선류, 생채류, 숙채류, 구이와 적류, 전류, 조림과 초류, 볶음류, 회류, 마른찬류, 장아찌류, 김치류, 떡·다과류

② 메뉴의 구성

메뉴를 계획할 때는 메뉴의 구성을 반드시 고려해야 한다. 주력메뉴, 중점메뉴, 임시메뉴, 보조메뉴 등이 조화를 이루고 가격대도 평균 객단가를 중심으로 적절하게 정규분포를 이루도록 설정해야 한다.

표 12 메뉴의 구성

구분	내용
주력메뉴	레스토랑을 대표하는 메뉴(쇠고기전문점 – 쇠고기)
중점메뉴	판매효율을 높이고 싶은 메뉴(점심특선)
임시메뉴	메뉴의 활성화를 꾀하고 이용기회를 자극하기 위한 메뉴(이벤트 메뉴)
보조메뉴	판매량은 적지만 레스토랑의 성격을 명확하게 하기 위한 보완메뉴(세트 메뉴, 어린이 메뉴)
유인메뉴	저렴한 가격을 선호하는 고객층을 유인하기 위한 메뉴(천원 햄버거)

메뉴개발 및 개선

메뉴개발이란 메뉴계획을 근거로 새로운 메뉴를 개발하는 활동이며, 메뉴개선은 기존 메뉴의 문제점을 찾아서 고객이 만족할 수 있도록 개선하는 것을 의미한다. 메뉴를 개발하거나 개선하고자 할 때는 먼저 전략을 수립하는 것이 필요하다.

새로운 메뉴의 개발 음식점이 치열한 경쟁에서 지속적인 경쟁우위를 확보하기 위해서는 지속적이고 정기적인 신메뉴의 개발과 출시가 필요하다. 무엇보다도 고객들의 욕구가 단기적으로 변화하기 때문에 메뉴의 수명주기가 단축되는 점도 정기적인 신메뉴 출시가 요구되는 이유이다. 또한 신메뉴 개발과 출시는 마케팅 정책의 일환이라고도 할 수 있다. 외식업체 마케팅의 출발은 '메뉴의 개발'에서 시작된다. 고객의 필요와 욕구를 파악하고 이를 수요로 연결시키는 작업은 메뉴가 매개 역할을 한다는 점을 인식해야 한다.

기존메뉴의 개선 음식점에서 신메뉴개발이 매우 중요하지만 지속적인 신메뉴개발로 품목수가 늘어나는 비효율을 방지하는 것도 필요하다. 이런 차원에서 기존메뉴의 단점을 파악하여 개선하는 작업도 고려해야 한다. 음식점은 메뉴분석을 통하여 고객선호도와 수익성이 떨어지는 메뉴를 선정하고 개선해야 한다. 메뉴개선을 할 때에 고려해야 할 사항은 〈그림 20〉과 같다.

그림 20 **메뉴개선 시 고려해야 할 사항**

메뉴가격 설정방법 음식점에서 판매하는 메뉴의 가격은 다음과 같은 특성을 가지고 있다. 첫째, 메뉴의 상품성만이 아니라 음식점의 서비스 수준과 분위기 등이 복합적으로 가격에 영향을 미친다. 둘째, 음식점은 객관적 수준의 가격보다는 고객이 느끼는 주관적 가격이 더 중요하다. 예를 들면 아무리 비싼 음식도 소비자가 싸다고 느낄 수 있고, 아무리 저렴해도 소비자는 비싸다고 느낄 수 있다. 셋째, 고객이 만족하는 가격과 경영자가 만족하는 수준의 가격이 적절한 조화를 이루어야 한다. 예를 들어 저렴해서 고객은 만족하더라도 이익이 전혀 남지 않는다면 그 메뉴는 지속적으로 판매할 수 없게 되므로 의미가 없는 가격이 된다.

음식점에서 판매하는 메뉴의 가격을 결정할 때는 〈표 13〉과 같은 요인들을 충분히 고려해야 한다.

표 13 메뉴가격을 결정할 때 고려해야 하는 요소

구분	내용
원가와 이익	원가를 고려한 적정 이익이 가능한 가격
효용가치	고객이 지불하는 가격에 비하여 얻는 효용이 커야 함
수요의 탄력성	고객의 가격에 대한 민감도
시간대별 수요	시간대별, 요일별 수요를 감안한 가격
경쟁의 정도	경쟁의 크기에 따른 가격

음식점에서 판매하는 메뉴의 가격을 정할 때 사용하는 방법은 주관적_{정성적} 방법과 객관적_{정량적} 방법으로 구분할 수 있다. 먼저 정성적 방법은 경영자의 주관적인 판단으로 가격을 정하는 것으로 적정가격법, 최고가격법, 최저가격법, 독창적 가격법, 경쟁자 가격법 등이 있다〈표 14〉 참조.

음식점의 메뉴가격을 정할 때는 경영자의 주관적인 판단보다는 좀

표 14 정성적 가격 설정법

구분	내용
적정가격법	경험과 추측에 의해 적당하다고 판단되는 가격
최고가격법	고객의 지불가능하다고 판단되는 최고가격(최고수용가격)
최저가격법	고객이 품질을 의심하지 않으면서 지불의향이 있는 최저가격(최저수용가격), 유인을 통해 다른 메뉴도 함께 구입하는 효과가 있음
독창적 가격법	시장반응과 경험을 통해 실험적으로 가격을 책정, 비현실적
경쟁자 가격법	경쟁업체의 가격을 고려한 가격책정, 가장 많이 사용되는 방법

더 과학적인 정량적 가격 설정법을 사용하는 것이 좋다. 가격팩터법과 프라임코스트법 등이 이에 해당한다〈표 15〉 참조.

표 15 정량적 가격 설정법

구분	내용
가격팩터법	−식재료비를 기준으로 팩터를 구한 후 가격을 산출하는 방법 −관습적인 팩터가 3.3이고 식재료비가 1,000원인 경우 가격은 3,300원
프라임코스트법	−가격팩터법이 식재료비만 기준으로 한다면, 프라임코스트법은 식재비와 직접인건비를 고려한 방법임 −관습적인 프라임코스트 비율이 50%이고 식재료비 1,000원 직접인건비가 1,000원이라면 가격은 4,000원

메뉴평가

음식점이 판매하는 메뉴는 개발을 마치고 메뉴평가 과정을 거치게 된다. 메뉴평가는 메뉴계획, 메뉴개발이 이루어진 후 메뉴를 판매하기 직전에 선호도, 맛, 수용가격 등을 평가하는 사전적 개념의 주관적 평가를 의미한다.

음식점에서 메뉴의 판매가 이루어지기 전에 실시하는 메뉴평가는 크게 외부평가와 내부평가로 나눌 수 있다. 외부평가는 주로 전문가 집단에 의한 평가와 소비자집단의 평가로 나누어 실시하며, 음식의 양, 맛, 색상, 향, 전반적인 느낌, 선호도, 수용가격지불가능가격 등을 평가하게 된다. 반면에 내부평가는 메뉴의 가격수준은 물론이고 메뉴의 조리 및 서비스의 편의성 등에 대해서도 평가를 한다.

메뉴북 디자인

음식점의 메뉴를 고객이 경험하기 위해서는 직접 주문을 한 후 먹어 보는 과정을 거쳐야 한다. 일반 공산품의 경우는 직접 구매를 하지 않고도 시제품 등을 통해 제품의 특성을 충분히 검토하고 구매를 할 수 있지만 음식은 그렇게 할 수가 없다. 그래서 만들어진 것이 음식점의 메뉴북이다. 메뉴를 실제로 구매하기 전에 메뉴를 간접적으로 경험하고 구매를 결정하는데 도움을 받게 된다. 이와 같은 메뉴북은 음식점에서 커뮤니케이션 도구, 마케팅 도구, 약속 도구, 내부통제 도구 등의 역할을 한다.

표 16 음식점에서 메뉴북의 역할

구분	내용
최초의 판매 수단	고객이 레스토랑에서 최초로 접하는 상품이며 커뮤니케이션 도구
마케팅 도구	레스토랑이 판매하는 상품의 품목, 가격, 내용을 전달하는 도구
고객과의 약속	직접 음식을 보고 구매할 수 없으므로 메뉴북을 믿고 구매
내부통제 수단	직원들도 메뉴북을 통해 레스토랑의 모든 것을 이해하고 행동하게 됨

음식점에서 메뉴북이 〈표 16〉에서 언급한 내용과 같은 역할을 충실히 하려면 식재료와 조리방법, 영양요소, 시각적 표현, 브랜드, 원산지 표시, 가격, 음식의 정체성과 같은 항목들로 디자인되어야 한다〈그림 21〉참조.

그림 21 메뉴개선 시 고려해야 할 사항 ─────────

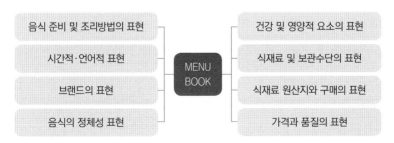

메뉴분석

음식점에서 이루어지는 메뉴분석은 메뉴계획, 메뉴개발, 메뉴판매가 모두 이루어진 후 사후적으로 메뉴의 만족도와 수익성 등을 평가하는 객관적 평가를 의미한다. 이와 같은 메뉴분석을 위하여 상권 변화, 경쟁상황, 고객욕구 변화, 식재료가격 변동, 기업목표 변경, 사회·문화적 환경 변화 등의 내·외부적 환경변화는 지속적인 메뉴관리를 위해 필수적으로 점검해야 하는 활동이다. 특히 메뉴분석은 고객의 수요고객, 각 메뉴의 수익성경영자, 메뉴 믹스 분석종업원에 초점이 맞추어져야 하며, 메뉴별 판매량, 수익성 분석을 통하여 메뉴북에서의 위치를 조정하거나 다양한 판매촉진 전략을 수립하는 데도 반드시 필요하다.

그림 22 **메뉴분석의 중요성**

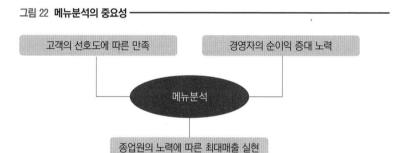

음식점에서 메뉴분석을 위하여 이용하는 방법은 메뉴 엔지니어링과 ABC 분석이 대표적이다. 메뉴 엔지니어링은 미국의 카사바나와 스미스가 만든 대표적인 메뉴분석 도구로서 메뉴선호도판매량와 수익성공헌이익=판매가격-변동비을 평가하여 메뉴에 관한 의사결정을 지원한다.

메뉴분석을 위하여 사용하는 ABC 분석은 메뉴별 매출액 합계를 산출하여 매출액 합계가 높은 메뉴부터 낮은 메뉴 순서로 내림차순으로 정렬한 후 메뉴군을 A, B, C의 세 분류로 나누어 메뉴를 분석하는 방법이다. 주로 매출액만을 기준으로 하므로 비용을 산출할 필요가 없어서 소규모 외식업체의 메뉴분석기법으로 많이 활용된다.

이 방법은 통상적으로 높은 매출액80%을 올리는 메뉴의 수가 상대적으로 적은 것20%에 비유하여 파레토8:2법칙 분석이라고도 한다. ABC 분석을 할 때는 상위 80%를 차지하는 메뉴군을 A군, 80%~90%또는 95%를 차지하는 메뉴를 B군, 나머지 5~10%를 차지하는 메뉴군을 C군으로 분류한다. 일반적으로 A군은 주력메뉴, B군은 보조메뉴 및 구색메뉴, C군은 삭제 또는 개선이 필요한 메뉴로 구분하며, C군에는 유인메뉴나 신메뉴 등이 포함될 수 있으므로 삭제를 검토할 때는 메뉴의 기능을 잘 고려한다.

가격전략을 활용하라
: 가격관리 원칙은 무엇인가?

대기업이든지 소상공인이든지 간에 가격설정Pricing은 업체의 전략 Strategy과 일맥상통해야 한다. 따라서 전략이 없는 사업자는 가격을 설정하는 기초가 없다는 점에서 성공가능성이 매우 낮아진다. 일반적으로 가장 많이 활용되는 가격책정 방법은 경쟁자 가격을 그대로 따라하는 것이다. 이 방법은 누구나 활용이 가능하고 가격을 어떤 법칙에 따라서 설정해야 한다는 지식이 없어도 되므로 가장 많이 이용한다. 이렇게 가격설정을 한 경우 고객으로 하여금 첫 번째 구매를 하도록 만드는 유인가격설정이 안 되고, 이어서 지속적인 반복구매를 하게 만드는 가격기획은 더욱 어렵게 된다.

　가격설정을 위해서는 반드시 지켜야 하는 법칙이 존재한다. 예를 들면 사업자가 선택한 사업전략에 적합해야 하고, 시장원리에 따라야 한다. 소비자의 구매의사결정은 경제적 합리성에 기초한다. 따라서 가격을 설정하는데 경제적 합리성에 위배되는 행위를 하여서는 곤란하다. 이러한 커다란 법칙에 근거하여 사업자가 반드시 준수해야 할 가격설정의 법칙을 살펴본다.

같은 상품도 고객에 따라 가치를 다르게 인식한다

　고객이 추구하는 가치는 모두 다르다. 동일한 스파게티라도 학생들은 매우 저렴한 스파게티전문점을 선택하고, 연인들은 높은 가격의 스파게티전문점을 선택한다. 저렴한 스파게티와 고가의 스파게티는 실제로는 가격 차이만큼 원가 차이가 나지는 않지만 다른 가치를 추구하는 고객을 위하여 큰 가격 차이를 보인다. 이처럼 사업자가 스파게티에 어떤 가치를 제시하느냐에 따라서 고객이 분류된다.

　스파게티전문점에는 20~30여 가지의 스파게티가 있다. 그런데 스파게티는 종류에 따라서 가격 차이를 보인다. 실제로는 거의 비슷한 노력과 원가를 들이면서도 사업자는 다른 가치를 추구하는 고객들의 특정을 존중하는 차원에서 낮은 가격부터 높은 가격까지 다양한 가격대의 메뉴를 준비한다. 즉 목표고객이 누구냐가 곧 가격을 결정하는 중요한 기준이 된다.

같은 사람이 같은 상품의 가치를 상황에 따라서 다르게 인식한다

　앞에서는 같은 상품의 가치를 고객군에 따라서 다르게 인식하는 경

그림 23 같은 상품도 고객특성에 따라 가격 차별화하기

목표고객	중장년층	청년층	청소년층
판매상품	유사한 상품과 서비스		
가격	20,000원	10,000원	5,000원

우를 설명했다. 이번에는 동일한 사람이 상황에 따라서 같은 상품임에도 다른 가치를 부여하는 경우를 생각해 보자. 예를 들면 피자전문점 매장에서 식사할 때의 가격과 배달 서비스 가격, 테이크아웃 가격을 다르게 책정하는 경우를 볼 수 있다. 이 외에도 동일한 소비자가 동일한 상품을 다른 가치로 인식하는 사례는 우리 주변에서 많이 발견할 수 있다. 만약 A점포에서는 테이크아웃의 경우는 20% 할인을 해 주는 것처럼 상황에 따라서 다른 가격을 제시하는 데 반하여 B점포는 테이크아웃할 때도 동일한 가격을 받는다고 생각해 보자. B점포의 테이크아웃 고객은 모두 A점포로 가게 되어 총매출액이 감소하는 현상이 발생한다.

그림 24 같은 상품, 같은 고객이라도 상황에 따라 가격 차별화하기

목표고객	청년층		
판매상품	유사한 상품과 서비스		
상황	연인과의 식사	직장 회식	친구와의 식사
가격	20,000원	10,000원	5,000원

상황을 달리하여 자원배분을 최적화하라

앞서 피자 구매고객의 구매상황에 따라서 지불가능금액이 변화한다는 사실을 확인했다. 그렇다면 사업자는 상황을 임의로 조정하여 매출을 극대화할 수 있도록 자원을 배분할 수 있을 것이다. 예를 들어 1층과 2층으로 구분된 고가의 음식점에서 많은 고객을 동시에 유치하는 것이 어렵다는 점을 인지했다고 가정해 보자. 1층은 빠른 순환을 위해 단품메뉴를 저렴한 가격에 판매하고, 2층은 단체고객이 편안한 분위기에서 오랜 시간 동안 고가의 메뉴를 구매하도록 상황을 설정할 수 있다. 이와 같은 자원의 배분은 저가로 높은 가치의 단품을 판매하는 1층의 많은 고객들이 음식점에서 높은 만족도를 경험한 경우 2층 고객으로 전환할 수 있는 기회를 만드는 데 목적이 있다.

고객에 대한 관찰을 통해 끊임없이 새로운 가치를 창출하라

맥도날드가 처음에 고객을 대상으로 창출한 가치는 매장을 방문하여 빠르고 편하게 간단한 식사를 즐기는 것이었다. 이후 고객들은 자동차에서 하차하지 않고도 맥도날드를 이용하기를 원했다. 드라이버스루가 탄생한 배경이다. 이후에는 저녁 10시면 문을 닫는 맥도날드가 24시간 판매하는 가치를 제공해 줄 것을 고객들이 원하고 있었다. 맥도날드는 24시간 영업하는 점포를 점차 늘려 나갔다. 이후에는 배달을 원하는 고객을 위해 더 높은 가격으로 배달서비스를 제공했으며, 햄버거를 커피와 함께 먹기를 원하는 고객이 늘면서 맥카페 브랜드를 개발했다. 24시간 영업을 하면서 아침식사를 위한 별도의 메뉴가 필요함을 느끼고 맥모닝을 개발하여 세계인을 대상으로 아침 먹기 이벤트를 실시하기도 했다. 맥도날드는 비슷한 상품이지만 고객이 원하는 상황에 따라서 패키징과 브랜딩을 다르게 함으로써 지속적인 신규 가치를 창출하고 있다. 글로벌 외식기업으로 성장하는 비결은 바로 여기에 있다고 할 수 있다.

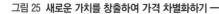

그림 25 **새로운 가치를 창출하여 가격 차별화하기**

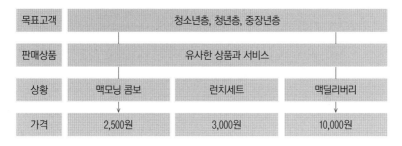

목표고객	청소년층, 청년층, 중장년층		
판매상품	유사한 상품과 서비스		
상황	맥모닝 콤보	런치세트	맥딜리버리
가격	2,500원	3,000원	10,000원

가치에 따라서 가격이 결정되기도 하지만 가격으로 가치가 결정되기도 한다

소비자들은 고가격, 고품질 인식을 가지고 있다. 즉 가격이 비싸면 품질이 좋을 것이라고 인식한다. 반대로 '싼 것이 비지떡'이라는 속담이 있다. 가격이 싸면 품질도 매우 떨어질 것이라고 추측한다는 의미이다.

예를 들어 어떤 떡볶이전문점에서 1인분에 1,500원이라는 매우 저렴한 가격을 제시했는데 손님이 거의 없었다고 한다. 고민하던 사업자는 이러나저러나 망하기는 마찬가지라는 생각에 떡볶이의 양을 늘리고 가격도 1만 4천 원으로 대폭 인상했더니 고객들이 물밀 듯이 몰려왔다고 한다. 아무런 표현을 하지 않아도 높은 가격은 어디서도 맛볼 수 없는 특별한 떡볶이로 소비자의 머릿속에 포지셔닝이 된다.

그림 26 **가격을 이용하여 가치인식 차별화하기**

목표고객	청소년층, 청년층		
판매상품	유사한 상품과 서비스		
가격	2,500원	5,000원	14,000원
품질인식	품질이 저급	품질이 중급	품질이 고급

가격의 정당성을 지속적으로 설명하라

아무리 같은 상품처럼 보이더라도 실제로 사업자의 상황과 능력에 따라서 원가가 다르다. 예를 들어 햄버거를 판매하는 유사한 점포라도 대량구매, 대량판매를 하는 점포와 소량구매, 소량판매를 하는 점포의 햄버거 원가는 어마어마한 차이를 보인다. 결국 이러한 결과는 가격의 차이로 나타난다.

대형업체는 저렴한 가격에 햄버거를 판매하고 소형업체는 비싼 가격에 햄버거를 판매할 수밖에 없다. 만약 이런 상황에서 소형업체가 아무런 표현을 하지 않는다면 소비자는 왜 비싼 가격을 받는지 이해하기 어렵다. 당연히 품질이 좋은 햄버거는 소량구매, 소량판매를 하는 점포가 되겠지만 그런 사실을 소비자가 스스로 인식하기를 바라는 것은 매우 어리석은 생각이다.

사업자는 내 상품의 가격이 왜 이렇게 설정되었는지 설명해야 할 의무가 있다. 굳이 설명할 필요가 없는 경우라면 몰라도 경쟁자와 차이가 있다면 가격이 낮으면 어떤 노력을 통해 낮게 할 수 있었는지를 설명하고 가격이 높다면 왜 높은지를 설득할 수 있는 설명을 게시해야 한다.

고객의 심리를 파악하라

음식점에서 다양한 심리학적 가격결정 방법에 따라 설정된 음식가격을 발견하는 것은 어렵지 않다. 가장 대표적인 것으로 일반적으로 거래되는 기준가격보다 저렴하게 보이려는 단수가격전략이 대표적이다. 그 외에도 일반적인 가격과 차이가 많이 나도록 보이려는 가격전략이나 주변 사람을 의식하는 소비자를 위한 고가전략 등 다양한 심리학적 가격전략이 있다.

마케터들은 시장의 특성에 따라서 일반적이거나 대중적인 가격과의 차이를 두려고 한다. 특히 가격구조와 관련된 소비자들의 비합리적인 구매행동을 심리학적으로 분석하여 가격을 결정하는 심리학적 가격결정법을 많이 활용한다. 예를 들면, 단수가격결정법, 단계가격결정법, 명성가격결정법, 유도가격결정법 등이 여기에 해당된다.

단수가격전략 단수가격결정법은 제품의 판매가격에 단수를 붙이는 것으로 판매가에 대한 고객의 수용도를 높이고자 할 때 이용하는 방법이다. 예를 들어 판매가격이 10,000원인 상품에 9,990원이라는 가격을 붙이면 그 차이는 겨우 10원에 불과하지만 소비자들은 10,000원보다 훨씬 싸다는 느낌을 가지게 된다. 단수에는 짝수보다도 5, 7, 9와 같은 홀수를 많이 쓰는 것이 더 큰 차이를 느끼게 만드는 것으로 알려져 있다.

1천 원대 제품의 경우 판매가격이 '00'으로 떨어지지 않도록 80이나 90로 끝내면 고객에게 더욱 강한 인상을 줄 수 있다. 실제로 '0' 이외의 단수는 소비자들에게 싸다는 이미지를 준다. 사람은 10, 20, 30처럼 '0'으로 끝나는 숫자를 하나의 단위로 여긴다. 1만 원과 9,990원은 불과 10원 차이밖에 안 나지만 사람들에게 큰 차이를 느끼게 한다. 마지막 단위가 '0' 이외의 단수로 끝나면 '싸다'는 인상을 주고 '0'으로 끝나면 '비싸다'는 인상을 준다. 마지막 단위가 8이나 9로 끝나는 경우와 '0'인 경우는 이미지 상 큰 차이를 주지만 8원과 9원, 4원과 5원처럼 단수끼리는 그다지 큰 차이를 주지 않는다.

단수를 사용해 이익을 높이는 방법도 있다. 가격이 잘 알려져 있지 않은 제품은 1천 원을 1,090원으로 설정해도 잘 팔린다. 이것은 고객이 1,090원을 1,100원에서 할인한 가격이라 생각하기 때문이다. 이렇게 단수 가격을 활용하면 이익을 높이는 것도 가능하다.

일본에서는 마지막 단위에 8을 잘 사용하는데 이는 일본인들에게 번성을 의미하는 숫자이기 때문이라고 한다. 미국에서는 9로 끝나는 경우가 많다. 10개의 제품 가격을 얼마나 정확하게 기억하고 있는가를 실험했더니 7, 6, 5, 4 등의 단수를 사용해도 대부분의 고객은 9라고 대답했다. 따라서 미국에서는 다른 단수보다 조금이라도 이익을 높일 수 있는 9라는 숫자를 사용하게 되었다. 한편, 국내의 경우 '8'과 '9'를 함께 사용하고 있다.

다만 묶음판매하는 경우는 0으로 끝나도록 설정하는 것이 좋다. 예를 들면, 미국 슈퍼마켓 랄프스Ralphs에서는 코카콜라 2l 1개에 89센트, 칫솔 1개에 1달러 99센트로 역시 9로 끝나는 가격을 설정하고 있다. 그러나 GE의 전구는 2개에 3달러, 케레스토의 치약은 2개에 5달러, 목캔디 2봉지는 3달러 식으로 설정하고 있다. 랄프스만 그런 것이 아니라 다른 소매업체들도 동일한 방식으로 가격을 설정하고 있다. 이는 재고정리를 위해 끝 단위를 절사한 것이라는 인상을 주기 때문이다. 컴퓨터 관련 제품을 판매하는 한 체인점은 9, 7, 1의 세 가지 단수에 한정하는 재미있는 단수 가격정책을 실시하고 있다.

전단지 대상 제품들에도 우선순위가 있다. 가장 주력하고 있는 제품에는 1, 두 번째로 주력하고 있는 제품은 7, 나머지 제품들은 단수를 9로 설정하고 있다. 이는 주력제품인 컴퓨터를 구입하려고 마음먹은 후에는 스캐너나 키보드 등 관련제품에 대한 가격 저항이 약해지므로 가능한 이익을 높이려는 전략이다. 최근에는 '3개째 무료', '2개째 50% 할인' 등의 가격 설정이 유행이다. 3개째 무료라는 것은 1개당 33% 할인이라는 말과 같다. 2개째 50% 할인은 1개에 25% 할인한다는 의미이다. 하지만 '3개째 무료', '2개째 50% 할인'이라고 표현하는 이유는 무료나 50% 할인 같은 강렬한 표현이 소비자에게 저렴하다는 이미지를 줄 수 있으며, 소비자의 일괄구매를 유도할 수 있기 때문이다.

명성가격설정법 명성가격설정법은 가격품질연상효과를 최대한 활용하는 전략이다. '가격이 높을수록 고급'이라는 소비자의 심리를 이용하여 고가격을 매기는 것으로 파인다이닝과 같은 고급음식점에서 유효한 전략이다.

관습가격결정법은 고객의 마음속에 이미 가격이 결정되어 있는 경우 활용하는 전략이다. 레스토랑의 메뉴 중 짜장면, 냉면이나 삼겹살과 같이 대중성이 큰 메뉴의 가격설정 시 고려해야 하는 심리적 가격설정 방법이다. 일반적으로 고객이 심리적으로 느끼는 관습 가격 이상으로 가격이 책정되면 저항이 거세지기 때문에 중량이나 품질의 조정을 통하여 간접적인 조정 방법이 자주 사용된다.

유인가격결정법 유인가격결정법은 고객의 반응을 유도하기 위하여 정책적으로 낮은 가격을 설정하는 전략이다. 고객들은 특별히 할인을 받았다고 느끼는 특별가격에 높은 반응을 보인다. 따라서 음식점에서 특정 메뉴에 대하여 정상적인 이익보다 낮거나 또는 원가 이하의 가격을 설정하여 서비스를 제공하는 경우가 있는데, 이를 유인메뉴loss leader 라고 하며 이는 보다 많은 고객을 유치하고자 하는 경우에 이용된다.

할인점 등에서 라면이나 배추와 같은 제품의 가격을 원가 이하로 한정판매하는 경우를 종종 보게 되는데, 이러한 전략은 유인메뉴 제품을 이용하여 고객을 유인한 후 다른 제품의 매출을 통하여 이익을 올리기 위한 전략이다. 따라서 음식점에서도 이와 같은 유인메뉴를 이용하여 수익성을 개선하기 위한 다양한 전략의 개발이 요구된다. 이와 같은 전략은 단순히 고객의 유인이라는 차원을 넘어서 레스토랑의 인지도를 높이고 고객충성도를 높이는 데 기여하기도 한다.

가격을 설정할 때는 경쟁자의 가격만을 의식해서는 곤란하다. 실제로 더 많이 의식해야 하는 것은 나의 상황이다. 원가를 비롯하여 내가 제공하는 상품과 서비스가 어떤 상황에 가장 적합한지를 판단해야 한다. 그리고 고객을 세밀하게 분석해야 한다. 나의 목표고객은 어떤 상황에서 어떤 가치를 원하고 있는지 정확하게 파악한 후에 그에 적합한 가격을 설정하고 그 가격수준이 왜 그렇게 설정되었는지 합리적으로 설득할 수 있어야 한다. 한번 설정한 가격은 쉽게 변경하지 못한다. 그러나 주기적으로 변경을 시켜야 하는 것이 가격이기도 하다. 재료비, 인건비, 임차료 등 모든 원가가 상승하는데 과거의 가격을 계속 유지하는 것도 큰 오류를 범하는 것이나 다름없다. 앞에서 다룬 가격설정의 법칙들을 잘 기억하고 사업자는 항상 현장에서 실험하고 적용하려는 노력을 해야 한다.

시각 효과를 극대화하라
: 눈으로 맛보는 것은 무엇인가?

프랑스 요리는 15세기 이탈리아 메디치가로부터 비법을 전수받은 이후 그들의 귀족문화가 접목되면서 화려함을 갖추었다. 또한 와인과의 조화, 요리사에 대한 우대 그리고 다양한 국가의 요리를 결합시키면서 조화로움의 극치에 다다랐다. 1970년대에 들어서는 새로운 요리를 표방한 '누벨퀴진Nouvelle Cuisine' 운동이 프랑스 요리의 새로운 지평을 열게 만들었다. 2010년에는 음식문화가 유네스코의 세계문화유산으로 등록되기도 했다. 프랑스 요리가 세계 최고로 자리매김하게 된 원인은 과연 어디에서 찾을 수 있을까? 외식산업의 선진화와 한식의 세계화를 갈망하는 우리로서는 단순히 상업적 활동으로 자국음식의 세계화에 성공했다는 태국이나 일본을 벤치마킹하기보다는 근본적인 음식문화에 대한 고찰이 필요하지 않을까? 프랑스 음식문화의 누벨퀴진과 세계문화유산 등록을 토대로 우리 외식업계의 발전방향을 생각해 보기로 한다.

외식메뉴도 영양과 시각적인 면을 부각시키자

'누벨퀴진'은 1970년대 프랑스의 고전요리에 대한 반발로 등장한 요리법이다. 이 단어는 음식비평가인 크리스티앙 미요Christian Millau와 앙리 골Gault Millau이 새로 만들었다. 프랑스어로 허브 등의 향신료를 사용하고, 재료 본래의 맛을 최대한 살리며, 고기 대신 채소를 많이 이용하는 저칼로리의 영양학적인 조리법을 뜻한다. 특히 프랑스 요리는 누벨퀴진의 영향으로 시각적인 면을 부각시키고 음식의 색과 모양에 신경을 쓰게 되었다. 즉 영양과 디자인에 대한 새로운 시도가 나타난 것이다.

국내에서도 최근 음식의 영양 표시에 대한 수요가 발생하고 있다. 국가적인 차원에서 대대적인 활동은 아니더라도 권장사항으로 많은 외식업체의 참여를 독려하고 있으므로 향후 안정적인 정착이 예상된다. 다만 음식의 시각적인 면을 강화하려는 노력은 아직 찾아보기 힘들다. 푸드스타일링이나 푸드코디네이션 또는 테이블스타일링, 식공간디자인 등의 학문분야가 수립되고 일부 대학에서는 관련학과까지 만들어지면서 푸드스타일리스트와 같은 전문인력들이 사회로 배출되고 있지만 현상적인 변화를 인지하기에는 아직 초보적인 수준에 머물고있다는 느낌이다.

한식의 세계화 등 우리 음식에 대한 관심과 세계화를 위한 많은 시도가 이루어지고 있지만 전통성이 우선시되는 인상이 짙은 것이 사실이다. 전통성은 매우 귀중하고 지켜져야 하지만 프랑스의 누벨퀴진과같이 현대적 감각의 창조적인 변화도 필요하다는 교훈을 참조할 필요가 있다. 한국적 누벨퀴진 운동이 요구되는 시점이다.

푸드디자인에 대한 중요성을 인식하자

음식 또는 요리와 관련된 디자인이 획일적으로 정의된 바는 없는 것같다. 학자나 실무자 간에 다양한 정의와 개념이 혼용되고 있는 점을고려하여 필자는 포괄적으로 푸드디자인이란 표현을 쓰고자 한다. 푸드디자인의 대상은 음식과 식공간을 포함한다. 더 넓게는 소비자의 취향을 고려하는 시각까지도 포함되어야 한다. 그리고 무엇보다 그것은조화를 추구해야 한다. 실내분위기와 식탁 그리고 식기류는 물론이고 식재료의 색상과 모양, 조리법까지 모두 소비자의 취향을 고려한 심미적이면서도 기능적인 조화를 이룰 때에 푸드디자인의 가치가 극대화되고 고객의 만족을 기대할 수 있다. 푸드디자인은 마치 파인다이닝과 같은 고급레스토랑에만 적용하는 것으로 오해하는 잘못된 관행도 벗어나야 한다.

얼마 전 필자는 동네에서 작지만 깔끔한 분식점을 발견하고 방문한 적이 있다. 사진으로 현장을 직접 보여줄 수 없어서 매우 아쉽지만 점포 외부의 간판과 안내문, 점포 내부의 탁자 위에 비치된 테이블 텐트와 벽면을 장식한 메뉴판 그리고 도자기 식기류와 수저 등은 여느 분식점과는 차별화된 디자인 감각으로 조화를 이루고 있었다. 결코 지금까지 발견한 적이 없는 새로운 디자인이 가미된 분식점은 마치 고급레스토랑을 방불케 했다. 그럼에도 불구하고 안정감이 있었고 결코 가격에 대한 부담감도 없었다. 개인이 독립창업을 통해 만든 분식점은 푸드디자인의 모범사례로 소개할 만했다.

음식점도 컬러 마케팅에 주목하자

음식점의 컬러 마케팅color marketing이란 음식점을 구성하는 모든 색상을 이용하여 소비자의 구매욕구를 자극하는 총체적 마케팅 활동을 의미한다. 즉 음식점의 경영자는 단순한 판매촉진을 넘어서 색채에 따른 고객의 반응을 분석한 후, 색상을 활용하는 체계적인 과정을 통해 성과를 극대화하는 노력을 기울여야 한다.

컬러 마케팅은 1920년 미국 '파커Parker'의 빨간색 만년필을 시초로 세상에 확산되면서 최근에는 외식사업에서도 음식의 색상과 식기류의 색상은 물론이고 음식점을 구성하는 모든 요소의 색상에 주목하기에 이르렀다. 푸드스타일링이나 푸드디자인 개념도 여기에서 비롯되었다고 볼 수 있다. 이처럼 컬러 마케팅이 각광을 받는 이유는 감성소비의 확산 때문이다. 디자인의 핵심요소인 색상이 소비자의 구매행동에 결정적인 영향을 미친다는 사실이 많은 연구에서 입증되고 있다.

음식점은 그동안 다양한 요소를 활용하여 차별화를 시도했으나 주 대상은 음식과 서비스에 국한되었다. 하지만 최근에는 색상을 활용하려는 시도가 활발하게 나타나고 있다. 특히 음식과 가장 잘 어울리는 하나의 색만을 사용하여 효과적으로 메시지를 전달하려는 경향이 나타나고 있다. 예를 들어 맥도날드의 황금색, 코카콜라의 붉은색, 스타벅스의 초록색 등은 해당업체를 차별화시키고 업체의 특성을 전달하는데 효과적으로 활용되고 있다.

마케팅에서 색상이 소비자의 인식에 미치는 영향은 '강조효과, 통합효과, 신규효과, 통제효과' 등 매우 다양하다. 세부적인 내용을 살펴보면 다음과 같다.

그림 27 마케팅에서 색상의 역할

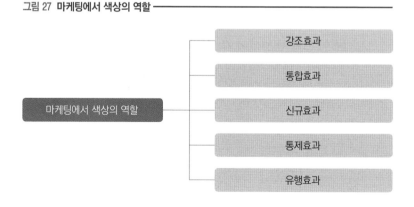

첫째, 색상은 음식을 두드러지게 하는 강조효과가 있다. 색상은 다

른 상품과의 차이를 강조함으로써 상품이 다른 상품과 구별되어 눈에 띄게 하는 효과가 있다. 예를 들어 메뉴북에서 대표메뉴가 두드러지게 보이게 한다거나 식기에 담긴 음식이 더욱 강하게 표현되도록 만드는 효과를 낼 수 있다.

둘째, 색상은 음식의 의미와 이미지를 통합하여 전달하는 효과가 있다. 다양한 음식이 존재하는 음식점에서도 테이블의 색상이나 브랜드 컬러를 이용하여 음식점의 이미지를 쉽고 효과적으로 전달할 수 있다. 예를 들어 놀부부대찌개는 붉은색의 테이블로 강렬한 통합 이미지를 전달하고 있다.

셋째, 색상은 낮은 비용으로 상품의 신규성을 전달하는 효과가 있다. 음식점은 같은 음식이라도 고명이나 식기류의 색상을 변경하여 비교적 비용을 적게 들이면서 메뉴의 신규성이나 변경을 알리는 합리적인 수단이 되는 최적의 선택을 할 수 있다.

넷째, 색상은 감각적인 이미지를 통제하는 효과가 있다. 같은 음식이라도 색채와 배색을 달리하면 음식의 이미지가 크게 달라진다. 색채는 대상물의 이미지 형성을 좌우하여 구매량에 직접적인 영향을 미칠 만큼 그 위력이 크다. 또 소비자의 성향에 맞추어 특정 고객층이 요구하는 이미지 색채를 적용하여 고객층의 범위를 조절하는 역할을 한다.

다섯째, 색상은 유행을 만들어내는 효과가 있다. 시대가 선호하는 색과 이미지가 통합되면 상품에 유행색이 생기게 것을 음식에서도 활용해 볼 수 있다. 최근 웰빙이 음식문화를 선도하면서 초록색은 건강을 상징하는 색으로 유행하고 있다.

소비자가 색채에 관심을 가지게 되면서 음식점도 색채에 대한 관심과 투자를 늘리고 있다. 이러한 관심과 투자는 색상 디자인 연구소나 색채 연구소 등의 설립을 통해 나타나고 있다. 다만 일반기업에 비하여 외식산업에서의 관심은 아직 미진하다. 그럼에도 불구하고 선호하는 색상의 추세와 목표고객들의 선호 색상을 찾아서 마케팅에 활용하려는 노력은 끊임없이 시도되고 있다. 좀 더 구체적으로 컬러 마케팅의 활용방법을 살펴보면 다음과 같다.

그림 28 **컬러 마케팅 성공법칙**

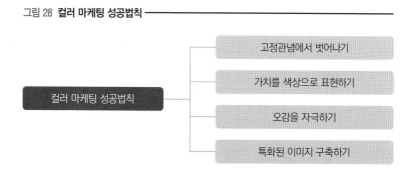

첫째, 색채에 대해 기존에 가지고 있던 고정관념에서 벗어나야 한다. 예를 들면 초콜릿은 흑갈색, 생크림은 흰색이라는 고정관념을 깨야 한다. 흰색 초콜릿이나 붉은색 생크림도 얼마든지 가능하다. 음식점들은 성숙기에 접어든 침체된 시장에서 성장을 주도하고 경쟁업체와 차별화를 시도하기 위해 색채에 대한 고정관념에서 벗어나야 할 필요가 있다.

둘째, 음식의 가치를 색상으로 표현해야 한다. 미국 컬러리서치연구소ICR의 연구에 따르면, 소비자의 상품선택은 초기 90초 안에 결정되고, 상품이 좋고 나쁘다는 판단의 60~90% 정도가 색상에 의해 좌우된다고 한다. 따라서 색상을 잘 활용하여 음식의 가치를 높이고 빠르게 인식하도록 만들어야 한다.

셋째, 오감을 자극해야 한다. 음식점은 소비자 만족도를 높이기 위해서 색상이 주는 시각뿐만 아니라 촉각, 미각, 청각, 후각 등 오감을 적절히 가미한 공감각 효과로 색상 이미지를 극대화해야 한다.

넷째, 특화된 이미지를 구축해야 한다. 컬러 마케팅은 음식점의 차별화된 이미지를 확립하는데 효과적이다. 상호와 슬로건 등도 중요한 요소이지만 색상은 이보다 더 빠르게 소비자에게 인식된다. 예를 들면 스타벅스 하면 초록색이 연상되는 것처럼 색상은 소비자들이 무의식적으로 인식할 수 있게 하는 역할을 한다.

아직도 애나멜로 제작된 식기류를 사용하는 외식업체가 대다수이다. 편의성과 수익성 면에서 매우 효율적이란 이유에서이다. 그런 환경에서 음식과 식기와의 조화나 식기와 탁자와의 조화 그리고 심미성을 고려하는 외식업체는 얼마나 될지 의문이다. 가정에서의 주방을 아름답게 그리고 기능적인 면까지 고려하는 소비자의 디자인 감각을 만족시킬 수 없다면 외식업체의 고객만족도 불가능하다는 것은 삼척동자도 알 수 있다. 외식업체에서도 디자인에 대한 역지사지가 성공 키워드로 자리잡게 될 것임이 확실하다.

서비스를 디자인하라
: 서비스 프로세스를 갖고 있는가?

음식점과 주점이하 외식업으로 칭함을 창업하고 경영하면서 우리가 집중한 부문은 유형의 음식이었다. 소비자에게 설문조사를 해도 음식점이나 주점을 선택할 때 가장 중요한 고려요소는 다름 아닌 '음식의 맛과 안

주의 맛'이었다. 당연히 창업자나 경영자는 조리 실력을 배양하고 최고의 맛을 창출하기에 급급했으며, 차별화된 조리법이나 노하우를 배우기 위해 최선을 다했다.

그런데 이렇게 배운 조리방법으로 최상의 맛을 구현하여 메뉴로 출시해보지만 이상하게도 고객들의 반응은 신통치가 않은 경우가 많다. 무엇이 문제란 말인가? 실제로 우리가 생각하던 음식의 맛은 매우 무형적이며, 상황과 다양한 요소에 의하여 변화하는 인식에 의존하는 경향이 강하다. 즉 모든 소비자가 감탄할만한 표준화되고 정형화된 맛은 식재료와 조리능력으로 구현되기보다는 음식점을 구성하는 다차원적인 변수에 의해 조화를 통해 만들어지는 경우가 더 많다.

외식업은 농업이나 제조업이 아니라 서비스업이다

외식업은 어떤 산업에 속할까? 외식업은 식재료를 생산하는 1차 산업도, 제조업과 같은 2차 산업도 아닌 서비스 산업이 확실하다. 그럼에도 불구하고 사업자들의 인식은 1차 내지는 2차 산업군에 머물러 있을지 모른다. 외식업은 서비스 산업인 3차 산업이 확실하다. 그렇다면 외식업이 판매하는 상품인 서비스는 어떤 것일까?

경제학적으로 서비스는 "비생산적인 노동, 비물질적인 재화"이다. 미국마케팅협회는 서비스를 "독자적으로 판매되거나 상품 판매와 연계해 제공되는 모든 활동, 편익, 만족"이라고 정의한다. 코틀러 교수는 서비스를 "유형적이거나 기술적 부분을 포함하는 직접 또는 간접 구매되는 무형의 편익"이라고 했다. 이유재 교수는 "고객과 기업의 상호작용을 통해 고객의 문제를 해결해 주는 일련의 활동"으로 서비스를 정의한다.

그 외 〈그림 29〉에서 정리한 서비스에 대한 정의까지 포함한 모든 정의를 이용하여 공통적으로 내포하는 의미를 도출해 보면, 서비스는 "고객만족 경험과 부가가치를 높이기 위한 무형의 활동"이라고 할 수 있다. 하지만 아무리 읽고 고민해 보아도 서비스에 대한 막연함은 가시지 않는다. 그 이유는 서비스가 단일차원의 개념이 아니라 다차원적인 개념이기 때문이다. 짧고 쉽게 정의가 되지 않는 이유가 여기에 있다. 그래서 서비스에 대한 정의를 살펴보는 것에 더하여 서비스를 구성하는 요소를 확인하면 개념이 좀 더 명료해질 것 같다.

그림 29 **서비스의 정의** ─────────────

- 비생산적인 노동, 비물질적 재화(경제학에서의 정의 : 아담 스미스, 세이)
- 독자적으로 판매되거나 상품판매와 연계해 제공되는 모든 활동, 편익, 만족(미국마케팅학회)
- 제품의 형태를 물리적으로 바꾸지 않고 판매에 제공되는 활동(블로이스)
- 소비자나 산업구매자에게 판매될 경우 욕구를 충족시키는 무형의 활동으로 제품이나 다른 서비스의 판매와 연계되지 않고도 개별적으로 확인 가능한 것(스탠톤)
- 시장에서 판매되는 무형의 상품(라스멜)
- 인간의 인간에 대한 봉사(레빗)
- 산출물이 유형재나 구조물이 아니며, 생산시점에서 소멸되며 구매자에게 무형적인 형태의 가치를 제공하는 모든 경제적 활동(베리)
- 고객만족을 제공하려는 고객접촉 종업원이나 장비의 상호작용 결과로 일어나는 활동 혹은 일련의 활동(레티넨)
- 서비스는 직접 또는 간접 구매되는 무형의 편익이나 유형적이거나 기술적 부분을 포함함(코틀러)
- 기업이 고객을 위해 고객의 경험을 고양시켜 주는 모든 일(일레인 헤리스)
- 고객과 기업과의 상호작용을 통해 고객의 문제를 해결해주는 일련의 활동(이유재)

고객만족 경험과 부가가치를 높이기 위한 일련의 무형적 활동

서비스는 단일차원이 아니라 다차원이다

그동안 대부분의 사업자들은 서비스를 한 가지 차원으로 인식해 왔다. 예를 들면, 어떤 외식업체는 친절을 서비스의 핵심이라고 생각하고 실천해왔다. 패스트푸드 업체들은 음식을 제공하는 모든 활동을 단순화시키는 것을 핵심목표로 한다. 그러나 서비스는 한 가지 요소가 아니라 다양한 요소로 이루어진 유형과 무형의 결합체라고 이해해야 한다. 즉 지원설비, 음식, 고객정보, 명시적 서비스, 묵시적 서비스가 적절하게 결합되어야 진정한 서비스라고 할 수 있다.

그림 30 **서비스 패키지**

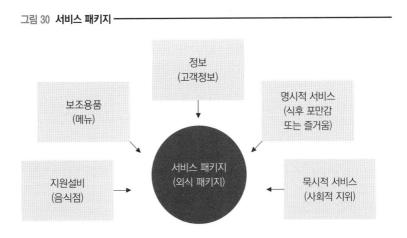

서비스 패키지를 좀 더 구체적으로 살펴보면 다음과 같다. 첫째, 지원설비는 서비스를 제공하기 전에 갖추어야 할 물리적 자원들을 의미한다. 예를 들면 주방시설이 대표적인 지원설비라 할 수 있다. 둘째, 보조용품은 소비자들에 의하여 소비되는 물품을 말한다. 예를 들면 음식점의 경우 판매하는 음식이 보조용품이라 할 수 있다. 셋째, 정보란 효율적이고 개인화된 서비스를 제공할 수 있도록 만들어주는 요소이다. 예를 들면 POS에 입력된 고객의 개인정보와 구매정보는 고객을 특별히 응대하는데 필요한 서비스가 된다. 넷째, 명시적 서비스는 소비자가 감각에 의해서 직접 알 수 있는 심리적 혜택으로, 포만감이나 행복감 등이 된다. 다섯째, 묵시적 서비스는 소비자가 명확하게 느끼지는 못하지만 어떤 식으로든 혜택이라고 느끼는 감정으로, 자신이 사회적으로 높은 지위에 있는 것처럼 느끼는 상황을 예로 들 수 있다.

서비스의 특성은 외식업체가 극복해야 할 문제점

서비스를 좀 더 구체적으로 이해하기 위하여 서비스의 특성을 검토해 보는 것이 좋다. 〈표 17〉에서 보는 바와 같이 서비스는 무형성, 동시성, 이질성, 소멸성이라는 특성을 가지고 있는데, 이 특성들을 잘 살펴보면 대부분 서비스의 단점이라는 사실을 알 수 있다. 예를 들어 서비스가 무형성을 갖는다는 것은 사람의 눈으로 식별이 불가능하기 때

표 17 서비스의 4가지 특성

서비스 특성	문제점	극복전략
무형성 (Intangibility)	-독점적 권리에 의한 보호 불가능 -진열이나 설명이 어려움 -구매하기 전 확인이 불가능	-유형의 단서 제공 -구전활동 적극 활용 -기업이미지 관리 -구매 후 커뮤니케이션 강화
생산과 소비의 동시성 (Inseparability)	-서비스 생산과정에 고객이 참여 -대량생산이 곤란	-직원 선발, 교육에 집중 -고객관리 철저 -서비스망의 분산
이질성 (Heterogeneity)	-표준화가 어려움 -품질의 통제가 어려움	-적절한 표준화와 개별화의 조화
소멸성 (Perishability)	-재고로서 보관이 곤란 -구매 직후 편익이 사라짐	-수요와 공급의 조화 -시간대별 할인, 예약, 대기 관리 -순환직무, 파트타이머 활용

자료 : 이유재(2009), 서비스 마케팅

문에 아무리 좋은 서비스를 제공해도 인식하지 못하는 문제가 발생할 수 있다. 따라서 외식업과 같은 서비스업체들은 이를 극복하는 방법을 찾아 실행하는 것이 서비스를 제대로 제공하는 방법이라고 보아도 무방하다.

외식업체들은 서비스의 무형성을 극복하기 위하여 자신들의 장점을 유형화하려고 노력한다. POP를 이용하여 식재료가 특별하다고 매장 내부에 전시하는 것이 대표적인 사례이다. 외식업은 생산과 소비가 동시에 일어나는 특성을 갖는다. 즉 소비자가 주문하면 즉석에서 조리하여 즉석에서 소비자가 식사를 하므로 실수를 하거나 생산과정과 유통과정에서 발생하는 문제를 소비자가 쉽게 알아챌 수 있다. 따라서 외식업체는 이런 문제점이 발생하지 않도록 반복적인 교육과 연습을 실시한다. 이외에도 서비스의 이질성과 소멸성 같은 특성들을 어떻게 극복하느냐가 외식업에서의 성공을 보장하는 전략적 선택이 될 수 있다.

서비스는 프로세스로 설계하고 관리해야 한다

서비스는 매우 과학적으로 설계해야 하는 프로세스라고 할 수 있다. 서비스는 즉흥적이거나 개인의 능력에 의해 좌우되지 않도록 표준적인 설계를 통해 제공과정을 정의하고 그 과정 속에서 고객만족을 극대화시키는 포인트를 찾고 실행하는 과정이고 활동이다. 외식업이라는 서비스업의 서비스 공간에서 어떤 일들이 어떻게 이루어져야 하는지 경영자가 명확하게 정의 내리지 못하고 설계하지 못한다면 서비스의 특성이라는 단점은 결코 극복할 수 없게 된다.

〈그림 31〉은 매우 단순하게 설계한 음식점의 서비스 프로세스이다. 고객행동과 직원행동 그리고 후방지원활동을 구분하고 고객과 직원의

그림 31 **서비스 청사진**

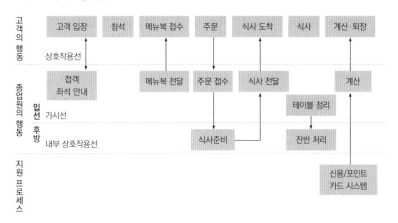

접점, 직원과 후방지원 조직과의 접점을 세부적으로 설계함으로써 외식업체는 서비스가 실패하는 포인트service fail point를 찾아 관리할 수 있게 된다. 그리고 더욱 높은 만족도를 얻을 수 있는 접점을 특별히 관리하는 시스템을 개발할 수도 있다. 마치 좋은 건물이 좋은 설계에 의하여 가능하듯 외식업에서도 좋은 서비스 청사진이 좋은 서비스를 가능하게 만든다.

외식업체의 규모와 음식판매 가격에 관계없이 모든 외식업체의 경영자는 자신의 점포를 구성하는 서비스를 다차원적인 패키지라는 개념으로 정의할 수 있어야 한다. 그리고 이 패키지를 어떤 시점에서 어떻게 제공해야 최상의 고객 만족을 달성할 수 있을지 설계해야 한다.

경영자는 서비스 프로세스를 지속적으로 점검하고 관리함으로써 고객접점에서의 서비스 실패를 줄여야 한다. 또한 언제라도 발생할지 모르는 서비스 실패를 어떤 시점에서 어떻게 복구(service recovery)할 수 있을지 연구해야 한다.

고객과 소통을 시작하라
: 온라인 마케팅을 이해했는가?

인터넷에서 네티즌들이 브랜드를 검색하는 조회수와 실제 외식업체의 성과는 어떤 관계가 있을까? 〈표 18〉은 2013년 월평균 기준으로 국내 주요 외식기업의 브랜드를 네티즌들이 네이버에서 검색한 조회수를 정리한 내용이다. 인터넷 마케팅 활동의 성과로 나타나는 브랜드 조회 결과와 기업의 성과는 틀림없이 상관관계가 있다고 볼 수 있으며, 연

표 18 국내 주요 외식업체의 검색 현황

구분		월간 조회수		
		PC	모바일	합계
보쌈	원할머니보쌈	27,135	67,449	94,584
	놀부보쌈	15,018	35,066	50,084
커피	카페베네	82,620	121,655	204,275
	스타벅스	269,772	301,063	570,835
	커피빈	33,968	47,386	81,354
패밀리레스토랑	아웃백	187,863	316,534	504,397
	빕스	183,731	339,144	522,875
	애슐리	198,465	303,282	501,747
패스트푸드	롯데리아	325,009	344,776	669,785
	맥도날드	273,089	340,858	613,947
	던킨도너츠	48,472	76,501	124,973
피자	미스터피자	371,329	492,627	863,956
	피자헛	451,242	503,669	954,911
	도미노피자	602,600	613,064	1,215,664

자료 : 네이버 키워드 검색(2013년)

구자에 의해 이루어진 선행연구에서도 이러한 관계성을 입증한 사례는 많다. 인터넷 마케팅은 더 이상 피할 수 없는 필수 요소임과 동시에 무한한 기회를 제공하는 마케팅 도구이다. 온라인 마케팅의 중요성을 이해하고 향후 인터넷 마케팅을 실행하는데 도움을 주는 정보를 살펴보기로 한다.

인터넷 마케팅이란?

인터넷 마케팅이란 그동안 미디어 매체나 오프라인 공간에서 주로 이루어지던 외식업체들의 마케팅 활동이 인터넷이라는 온라인으로 변경되어 이루어지는 마케팅 활동을 의미한다. 그런데 외식업체들의 인터넷 마케팅 활동을 살펴보면, 인터넷 마케팅 대행회사에 의뢰하여 블로그에 후기를 올리거나 페이스북에서 이벤트를 실시하는 정도가 인터넷 마케팅의 전부라고 생각하는 경우가 많다는 사실을 발견하게 된다.

외식업체의 오프라인 마케팅이 주로 자신이 전달하고자 하는 메시지를 일방적으로 소비자에게 푸시push하는 내용과 프로세스로 이루어졌던 과거의 활동과 같이 현재 현장에서 이루어지고 있는 인터넷 마케팅 역시 공간이 오프라인에서 온라인으로 변경되었다는 차이밖에 없어 보인다.

인터넷 마케팅은 단순히 오프라인에서 하던 활동을 온라인으로 공간만 변경한 마케팅 활동이 아니다. 오프라인이라는 공간과 온라인이라는 공간의 특성이 큰 차이를 가지고 있기 때문이다. 차이점을 좀 더 세부적으로 이해하기 위하여 최근의 인터넷 마케팅 환경의 변화와 특징을 살펴보면 다음과 같다.

첫째, 사람들의 관심이 TV, 신문과 같은 대중매체나 기업의 홈페이지 등에서 블로그, 페이스북, 카카오스토리, 인스타그램과 같은 SNSsocial network service로 옮겨가고 있다. 둘째, 기업들의 브랜드를 대중에게 알리려는 브랜드 커뮤니티가 오프라인에서 온라인 공간으로 집중되고 있으며, 온라인 공간은 일방적으로 보여주고 검색에 의존하던 형태에서 SNS로 이동하고 있다. 셋째, 온라인 공간에서의 마케팅 활동은 오프라인 공간에서의 활동에 비하여 중소기업이나 소상공인도 낮은 비용으로 큰 기회를 만들어 낼 수 있다. 즉 인터넷 마케팅은 시간과 공간을 초월하여 많은 사람들에게 쉽게 정보를 확산시킬 수 있다. 넷째, 이미지나 동영상 등을 이용하여 자신만의 차별화된 콘텐츠로 많은 사람들로부터 관심과 인기를 받을 수 있다. 다섯째, 인터넷 마케팅의 핵심적인 성공요인은 진정성과 지속성이며, 정보를 생산하여 저장하는 형태의 블로그를 기반으로 카카오 시리즈, 페이스북, 트위터, 인스타그램 등을 이용하여 정보를 유통시키는 형태로 이루어지는 것이 효율적이다.

이처럼 급변하는 인터넷 환경 속에서 마케터들이 관심을 기울이고 활용해야 하는 인터넷 마케팅을 정리해 보기로 한다.

그림 32 인터넷 마케팅 환경의 특징과 변화

인터넷마케팅 환경의 특징과 변화
- 소비자의 관심대상이 대중매체에서 SNS로 이동
- 브랜드 커뮤니티가 오프라인에서 온라인 공간으로 집중
- 적은 비용으로 큰 효과를 달성할 수 있음
- 차별화된 콘텐츠로 큰 인기를 단기간에 얻을 수 있음
- 핵심적인 성공요인은 진정성과 지속성

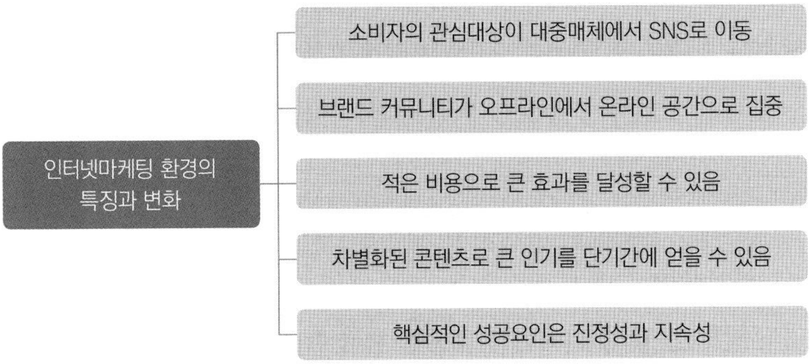

시장을 세분화하고 목표고객을 정하라

오프라인 마케팅에서와 같이 인터넷 마케팅에서도 시장을 세분화한 후에 목표고객을 설정하는 과정이 가장 먼저 이루어져야 한다. 목표고객은 하나의 집단만을 선택하는 경우도 있지만 다양한 계층을 목표고객으로 선정해야 하는 경우도 있으므로 각각의 목표고객들이 주로 활동하는 인터넷 공간을 확인하는 작업과 해당매체를 활용하는 내역을 확인하는 작업이 선행되어야 한다. 〈표 19〉는 인터넷 마케팅을 위하여 목표고객을 설정하고 고객별 활용매체와 주로 이용하는 인터넷 매체에서 하는 활동을 파악하는 양식이다.

표 19 **인터넷 마케팅 목표고객별 활용매체와 내용**

목표고객	주요 활용매체	주요 활동내용
20대 초반	인스타그램	- 매일 점심과 저녁의 새로운 느낌의 음식 사진이나 매장 분위기 사진을 로고와 함께 노출시키기
20대 중반~40대	블로그	- 매일 매장의 경영, 서빙, 조리 부문별로 특별한 스토리를 개발하여 포스팅하기 - 주 1회 브랜드와 대표메뉴의 강점을 직접적으로 노출시키기 - 월 1회 정기적인 체험단 초대와 설명회 가지기
20~40대 여성	페이스북	- 지역 커뮤니티와 연계된 교류 활동하기 - 인스타그램과 블로그에서 생성한 콘텐츠 공유하기

자료 : 이상배(2013), 마키디어의 소셜 마케팅 정석(p.24) 재수정

인터넷 마케팅은 금전적 대가를 지불하고 매체를 사거나 파워블로거처럼 영향력 있는 사람의 콘텐츠를 구매하는 것이 아니라 기업 자체의 강력한 인터넷 공간 속의 매체를 만들어 가는 활동이라는 점을 반드시 기억해야 한다. 따라서 인터넷 마케팅을 담당하는 직원들은 단순히 기획을 하고 전달하는 업무를 하기보다는 스스로 콘텐츠를 기획

하고 생산하는 역할에 많은 비중을 두어야 한다. 즉 인터넷 마케팅은 외부의 자원을 활용하기보다는 내부자원을 활용해야 한다. 그래서 인터넷 마케팅은 6개월에서 1년까지의 초기 투자기간이 필요하다. 최소한 1년 정도의 기간은 기업의 브랜드 이미지를 강력하게 구축하기 위한 최소의 기간이라고 보아야 한다.

인터넷 마케팅 목표를 설정하라

외식업체들의 마케팅 목표는 하나이지만 세부적으로는 오프라인 매체를 통해서 달성할 수 있는 부분과 온라인을 통해서 달성할 수 있는 부분으로 구분하여 설정할 필요가 있다. 따라서 외식기업의 마케터는 〈표 20〉과 같이 기업 차원의 마케팅 목표를 중심으로 인터넷 마케팅

표 20 인터넷 마케팅 목표 설정 방법

구분		내용
외식업체의 마케팅 목표	통합	최고의 가치를 제공하는 음식과 서비스를 유형화시킴으로써 시험구매를 유도하고 반복구매를 통한 브랜드 충성도 강화
	오프라인	매장 내부에서 일어나는 모든 활동의 최적화로 고객에게는 만족을 제공하고 점포 수익성 극대화 추구
	인터넷	상권 내 모든 소비자에게 브랜드가 노출되고 목표고객은 최고의 가치를 느끼게 만들기
채널별 목표	오프라인	고객과의 접점을 최소화하면서 최고의 만족을 느끼게 만드는 포인트 개발
	블로그	조직원의 점포 활동과 관련된 1인 1일 1 블로깅
	페이스북	모든 SNS 활동 콘텐츠 유통시키기
	카카오 패밀리	지역과 목표고객 대상의 커뮤니케이션
	인스타그램	점포의 모든 구성요소를 은유와 환유적인 이미지로 변환하여 업로드

목표를 설정하고 이를 바탕으로 각각의 인터넷 채널별 목표고객을 감안한 세부목표를 설정해야 한다.

외식기업의 마케팅 활동이 대중매체 중심의 오프라인에서 개인별 커뮤니티 중심의 온라인으로 변화하고 있음은 주지의 사실이다. 다만 인터넷 커뮤니티 매체가 하루가 다르게 변화하고 새로운 프로그램들이 지속적으로 출시됨으로 인하여 외식업체들의 마케팅 활동에 어려움이 가중되고 있다.

특히 낮은 비용이 가장 큰 장점으로 언급되는 인터넷 매체 활용 마케팅이 오히려 더 높은 비용을 유발시키는 경우도 주변에서 많이 발생하고 있다. 예를 들면 블로그 상위 노출 경쟁이 뜨거워지면서 포털사이트의 제재가 증가하고 있고, 무엇보다도 파워블로거나 대행업체에 지불하는 비용도 높아지고 있는 추세이다. 또한 비용은 증가하면서도 효과는 오히려 떨어지는 비효율적인 상황이 연출되기도 한다. 인터넷 마케팅은 누구나 할 수 있고, 비용도 적게 든다는 환상이 하나씩 사라지고 있는 상황이라고 할 수 있다.

외식업체들이 관심을 가져야 하는 매체들

인터넷 마케팅을 위하여 외식업체들이 관심을 가져야 하는 매체는 무엇이고 어떻게 활용해야 할까? 최근 인터넷 마케팅을 위한 통합적 커뮤니케이션을 주도하는 매체로 SNSSocial Network Service가 급부상하고 있다. 간단한 몇 마디의 이야기와 사진 등의 이미지만으로 고객의 관심을 끌 수 있다는 측면에서 누구나 편하고 재미있게 이용할 수 있는 소셜미디어의 시대가 도래했기 때문이다.

그림 33 **블로그 사례**

자료 : 김영갑 교수의 네이버 블로그(http://blog.naver.com/webkim)

<u>블로그</u> 블로그는 누구나 상업적, 비상업적인 글을 자유롭게 올릴 수 있고, 포털사이트에서는 많은 사람들이 검색기능을 이용해 쉽게 접할 수 있는 구조를 제공하면서 대안언론의 자리를 굳혀가고 있다. 초기에는 주로 일방적인 전달에 국한했지만 최근에는 커뮤니티 기능을 하는 수준으로 발전하고 있으며, 특히 일상적인 이야기를 하던 공간에서 전문성이 강화되는 공간으로 변모하고 있다.

블로그가 마케팅의 도구로 인식되기 시작한 것은 그리 오래되지 않았다. 초장기에는 전문성 있는 콘텐츠를 지속적으로 올려서 방문자가 많은 파워블로거들을 마케팅 활동에 활용하는 수준이 전부였다. 하지만 블로거가 늘어나고 블로그의 콘텐츠 생산량도 기하급수적으로 늘어나면서 누구나 마케팅 활동에 참여하는 시대가 되었다. 약간의 노력만 기울이면 1개월 이내에 인터넷 마케팅 활동을 할 수 있는 블로거가 될 수 있다. 즉 블로그 마케팅 대중화시대가 열린 것이다.

인터넷 마케팅에서 블로그는 콘텐츠를 생산하고 보관하여 언제든지

그림 34 **페이스북 사례**

자료 : 김영갑 교수의 페이스북(https://www.facebook.com/webkim2)

고객들과 커뮤니케이션 할 수 있는 공장과 창고의 역할을 해야 한다. 블로그의 내용은 흥미로우면서도 전문성과 진정성 있는 콘텐츠로 가능한 하루도 거르지 않고 채울 수 있어야 한다. 종종 마케팅 대행사나 디자인 회사에 블로깅과 관리를 맡기는 사례가 있는데, 그런 경우 블로그의 생명은 오래 가기 힘들다. 블로그는 미적인 디자인보다 실용성이 더 중요하다. 내부의 직원들이 업체의 일상을 편하게 전달하면서 고객에게 호감을 주는 콘텐츠가 가장 이상적일지 모른다.

페이스북 페이스북은 인터넷상에서 인맥을 형성하고 교류할 수 있는 대표적인 SNS이다. 전세계적으로 가장 성공한 소셜 네트워크 서비스로 누구나 쉽고 간편하게 회원으로 가입할 수 있다. 특히 '친구 맺기'를 통하여 다른 사람들과 인터넷상에서 만나 다양한 관심사와 정보를 교환하고, 자료를 공유할 수 있는 장점 때문에 급속한 성장을 했다.

2004년 하버드대학교 마크 저커버그Mark Zuckerberg가 19세의 나이에

학교 기숙사에서 사이트를 개설하며 창업했으며, 초기에는 하버드 학생만 이용할 수 있도록 제한된 사이트였지만 지금은 전 세계인이 이용하는 사이트로 발전했다.

페이스북은 누구나 쉽게 글을 올릴 수 있는 뉴스피드 기능부터 페이지 기능, 그룹 기능 등을 보강하면서 사용자를 넓혀가고 있다. 그리고 상업적인 활용도를 높이기 위한 다양한 업그레이드가 이루어지면서 최근에는 검색기능까지 보강하고 있어서 향후 귀추가 주목된다.

페이스북은 업체들이 마케팅에 활용할 수 있는 다양한 기능을 제공한다. 대표적인 기능으로 이벤트를 들 수 있다. 특정인을 지정하여 일정과 내용을 전달하고 이벤트에 초대하는 구성이 가능하다. 하지만 페이스북을 너무 직접적인 마케팅 도구로 사용하는 것은 피해야 한다. 친구관계가 끊이질 가능성이 높기 때문이다. 페이스북은 블로그와 마찬가지로 콘텐츠를 생산하고 공유하는 기능으로 사용할 수도 있지만 가능하면 블로그에서 생성된 차별화된 정보의 유통채널로 활용할 때 효과를 볼 수 있다. 다만 체크인이나 기타 소소한 기능을 통해 지속적으로 인맥을 형성하고 관리해야 한다.

카카오 패밀리 글로벌 무료 메시지 서비스인 카카오톡을 필두로 카카오스토리, 카카오플레이스 등을 카카오 패밀리로 통칭한다. 최근 카카오는 다음과 합병하면서 다양한 서비스를 출시하고 공격적인 활동을 펼치고 있다.

특히 대기업들의 마케팅 활동을 지원하는 '카카오플러스 친구'에 이어서 소상공인들의 마케팅 활동을 지원하기 위한 '카카오톡 옐로아이디'를 출시했다. 카카오톡 옐로아이디는 불특정 다수에게 무작정 일방적 메시지를 전송하는 것이 아닌 자발적으로 '친구 추가'한 고객만을 대상으로 소통함과 동시에 필요한 경우 점포의 마케팅 활동도 자연스럽게 할 수 있는 공간을 만들었다는 점에서 의미를 부여할 수 있다. 무엇보다도 카카오플러스 친구처럼 고액의 비용을 지불하지 않고 활용할 수 있어서 소상공인들도 유용하게 활용할 수 있는 여지가 있다.

카카오 패밀리의 핵심은 뭐니뭐니해도 카카오톡이다. 카카오톡은 국민모바일메신저로 자리잡았고 대부분의 사람들은 지인들과의 소통에 카카오톡을 이용한다. 그렇다면 사업자가 고객과 소통을 하는데도 카카오톡을 활용할 수 있을까? 쉬운 일은 아니다. 특별한 관계가 형성되지 않은 상태에서 비즈니스 관계만으로 카카오톡을 이용해 상호소통은 어렵다. 따라서 가능한 고객의 일방적인 주문이나 기타 요청을 받는 용도로 활용하는 아이디어를 개발해야 한다. 전화보다는 카카오톡을 이용한 메시지 전달이 고객 입장에서도 편할 수 있기 때문이다.

그림 35 **카카오 옐로아이디** ────────────

자료 : 카카오 홈페이지(http://www.kakao.com/services/39)

인스타그램 인스타그램의 특징은 커뮤니케이션을 글보다는 사진과 동영상을 중심으로 한다는 점이다. 인스타그램에 올리는 사진은 다양한 필터 효과를 적용할 수 있다. 특히 모바일 기기에서 사용하는 사진과 달리 폴라로이드 모양(정사각형)의 사진 크기를 사용하는 차별성이 있다. 인스타그램은 사진 찍기, 올리기, 글쓰기 등의 모든 작업이 스마트폰에서만 가능하다. 회원 가입은 스마트폰에서만 가능하다. PC에서는 단순히 보기만 가능하다고 보면 된다.

모든 SNS가 지속적으로 타서비스 기능을 벤치마킹하고 업데이트되면서 사진의 공유 기능도 매우 정교해지고 있어서 인스타그램의 강점은 갈수록 줄어들지 모른다. 하지만 인스타그램처럼 사진 공유에 특화된 SNS의 묘미는 여전히 높은 인기를 구가하고 있다. 사진으로 자신의 브랜드를 알리는 것이 훨씬 효율적이라고 생각한다면 인스타그램의 사용을 추천한다.

그림 36 **인스타그램** —————————————————————

자료 : 인스타그램 홈페이지(http://instagram.com)

이상의 SNS 외에도 포스퀘어, 씨온 등 다양한 서비스가 지속적으로 출시되고 있다. SNS 홍수라고 해도 과언이 아닐 정도이다. 향후 인터넷 마케팅을 위해서 더 많은 서비스를 익히고 활용해야 할지 모른다. 다만 모든 서비스를 다 활용하겠다는 욕심은 버리는 것이 좋다. 자신의 상황에 가장 적합한 매체를 찾고 그 매체의 특성을 잘 활용하려는 효율적인 접근이 필요하다. 예를 들어 블로그가 콘텐츠의 생성과 보관을 담당하는 역할을 하고 페이스북은 콘텐츠를 유통하는 역할을 한다고 가정하면, 인터넷 마케터는 블로그와 페이스북을 동시에 활용할 수 있어야 한다.

인터넷 마케팅을 잘 이해하고 지속적으로 변화하는 매체의 환경을 잘 활용하는 능력이 지속적으로 강화되어야 한다. 그러기 위해서 외식업체들은 전사적인 마케팅 목표를 오프라인 목표와 온라인 목표로 구분하고 세부적으로는 블로그, 페이스북, 카카오스토리, 인스타그램과 같은 각각의 매체별 특징에 따른 세부목표를 설정해야 한다.

숨은 1%를 찾아라

한번 성공을 영원한 성공으로 만들어라
: 성장 단계별 전략이 있는가?

준비기

국내 자영업 창업자는 매년 60만 명에 이르고 있다. 그런데 같은 기간 약 58만 명의 자영업자들이 폐업을 하고 있다. 새롭게 창업하는 사업자만큼 실패하는 사업자가 있다는 사실이다. 더 큰 문제는 창업한 자영업자가 5년 이상 생존할 확률이 30%에도 미치지 못한다는 것이다. 사업을 시작하는 이들의 소망은 자신이 창업한 점포가 영원히 존속하면서 목표로 설정했던 이익을 달성하는 것이겠지만 실제로 그런

그림 37 **국내외 자영업 폐업 현황**

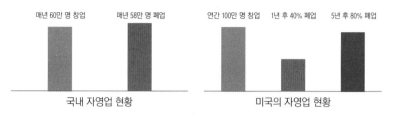

희망이 이루어질 가능성은 매우 낮다.

"왜 이렇게 창업 성공률은 낮은 걸까요?" 단순하게 대답하면 수요에 비하여 공급이 많기 때문이다. 즉 소비자들이 구매하는 양에 비하여 판매자가 너무 많다. 창업자의 수가 줄지 않는 한 이런 악순환은 계속될 것이다.

"창업 이외에 대안이 없는데 어떻게 해야 할까요?"라고 누군가 필자에게 질문한다면 "창업하려는 업종의 최고 전문가가 된 후에 창업을 하시기 바랍니다."라고 대답한다. 예를 들어 초등학교부터 대학교까지 12~20여 년을 공부하는 가장 큰 이유가 자신이 원하는 직업을 얻기 위해서라고 해도 과언이 아니다. 그런데 창업을 위해서 투자하는 시간은 어떠한가? 국내 창업자의 약 50%가 6개월의 준비기간도 갖지 않고 개업을 한다는 통계를 본 기억이 있다. 6년을 준비해도 성공하기 어려운 경쟁환경 속에서 6개월의 준비로 성공을 바라는 것은 매우 어리석은 결정이다.

창업기

창업을 위해 충분한 준비를 했다고 필자를 찾아와서 상담을 하는 분들을 살펴보면 대부분 기술만 익히고 오는 경우가 많다. 취업자는 특정한 분야의 기술만 잘 익히면 훌륭한 조직원이 될 수 있다. 하지만 창업자는 경영자로서의 능력도 함께 갖추어야 한다. 기술만으로 사업을 성공시킬 수 없기 때문이다. 전략수립, 생산관리, 인적자원관리, 재무관리와 같은 사업체를 경영하기 위한 모든 기능을 두루 섭렵해야 치열한 경쟁에서 살아남을 수 있다. 특히 '계획수립, 조직화, 지휘, 통제'와 같은 경영순환과정을 모든 부분에서 적용할 수 있어야 조직이 순조롭게 관리된다는 점도 고려해야 한다.

그림 38 **창업자가 갖추어야 할 능력**

경영자로서의 능력을 모두 갖추고 해당 분야에서 손꼽히는 전문가가 되었다면, 자신의 사업체가 타사업체와의 경쟁에서 이기기 위한 전략을 수립해야 한다. 전략이란 '전쟁에서 승리하는 방법'을 의미한다. 이순신 장군이 불리한 상황에서도 일본수군을 크게 물리친 한산도대첩은 전략의 승리라고 할 수 있다. 창업도 전쟁과 다르지 않다. 적군을 물리치기 위한 구체적인 전략이 없다면 백전백패가 자명하다. 양적 우세만 믿고 이순신 장군을 우습게 생각한 일본수군이 패한 이유는 전략이 없었기 때문이다. '원가우위 전략'이든지 '차별화 전략'이든지 간에 명확하게 자신의 '경쟁전략'을 수립해야 창업기를 훌륭하게 이겨낼 수 있다.

그림 39 **경쟁전략**

경쟁우위의 원천

성장기

충분한 기술과 경영능력을 갖추고 전략적으로 창업 초기를 넘겼다면 창업자는 승승장구하고 있을지 모른다. 대부분의 창업자들은 창업 초기의 성공을 영원한 승리로 착각하는 경우가 많다. 창업은 단기간의 승부가 아니다. 구직자들이 평생 안정적으로 일할 수 있는 직장을 찾듯이 창업자는 자신의 생애 동안 유지될 사업체를 원한다. 사업은 마라톤과 같다. 100미터 달리기를 하듯이 달려서는 곤란하다. 마라토너는 42.195km를 지속적으로 선두권을 유지하면서 달려야 우승 가능성이 높아진다.

창업도 마찬가지이다. 창업 초기의 선두는 큰 의미가 없다. 지속적으로 선두권을 유지하기 위해서는 페이스를 유지해야 한다. 그러기 위하여 창업 초기의 '경쟁전략'이 필요하다면 이후에는 '성장전략'이 있어야 한다. 최선의 공격이 최선의 방어이듯이 사업이 존속하기 위해서는 계속 성장을 추구해야 한다. 그러기 위해서는 끊임없이 기존 시장에서 사업을 확대하기 위한 '시장침투전략, 제품개발전략'을 활용하거나 새로운 시장을 개척하는 '시장개발전략, 다각화전략' 등을 강구해야 한다.

그림 40 **성장전략**

구분		제품	
		기존제품	신제품
시장	기존시장	① 시장침투 전략	② 제품개발전략
	신시장	③ 시장개발전략	④ 다각화전략

성숙기

사업이 성숙기에 접어든다는 것은 어떤 의미일까? 국내 소상공인의 대부분은 하루에 12시간 이상 일을 하면서 휴일도 거의 쉬지 못하는 경우가 많다. 심지어 1년 365일 중 단 이틀추석, 설만 쉬고 일하는 사업자도 많다. 평생을 이렇게 일하면서 사업을 한다면 과연 창업이란 선택이 올바른 것일까?

소상공인들은 창업 초기를 잘 이겨내고 성장기를 슬기롭게 헤쳐 나가면서 단지 돈을 번다는 목표를 넘어서 자신의 진정한 목표를 실현할 준비를 해야 한다. 사업을 한다는 것은 시스템을 만드는 과정임을 인식하고 자신이 직접 현장에서 일을 하지 않아도 조직원들에 의해 안정적으로 유지·발전되는 구조를 만드는 일에 관심을 가지고 투자를 해야 한다.

성공한 사업자들의 말에 따르면 "사업은 사람이 하는 것이 아니라 시스템이 하는 것"이라고 한다. 예를 들면, 맥도날드는 가맹사업자들에게 햄버거 만드는 법을 가르치지 않고 햄버거를 만드는 시스템을 운영하는 방법을 가르친다. 사업의 성숙기를 맞이하기 위해서는 사업에 고용되지 말고 사업을 지배하는 법을 익혀야 한다. 사업의 전략적 목표가 있어야 하고 이를 달성하기 위한 조직, 관리, 인사, 마케팅, 시스템전략이 자연스럽게 작동하는 기업을 만들어야 그동안의 성과를 누리는 자유인이 될 수 있다. 니체는 "진정한 우리의 모습을 찾는 능력"을 자유라고 했다.

'어떻게'를 연구하라
: 경쟁 극복 전략을 갖고 있는가?

최근 소상공인과 대기업과의 경쟁관계가 이슈가 되고 있다. SSM 사태나 초대형 피자, 통큰 치킨 사태 등이 그런 일면을 보여주는 대표적인 사례이다. 이미 선진국에서는 오래 전에 겪은 일이거니와 그 결과도 다양하게 결말지어졌기에 우리에게도 예고된 일이었다. 그리고 더욱 큰 일은 앞으로 이런 사건의 빈도와 크기는 더욱 증대될 것이란 것이다. 소상공인과 대기업의 경쟁은 누가 보더라도 소상공인이 일방적으로 불리하다고 느낄 수 있다. 그래서 대부분 법에 의존하려 하거나 단체행동으로 대처하는 것이 일반적인 듯하다.

경쟁은 전략으로 극복해야

어떤 집단이든지 간에 자본주의 사회에서 경쟁은 피하거나 제한하는 것에 한계가 있다. 그럼에도 불구하고 소상공인들이 쉽게 택하는 수단은 경쟁을 제한하는 법의 제정을 호소하거나 단체행동을 통한 국민들의 우호적 여론 형성일 수밖에 없다. 가장 단기적인 효과를 얻을 수 있다는 점과 근본적인 대책이라는 인식 때문이다. 다만 이런 수단을 통한 경쟁회피는 일시적이거나 매우 제한적이라는 것이다. 많은 언론매체나 전문가들이 선진국의 사례를 들어가며 소상공인의 보호를 외치고 있기는 하지만 결과적으로 경쟁에서 이기는 주체는 소상공인 스스로가 되어야 한다는 것이 지금까지 우리가 보아온 산업사회에서의 현실이다.

전략은 '경쟁에서 이기는 방법'을 의미한다. 경쟁에서 이기는 방법은 매우 다양하게 정의될 수 있다. 경쟁전략의 고전과 같은 마이클 포터 교수의 본원적 전략은 경쟁에서 이기는 방법으로 크게 두 가지를 제안하고 있다. 원가우위전략과 차별화전략이다. 외식이나 소매산업에서 구매력을 바탕으로 힘의 논리로 경쟁을 이끌려는 대기업은 주로 원가우위전략을 사용한다. 즉 저렴한 원가를 무기로 저가제품을 만들어낸 후 이를 미끼 상품화하여 소비자를 유인하는 것이다. 이와 같은 대기업과의 경쟁에서 소규모 집단은 냉철하고 논리적이며 전략적인 대응이 필요하다. 그것은 개인적인 노력과 대응일 수도 있고 관련단체를 이용한 좀 더 체계적인 대응일 수도 있다. 다만 개인적인 노력은 유사 업체 간 경쟁에 유용한 반면, 대기업과의 경쟁에서는 관련단체의 조직적 대응이 더욱 유용할 것이며, 그러기에 그 대응은 더욱 전략적이어야 한다.

더 깊게 고민하고 냉철하게 대처해야

소비자들의 구매행동은 매우 이성적일 것이라 생각하기 쉽지만 의외로 논리적이지 못하고 감성적인 경우가 많다. 무엇보다도 가격이라는 마케팅 요소에 있어서는 더욱 그러하다. 가격전략과 관련된 많은 연구에 따르면 소비자는 다양한 가격전략에 의외로 쉽게 유혹당하고 있음을 알 수 있다. 가격이 비싸면 품질도 좋을 것이라고 생각하는 가격-품질 연상, 가격이 높은 상품이 나의 품위를 높여준다고 생각하는 가격-품위 연상, 끝이 9로 끝나는 가격단위가 저렴하다고 느끼는 단수 연상 등이 소비자의 감성적 소비행동을 그대로 보여주는 대표적 사례이다. 대형 소매기업들은 가장 대중적인 상품을 파격적인 가격으로 내세워 소비자를 유인하고 다른 상품에서 수익을 높이는 전형적인 유인 전략을 수시로 사용한다. 이런 상황이면 소비자들은 아침 일찍부터 긴 줄도 마다하지 않고 기다리는 수고를 하게 된다.

다만 이런 가격전략은 장기적으로 유지되는 경우도 있지만 대부분 단기적인 이벤트로 막을 내리는 경우가 많다. 경우에 따라 장기적으로 유지된다 하더라도 다양한 가격체계 속에 묻혀 그렇고 그런 상품으로 전락하거나 하나의 작은 세분시장으로 명맥만 유지되는 경우가 많다.

최근의 특정 상품에 대한 사회 이슈화는 오히려 소상공인에게는 전략적으로 불리한 상황을 초래했다. 무시했다면 이벤트로 끝났을 일을 치킨의 준거가격을 내리는데 공헌해준 느낌을 지울 수 없다. 일시적인 이벤트 가격으로 끝날 수 있었다는 것은 소비자들이 다양한 가격체계로 자연스럽게 받아들이고 자신의 상황에 따라서 구매를 하거나 품질이 의심되어 구매를 꺼리는 하나의 틈새시장으로 전락하게 되는 것이다. 준거가격화된다는 것은 기존의 가격이 터무니없는 가격임을 인지하고 업체들의 과다한 수익성을 의심하게 되면서 원가공개 등을 요구함과 동시에 기존 업체에 대한 불신을 키우게 되는 상황을 의미한다.

외식산업에서의 경쟁은 규모의 경제를 추구하고, 대형 투자가 가능한 대기업에게만 유리하도록 만들어지지 않는다. 다양한 전략은 중소규모의 업체에게 유리하게 작용하기도 한다. 만약 그렇지 않았다면 선진국의 중소업체와 소규모 자영업자들은 모두 몰락하고 말았을 것이다. 차별화를 통한 그들만의 성공을 바라볼 필요가 있다. 그리고 앞서 언급했듯이 단체적 측면에서 고려해야 할 많은 전략들을 위한 준비와 신중한 대처가 요구됨을 인식할 필요가 있으며 외식 관련 단체의 전략전문가 육성이 시급한 시점이다.

매출 패턴을 찾아내라
: POS 데이터를 활용할 줄 아는가?

요즘 외식업소에서 POSpoint of sales system. 판매시점정보관리 시스템를 사용하지 않는 곳은 없다. 과거에 주판을 사용하던 시기를 지나 금전출납기가 등장하여 우리를 놀라게 하던 일도 이젠 먼 옛날의 이야기가 되었다. 다만 상당한 효용성을 가지고 등장한 POS가 아직도 금전출납기 수준의 활용에 머물고 있음은 아쉬운 현실이다. 물론 대기업의 프랜차이즈 본부와 가맹점은 십분 그 기능을 활용하고 있음에 의심의 여지가 없다. 문제는 소규모 영세사업자이다. 그렇지 않아도 경쟁력에서 뒤지는 소규모 영세사업자의 경우 차별화된 경쟁력 확보 차원에서 활용도를 더욱 높여야 한다.

판매시점정보관리 시스템으로 탄생한 POS는 팔린 상품에 대한 정보를 판매시점에 즉시 기록함으로써 판매정보를 집중적으로 관리하는 시스템이다. 매장과 본사를 온라인으로 연결하여 판매시점의 정보를 실시간으로 통합, 분석, 평가하여 미래의 고객대응능력을 배가시켜

준다. 또한 각종 판매정보를 체계적으로 관리할 수 있어 상품회전율을 높이고 적정재고량을 유지할 수 있는 등의 이점이 있다. 수집된 데이터에 의해 신제품 및 판촉상품의 판매추세, 구입 고객별 분석, 시간대별 분석, 판매가격과 판매량의 상관 분석, 그 밖에 대중매체 광고 효과 등을 파악하여, 생산계획과 판매계획 그리고 광고계획 등을 세우는 데 기여한다.

이와 같이 POS는 판매시점관리가 반드시 필요한 유통업에서 발전했지만 과학적 관리기법의 필요성이 대두되고 외식업의 기업화가 가속되면서 포스의 중요성은 더욱 강조되고 있다. 물론 아직도 POS를 단순한 계산기에 한정해 사용하는 경우가 많기 때문에 종종 외식사업자들은 POS가 필요한가 하는 의문을 가지게 된다. 이에 대한 답변은 비용대비 효익으로 설명이 가능할 것 같다. POS 시스템을 갖춤으로써 지출되는 비용보다 그것을 갖춤으로써 얻는 효익이 크다면 당연히 필요한 것이 될 것이고, 반대의 경우라면 필요없는 물건이 될 것이다.

POS, 이렇게 활용해야 한다

POS는 최소한의 경영관리를 위한 시스템이다. 주먹구구식으로도 충분한 수익을 창출할 수 있다면 결코 비용을 지불하면서까지 시스템을 구입할 필요가 없을 것이다. 하지만 좀 더 체계적인 경영을 통해 더 높은 수익성을 창출할 수 있다면 POS는 당연히 필요한 시스템이 될 것이다. POS를 유용하게 활용하는 사례를 몇 가지 들어보면 다음과 같다.

첫 번째는 고객관리 측면에서의 활용이다. 창업 초기에 고객들은 음식점의 맛과 분위기에 이끌려 수차례 방문하지만, 방문이 거듭될수록 싫증을 느끼게 되고 점차 방문횟수가 줄어든다. 이를 감지한 외식업체는 새로운 시도를 통해 단골고객들에게 어필을 시도하지만 과연 어떤 방법으로 고객들에게 어필할 수 있는 기회를 만들 수 있을까? 만약 경영자가 POS를 갖추고 고객의 정보를 충실하게 축적해 두었다면 필요한 시기에 고객들에게 휴대전화 문자메시지, e-mail, DM 등의 다양한 수단을 통해 정보를 전달할 수 있을 것이고, 이를 통해 최소의 비용으로 재방문을 유도할 수 있을 것이다.

두 번째는 수익성 창출 측면이다. 창업을 하면서 대부분의 업주들은 수익성 분석을 하게 된다. 객단가, 회전율, 원재료비, 기타 수익과 관련된 예상 손익을 계산한 후, 창업에 임하게 되지만 막상 창업을 하여 업소를 운영해 보면 예상손익의 실현이 쉽지 않음을 알게 된다. 예를 들어 객단가를 10,000원으로 예상했는데, 실제로는 8,000원밖에 안 된다고 가정해 보자. POS가 없다면 원인 파악에도 많은 애로가 따르게 되지만 이를 개선하기 위한 방안을 찾는 것은 더욱 힘들다. 마지막으로 메뉴분석을 가정해 보자. 선호도가 높아 수익을 창출하는 메뉴를 더욱 강화시키고 선호도와 수익성이 떨어지는 메뉴는 삭제하는 데 필요한 정보를 파악하기 위해서는 POS가 반드시 필요하다.

POS는 대기업뿐만 아니라 외식 중소기업에서도 반드시 필요한 경영정보시스템임에 틀림없다. 물론 이러한 경영정보시스템 없이도 훌륭하게 외식업소를 운영하시는 분들이 많이 있다. 하지만 경쟁이 갈수록 치열해지고, 수익성이 악화되는 외식산업의 환경을 고려할 때 과거와 같은 주먹구구식 경영(Role of Thumb)은 틀림없이 경쟁력의 약화를 초래할 것이며 성장의 한계를 가져올 것이다. POS가 모든 것을 해결해 줄 수는 없지만 적어도 최소한의 생존을 위한 주춧돌이라는 사실은 간과하지 말아야 할 것이다.

작은 차이에 민감해져라
: 매장 내에서 어떤 마케팅활동을 하는가?

〈디테일의 힘Power of Detail〉을 쓴 왕중추는 디테일을 설명하기 위하여
다음과 같은 공식을 이용한다.

$$100-1=0$$

공식은 "천리 둑도 작은 개미구멍 하나 때문에 무너지고, 벽돌 한
장에 공든 탑이 무너지며, 1%의 잘못이나 실수로 모든 것이 수포로
돌아갈 수 있다."는 의미이다. 이 공식을 다르게 표현해 보면 다음과
같다.

$$100+1=200$$

반대로 표현한 공식은 "육상경기에서는 0.01초 차이로 메달의 색깔
이 바뀐다. 육안으로는 구분도 안 되는 작은 차이지만 결과는 하늘과
땅 차이다. 제품이나 서비스도 마찬가지다. 1%만 개선하고 차별화하
면 다른 세상이 열린다"는 뜻이다.

〈디테일의 힘Power of Detail〉을 잘 활용하여 성공한 음식점들을 우리는
주변에서 종종 발견할 수 있다. "작은 일이 큰 일을 이루게 하는 힘"
이라는 사실과 함께 디테일은 "섬세함과 함께 진정성 있는 태도"라는
점을 잘 말해주는 음식점을 살펴본다.

점포의 차별성은 작은 차이에서 시작된다.

국내에서 돼지갈비를 전문으로 취급하는 점포의 정확한 통계는 없

다. 그래서 다음 지도를 이용하여 '돼지갈비'를 검색해 보았다. 약 4,390개의 점포가 나타난다. 그 중에서 파주시 운정3동에 위치한 '렛잇고기'는 돼지갈비전문점 중 디테일 경영을 실천하는 대표적 사례로 볼 수 있다. 렛잇고기의 디테일 경영은 "소비자를 위하여 작은 것에도 집중하고 제조와 서비스를 섬세하게 실행하는 진정성 있는 태도"로 정의할 수 있다. 렛잇고기의 비전은 〈그림 41〉에서 확인 가능하다.

단순히 신념비전, 미션, 핵심가치 등만으로 고객을 만족시킬 수는 없다. 자칫 점포의 신념이 고객들에게 공염불로 인식되면 없는 것보다 못할 수도 있다. 신념은 반드시 실천이 따라야 그 가치를 발휘한다. 렛잇고기가 신념을 어떻게 실천하고 있는지 하나씩 살펴보자.

그림 41 렛잇고기(구 운정화로)의 신념 ——————

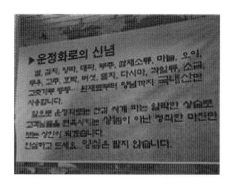

첫째, 국내산 돼지갈비에 3무無를 실천하고 있다. 즉 렛잇고기의 돼지갈비는 국내산 돼지갈비만을 사용하면서 무항생제, 무접착, 무조미료를 실현하는 것이 핵심가치이다.

둘째, 쉴 때 쉬고 일할 때 일한다. 렛잇고기는 작은 음식점임에도 불구하고 경영자는 물론이고 내부고객인 직원의 행복한 삶을 고려하여

그림 42 돼지갈비의 원산지와 첨가물 안내

오후 3시부터 5시까지의 휴점시간이 있으며, 무엇보다도 매주 일요일 정기휴무를 실시하고 있다. 일요일은 대부분의 음식점이 가장 높은 매출을 달성하는 황금의 요일이다. 그런데 이 황금요일을 과감하게 포기하고 휴무를 즐길 수 있는 용기가 어디서 나오는 것일까? 렛잇고기 대표는 이렇게 대답한다. "하루 이틀이 아니고 영원히 사업을 할 생각이라면 음식점도 정기적인 휴무를 실시해야 합니다. 경영자도 직원도 모두 삶의 질이 높아져야 열심히 일할 수 있고, 그래야 고객에게도 최선을 다할 수 있지 않을까요?"

그림 43 렛잇고기(구 운정화로구이)의 영업시간, 휴점시간, 정기휴무 안내문

셋째, 수제手製갈비가 아니라 수제秀製갈비다. 렛잇고기의 돼지갈비는 일반적인 점포들이 공장에서 만들어진 것이 아니라 손수 만들었음을 강조하기 위하여 사용하는 '손 수手, 지을 제製'를 포기했다. 〈그림 43〉에서 보는 바와 같이 돼지갈비 제조과정을 공개하면서 이렇게 탄생한 제품을 '빼어날 수秀, 지을 제製'를 결합한 단어로 표현하여 차별화된 갈비임을 고객에게 전달하고 있다. 그 어떤 점포에서도 맛볼 수 없는 최상의 품질을 추구하는 갈비임을 강조하는 사례이다.

그림 44 렛잇고기(구 운정화로구이)의 갈비 제조과정 ───────

넷째, 렛잇고기의 냉면육수는 천연과일만 이용하여 매장에서 직접 끓여 만든다. 냉면을 팔아서 얼마나 많은 이익을 남기겠다는 욕심에 이런 시도를 하는 것일까? 일반적인 고깃집에서 판매하는 대중적인 냉면 육수는 점포 자체에서 제조한 것보다는 공장에서 제조된 육수를 사용하는 경우가 많다. 그럼에도 불구하고 렛잇고기는 왜 이런 수고를 열심히 하는 것일까? 이런 질문에 경영자는 이렇게 답변한다. "면은 직접 뽑지 않더라도 고객이 요구하는 품질을 지킬 수 있지만 육수는 그렇게 할 수 없더군요. 재료와는 절대로 타협하지 않겠다는 초심

을 지키고 다른 점포에서는 먹을 수 없는 차별화된 육수를 개발하게
되었습니다."

그림 45 렛잇고기(구 운정화로구이)의 천연과일 냉면육수 POP ——————————

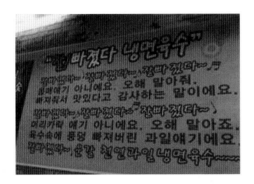

　다섯째, 잘 익은 버섯 하나 열 근 쇠고기 안 부럽다. 고깃집이라면
어디서나 쉽게 먹게 되는 새송이버섯. 그러나 그런 대중적인 버섯도
어떻게 굽느냐에 따라서 엄청난 맛의 차이가 있다는 것이 렛잇고기
의 주장이다. 그런 이유로 최고의 맛을 자랑하는 새송이버섯을 추가
로 먹고 싶다면 1,000원을 지불해야 한다. 웬만한 반찬류는 모두 자유

그림 46 렛잇고기(구 운정화로구이)만의 버섯 구워 먹는 법 ——————————

롭게 추가로 먹을 수 있지만 새송이버섯은 예외이다. 그 이유는 열 근 쇠고기보다도 더 맛있기 때문이란다. POP에서 알려주는 방법대로 구워서 먹어보면 그 진가를 확인할 수 있다.

여섯째, 라면은 셀프, 단 공짜가 아니다. 서비스다. 렛잇고기의 디테일 경영을 마무리하는 최후의 카드는 셀프 라면이다. 절대로 공짜가 아니라 서비스라는 주장도 이채롭지만 더 디테일한 면모는 라면을 고객들이 직접 끓이도록 준비된 도구와 이용법이다. 직원들이 특별히 관리하지 않더라도 고객들이 스스로 최상의 맛으로 라면을 끓일 수 있도록 배려한 매뉴얼과 시스템을 잘 살펴볼 필요가 있다.

그림 47 렛잇고기(구 운정화로구이)의 라면 셀프바 ─────────────

렛잇고기는 비용이 많이 드는 외부마케팅보다는 적은 비용으로 타깃에게 효율적으로 전달할 수 있는 점포 내부에서의 마케팅에 집중하고 있다. 그리고 상투적인 판매촉진보다는 상품과 서비스의 디테일한 차별성을 부각시키는 데 주력하고 있다. 이러한 렛잇고기의 노력은 고객만족도를 높이고 충성도를 제고시킴으로써 지속적인 성장을 이루는데 기여하고 있음을 알 수 있다.

대부분의 음식점 경영자들은 마케팅을 점포 외부에서 이루어지는 활동으로 알고 있다. 물론 대부분의 마케팅 활동이 점포 외부에서 이루어지는 경우가 많은 것은 사실이다. 하지만 외부에서 이루어지는 마케팅은 많은 시간과 비용이 지출되므로 낭비가 많고 비효율적이다. 반면에 점포의 내부에서 이루어지는 마케팅은 비용 대비 효과가 훨씬 효율적이라 할 수 있다.

다만 점포 내부의 마케팅이 단순한 판매촉진에 그치는 경우가 많다. 예를 들면 할인을 해 준다거나 세트메뉴의 구매를 유도한다거나 마일리지카드를 만들도록 유도하는 등의 표준화된 도구에만 집중하는 하는 경우가 다반사이다.

렛잇고기의 이전 상호는 '운정화로구이'였다. 독자들이 이 글을 읽는 시점에는 이미 수차례의 리뉴얼로 또 다른 모습의 렛잇고기를 보게 될지 모른다. 박상훈 대표는 1년에 두 번의 리뉴얼을 한다. 주기적인 상권 분석을 통해 목표고객의 니즈(needs)와 경쟁 상황에 적합한 변화를 추구하여 고객만족을 달성하려는 노력이다.

낭비를 최소화하라
: 원가관리를 할 수 있는가?

사업자라면 누구나 "나의 점포는 왜 이렇게 이익이 적을까?"라는 의문을 가져본 경험이 있을 것이다. 고정비용에 비하여 매출액이 적은 경우도 있지만, 충분한 매출액을 달성하고 있음에도 이런 현상이 생긴다면, 매출액 대비 매출원가 또는 매출액 대비 판매비와 관리비의 비율이 높은 경우이다. 보통 소상공인들은 매출액을 높이기 위한 활동에는 많은 노력을 기울이면서 원가를 관리하는 노력은 거의 하지 않

그림 48 실질적인 원가관리활동

| 원가의 목표 설정 | 실제 발생한 원가 측정 | 실제와 목표 비교 | 목표와 실제의 차이 줄이기 |

는다. 이런 이유로 실제로 달성 가능한 이익보다 훨씬 낮은 이익을 달성하게 된다.

예비창업자들은 자신이 창업과 동시에 경영자가 된다는 사실을 인식해야 한다. 그리고 경영자는 원가를 이해하고 관리할 수 있어야 한다. 원가(cost)란 특정목적을 달성하기 위해 치른 자원의 희생을 의미한다. 즉 경제적 효익의 희생을 화폐단위로 측정한 것을 원가라고 한다. 외식업을 사례로 든다면 대표적인 원가가 식재료비, 인건비, 임차료 등이 된다. 경영자는 이러한 원가를 관리할 수 있어야 한다. 즉 식재료비 관리를 핵심으로 한 일련의 경영관리 활동을 해야 한다는 의미이다. 구체적으로는 실제 발생하는 원가가 표준원가와 큰 차이가 나지 않도록 관리하면서 점포의 경영의사결정에 유용한 원가정보를 스스로 산출할 수 있어야 한다.

실질적인 원가관리활동을 도표화하면 다음과 같다. 예를 들면 A점포가 짜장면에 들어가는 원가를 1,000원으로 설정했다고 가정하자. 이때 목표원가 또는 표준원가가 1,000원이 된다. 실제 짜장면을 판매한 결과를 분석해 보니 식재료비가 1,200원이 소비되었다면 이것이 실제원가이다. 표준원가와 실제원가를 비교해 본 결과 200원이 초과되었으므로 경영자는 그 원인을 밝히고 200원의 원가를 절감하는 노력을 해야 한다. 이것이 바로 원가관리활동이다.

원가, 비용, 자산, 손실 이해하기

원가관리를 하기 위해서는 원가, 비용, 자산, 손실이라는 단어의 개념을 이해하는 것이 필요하므로 하나씩 설명해보기로 한다.

첫째, 원가란 어떤 점포가 주업으로 하는 상거래 활동을 위해 희생한 경제적 가치를 의미한다. 예를 들면 짜장면전문점에서 짜장면을 만드는 데 들어간 식재료비는 원가가 된다.

둘째, 비용이란 점포의 수익을 창출하기 위해 소멸된 원가를 의미한다. 예를 들면 짜장면전문점에서 짜장면을 판매하기 위하여 마케팅하는 데 소요된 금액은 비용이 된다.

셋째, 자산이란 미소멸된 원가를 의미한다. 예를 들면 짜장면전문점에서 반죽기계를 구매했다면 이 기계는 오랜 기간 사용할 수 있기 때문에 자산으로 처리한다.

넷째, 손실이란 수익창출에 기여하지 못한 원가이다. 예를 들어 짜장면을 만들기 위해 구매한 양파가 오래되어 썩었다면 양파를 구매하는 데 소요된 금액은 손실이다.

원가관리의 목적과 원가의 구성은 어떻게 되나?

원가를 관리하는 목적은 점포의 경영자, 점장, 기타 직원 등 점포의 이해관계자들이 점포의 운영을 위하여 의사결정을 할 때 필요한 정보를 제공하는데 있다. 예를 들면 손익계산서와 같은 재무제표를 작성하기 위해서는 원가정보가 반드시 필요하다. 원가통제, 예산편성 및 예산통제, 판매가격의 결정, 경영계획 등에 원가정보는 필수라고 할 수 있다.

따라서 원가관리는 점포 경영의 필수과정이라고 할 수 있으며 이러한 관리를 하기 위해서는 원가를 직접비와 간접비 또는 고정비와 변동비 등으로 구분할 수 있어야 함과 동시에 아래 그림과 같이 원가의 구성에 따른 구분도 가능해야 한다.

그림 49 원가의 구성에 따른 구분

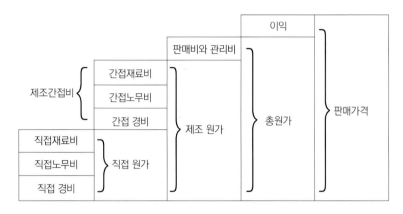

마케팅보다 원가관리가 이익증대에 더 주효할 수 있다

이익을 증대시키기 위하여 매출액을 높이는 노력보다는 원가를 줄이는 노력이 더 큰 효과를 거두는 사례를 주변에서 쉽게 발견할 수 있다. 즉 매출증대보다 원가관리가 더 효율적일 수 있다. 예를 들어 매출을 높이기 위하여 100만 원의 마케팅 비용을 지출한 경우에 얻게 되는 이익의 증가분보다 전혀 비용을 지출하지 않으면서 낭비되는 원가요소를 찾아서 해결하는 경우가 더 큰 이익을 얻을 수 있다. 따라서 사업자들은 매출을 늘리기 위한 마케팅에 집중하기보다는 원가관리에 더 관심을 기울여야 할 수도 있다.

원가관리란 원가의 표준금액을 정하고 원가가 발생하는 부문을 정확하게 알아서 원가능률을 높이는 활동을 의미한다. 효율적인 원가관리를 위해서는 가장 먼저 원가가 발생하는 부문의 책임과 권한을 명백히 해야 한다. 그리고 각 부문의 관리자가 명확하게 정해져서 원가 발생에 책임을 저야 한다. 예를 들어 특정 점포에서 식재료의 목표원가율이 30%였는데, 실제로 발생한 식재료 원가율은 40%로 나타났다면, 그에 대한 책임 소재가 어떤 부문에 있으며, 왜 그런 문제가 발생했는지 구체적으로 규명해야 원가율의 개선이 가능해진다.

이와 같이 원가율의 관리를 위하여 원가율 산출의 간단한 공식을 알아보고, 각 부문 사이의 관련성을 살펴보기로 한다.

① 식재료원가율(%) = (② 식재료 사용금액 ÷ ③ 총매출액)×100

낭비되는 식재료원가는 누구의 책임인가?

①의 '식재료원가율'은 상기와 같은 간단한 수식으로 표시할 수 있으나 분모와 분자를 인수분해하면 보다 구체적으로 부문 사이의 책임 소재를 이해하는데 도움이 된다. 단, 이해의 편의를 위하여 음식점에서 단 한 가지 식재료만을 사용한다고 가정한 후, 이를 공식으로 정리해 보면 ②의 '식재료 사용금액'을 1개월을 기준으로 다음과 같이 표시할 수 있다.

② 당월 식재료 사용금액 = ④ 당월 식재료 사용수량 × ⑤ 당월 식재료 구입단가

이 공식을 이용하면 원가율에 책임을 가지는 부문을 구체적으로 확인할 수 있다. ④의 한 달 동안의 '식재료 사용수량'에 대한 책임은 조리담당자에게 있다. 각 메뉴에 대한 표준수량은 레시피에 표시되어 있다. ⑤의 '식재료 구입단가'는 식재료 구매를 담당하는 관리자가 책임

저야 할 부문이다. 다만 식재료비 대금을 지불할 때에 어떤 지급방법을 사용하느냐에 따라서 영향을 받는다. 즉 현금지급과 신용카드를 이용한 지급, 외상구매 등의 조건에 따라 구입단가가 차이가 날 수 있으므로 결재조건에 대한 권한은 경리 부문에 있으므로 책임 소재를 가릴 때 이러한 내용도 고려해야 한다.

매출액의 문제는 누구의 책임인가?

①의 '식재료원가율'에 영향을 미치는 두 번째 요소는 ③의 '총매출액'이다. 이해의 편의를 위하여 음식점에서 한 가지 메뉴만을 판매한다고 가정하고 1개월 매출액을 산출한다고 가정하면 다음과 같은 공식으로 나타낼 수 있다.

③ 당월 총매출액 = ⑥ 당월 판매수량 × ⑦ 당월 판매단가

여기서 1개월 동안의 판매수량(⑥)이나 판매단가(⑦)는 음식점에서 판매를 담당하는 부문의 책임이다.

원가관리의 부문별 책임자는 누구인가?

위에서 언급한 모든 공식을 이용하여 ① '식재료원가율'을 구하는 공식을 다시 정리하면 다음과 같다.

식재료원가율(%) = [(사용수량×구입단가) ÷ (판매수량×판매단가)] × 100

단, 위의 식은 이론의 단순화를 위하여 한 가지 메뉴만을 판매하고,

그 메뉴의 식자재는 한 가지만을 사용한다고 가정하고 만들어진 공식이다. 일정 기간 동안에 나타난 식재료원가율은 구매, 조리, 영업 부문과 가장 직접적으로 관련되어 있고 검수, 창고, 경리 부문과도 관련이 있음을 알 수 있다. 그 관계를 나타내면 〈표 21〉과 같다.

표 21 **외식업체 원가관리의 책임 부문**

관리대상 업무	주요업무	관리자
구매관리	구매단가 결정, 거래처 결정	구매책임자
검수관리	입고된 식자재 검사	검수책임자
저장 및 출고관리	입고된 식자재 저장 및 조리부문으로 출고	출고책임자
조리	표준 레시피 작성 및 조리	조리책임자
매출관리	판매실적 관리	경리책임자
영업관리	판매단가 결정	영업책임자
대금지급	대금결제	경리책임자

외식업체의 식재료 사용계획은 메뉴별로 레시피를 작성하고 표준원가를 설정해야 한다. 특히 표준량 설정이 필요하며, 식음료부문의 원가관리에 있어 실제 발생된 원가를 표준원가와 비교할 수 있도록 계산하고 관리한다. 일단 표준원가가 설정되면 이를 토대로 월별 원가관리표를 작성하여 표준원가를 달성하기 위하여 지속적으로 노력해야 한다. 또한 효율적인 원가관리를 위하여 다음과 같은 원가관리 포인트를 정립하여 실행해야 한다.

첫째, 식음료원가관리를 위한 관리단위를 명확히 하고, 원가관리표를 작성한다.

둘째, 구매 식재료에 대한 검수를 철저히 하고, 정기적이고 정확한 재고조사를 한다.

셋째, 재고의 흐름에 따른 손실을 계산하고, 이동근거는 통일된 전표로 처리한다.

넷째, 납품업자와 협력체계를 구축하고 관리한다.

다섯째, 식재료 원가정보를 정기적으로 수집하고, 원가변동에 따른 대책을 수립한다.

여섯째, 구매담당자 및 조리책임자의 기업윤리를 확립한다.

> 식재료원가율을 관리한다는 것은 분자 요소를 최소화하고, 분모 요소를 극대화하는 과정이다. 그러나 식재료 사용수량과 식재료 구입단가를 무리하게 줄이는 경우 메뉴의 품질과 양에 문제가 생겨서 고객만족도가 낮아질 수 있다. 따라서 레시피에 표기된 표준 식재료를 사용하여 계획된 이익을 달성할 수 있도록 식재료의 구입에서부터 조리, 고객에게 제공될 때까지의 관리를 일관되게 하는 것이 필요하다.

숫자에 익숙해져라
: 회계를 할 줄 아는가?

"회계會計, accounting 공부하세요." 외식사업을 하고 있거나 앞으로 하려고 준비하는 이들에게 항상 권하는 말이다. 자칫 '그동안 살아왔던 인생의 잘못을 뉘우치고 올바로 고친다.'는 회개悔改로 잘못 알아들을 수도 있지만 여기서 말하는 내용은 학창시절 가장 싫어하던 '회계학'을 의미한다. 과거 국내 최고의 대기업에서 임원에 올랐던 분들의 이력을 살펴보았더니 경리부서를 거치지 않은 사람이 없었다는 이야기가 회자되었던 적이 있다. 일반적으로는 부기나 경리라는 용어로 더욱 친숙한 회계. 이것이 왜 중요하게 인식되는 것이고 필자는 왜 갑자기 사업성공 운운하면서 회계를 들먹이는지 독자들의 의문이 꽤 커졌을 것이다.

회계는 커뮤니케이션 도구

인간이 살아가는 세계에서 무엇보다도 중요한 것이 언어이다. 소통이 되지 않는 세상을 상상해 본 적이 있는가? 공기가 없는 세상, 먹을 것이 없는 세상과도 같이 언어가 없다는 것은 인간에게는 상상할 수 없는 큰 문제가 될 것이다. 타인과의 만남에 두려움을 많이 느끼는 사람들이 외국인과 만남을 기피하는 건 바로 소통이 안 되기 때문이다. 소통이 불가능한 세상은 상상도 하기 싫은 세상이다.

회계는 생물체인 인간이 무생물체인 기업(사업체)과 대화를 하기 위한 목적으로 만들어진 언어의 일종이다. 인간의 삶을 풍요롭게 하기 위한 수단으로 기업이란 것을 만든 사람들은 자신들과 기업이 어떤 식으로든 대화를 할 필요를 느끼게 되었다. 기업을 경영하는 경영자 입장에서 기업의 현황을 파악하고 발전시키기 위해 어떤 일을 해야 할지 알기 위해 '원가회계'가 필요했다. 기업에 투자를 원하는 투자자와 기업에 돈을 빌려주어야 하는 금융기관은 그 기업의 재무상태와 손익 현황을 알기 위해 '재무회계' 자료를 이용한다. 정부는 국가경영을 위해 필요한 세금을 기업으로부터 받아야 하는데 어떻게 이를 결정할 수 있겠는가? '세무회계'가 이래서 태어났다. 그 외에도 수많은 회계가 기업의 이해관계인과 기업을 연결시키기 위해서 만들어지고 사용되고 있다.

한국 사람들의 대화가 원활하게 이루어지는 것은 '한글'이 있기 때문이다. 우리가 외국에 진출하여 비즈니스를 하여 성공하려면 그 나라의 언어를 잘 구사해야 하듯이 사업으로 성공하려는 자는 '회계'를 할 줄 알아야 한다.

'재무상태'와 '손익현황'을 파악하는 것이 기초적인 회계활동

회계는 우리의 생활 속 깊은 곳에 이미 자리하고 있다. 멀리있는 듯하면서도 가장 가까이서 활용하고 있는 것이 바로 회계이다. 자녀들의 교육을 위해 용돈기입장을 쓰도록 하고, 많은 사람들이 윤택한 집안 살림을 위해 가계부를 열심히 쓰고 있다. 동창회나 동아리의 운영을 위해 회비를 받고 경비를 지출하면서 출납부를 쓴다. 다양한 모임에서는 연말이 되면 감사로 위촉된 자가 1년 동안의 살림살이에 대한 지출증빙을 점검하여 회원들에게 감사보고를 하는 광경을 자주 목격한다. 모든 인간이 살아가는 사회에서 이미 회계는 공기와 같은 존재로 자리매김하고 있다.

사업을 하는 경영자 입장에서도 이런 무의식적인 회계 활동을 하며 사업을 영위해 나가고 있다. 문제는 일반적인 사회생활과 사업과는 많은 차이점이 존재한다는 것이다. 사업에서는 사업체와 경영자 간의 더욱 친밀한 대화와 소통이 요구된다. 일정시점에 기업의 재산상태인 재무상태를 확인할 수 있어야 한다. 그래서 대차대조표(재무상태표)를 만든다. 일정기간의 손익상황을 파악하기 위하여 기업들은 손익계산서를 만든다. 이러한 표를 만들기 위해 매순간 일어나는 거래를 모두 기록한다. 내가 고객에게 판매하는 메뉴의 원가를 계산할 수 있어야 한다. 그래야 과연 이익을 남기고 판매하는 것인지 아니면 손해를 보면서 사업을 하고 있는지 알 수 있다. 경쟁업체가 메뉴의 가격을 5,000원 받는다고 자신도 동일한 가격을 받는 것은 결코 잘하는 경영이 아니다. 원가회계정보를 이용하여 경쟁력 있으면서도 이익을 남길 수 있는 가격을 정해야 한다.

과거에는 부기니 회계니 하는 것을 전혀 모르는 사람들도 잘만 성공했다고 주장하는 이들도 있을 것이다. 맞는 말이다. 경쟁이 없었던 시절에는 회계며 경영이 없이도 성공하곤 했다. 문제는 치열한 경쟁이다. 탁월한 경쟁자의 출현이 바로 회계의 중요성을 증대시키고 있다. 소비자와의 소통, 직원과의 소통은 중요하다고 주장하면서 열심히 노력하는 경영자들이 정작 가장 소통을 많이 해야 할 자신의 사업체와는 전혀 대화를 하지 않는다면 이런 어불성설이 어디 있단 말인가?

Part 2

100년 식당, 사장에게 달려 있다

생존이 아닌 성장을 위한 전략을 짜라

식당경영, 이것만은 꼭 지켜라

100년 식당, 사장에게 달려 있다

가장 먼저 경영철학과 비전을 세워라
: 마실의 비전 세우기

성공을 바라는 많은 사람들은 성공한 이들의 비결을 알고 싶어한다. 알라딘의 마술램프처럼 원하면 원하는 대로 나의 꿈을 현실로 만들어 줄 마술 같은 비법이 담긴 비밀노트를 갖고 싶어한다. 하지만 그런 마법노트는 없다. 꿈속이나 영화에서나 가능한 상상 속의 황금레시피는 오직 실패와 시행착오를 거쳐 만들어지는 노력이라는 대가를 치르고서야 얻을 수 있는 고생의 열매이기 때문이다.

성공한 외식경영자를 설명할 때 으레 화려한 매장과 폼 나는 음식점이 나오듯이 춥고 배고프며 초라하기 짝이 없는 음식점 사장들이라면 성공을 향한 탐욕스러움이 있어야 한다. 한 집 건너 생기는 경쟁 음식점에 대한 불타는 전투욕과 우리 음식점보다 잘 되는 곳에 대한 시기와 질투심이 활활 타올라야 한다. 그것들이 나를 잠 못 들게 하고 새벽에 주방으로 나와 새로운 음식을 만들게 하며 연습하게 만든다.

우리는 이미 성공의 비법을 알고 있다. 하지만 비법을 아는 것과 그것을 실천하는 것은 별개다. 실천하는 힘은 머릿속에 있지 않고 몸속에 있다. 몸속 깊숙이 잠들어 있는 성공에의 열망을 끌어내는 방법은 지금 당장 내가 가야 할 길의 지도를 만드는 것이다.

어디로 가야 하는가? 어디로 가고 싶은가? 누군가의 요구에 의해 내 꿈과 희망이 달라지지 않도록 하기 위해서는 '스스로에 대한 간곡한 바람'으로 돌아가야 한다. 새로운 산을 오를 때마다 자기가 가보고 싶었던 산이 아니라면 그는 어떤 산을 오르고 싶은지에 대한 꿈이 없는 것이다. 그렇듯이 미래에 대한 간절함이 없이는 내 삶을 어떻게 살아야 하는지를 알지 못한다.

먹고 살기 위한 방편으로 시작한 음식점에 당연히 비전이 있을 리 없었다. 비전은커녕 하루 벌어 하루 먹고 살기에도 급급한 나머지 직원들은 돈을 벌어주는 기계로, 손님은 얄팍한 주머니를 채워주는 돈으로밖에 보이지 않았다. 누군들 그러고 싶어서 그러겠냐고 핑계 아닌 핑계를 대기도 하지만 어쨌든 당시의 나에겐 마실이라는 음식점은 열정을 만드는 곳이라기보다는 어쩔 수 없이 먹고 살아야 하는 밥벌이로서의 지겨운 일터 그 이상도 그 이하도 아니었다. 그렇게 지내는 동안 직원 다섯 명이 한꺼번에 그만두는 상황이 발생했고, 이를 계기로 그동안 주먹구구식으로 운영하던 음식점을 제대로 만들어보려는 시도를 하게 되었다. 홀과 주방에서 담배를 피우는 직원들이 있었는데 처음엔 그럴 수도 있지 하고 그냥 넘어갔다. 그런데 한 해 두 해 시간이 갈수록 그런 직원들이 늘어나 영업에 방해를 주는 지경에까지 이르게 되었다. 한참 바쁜 점심시간에 서빙하는 직원이 없어 음식이 늦게 제공되는 일이 빈번해져서 그 원인을 찾아보니 그 시간에 화장실에서 담배를 피우고 나오는 것이다. 담배를 피우지 않으면 손이 떨려 일이 안 된다고 하는 것이다. 한두 번은 그러려니 하고 넘어갔는데 어떨 땐 두세 명이 한꺼번에 사라지는 것이 아닌가? 또 여자 손님들이 화장실에 들어가지 못하고 발을 동동 구르질 않나, 급기야는 화장실 담배냄새 때문에 불만을 제기하는 상황까지 벌어졌다. 몇 번이나 담배를 피우지 못하게 했지만 차라리 그만두면 그만뒀지 담배는 끊지 못한다는 말에 한꺼번에 다섯 명의 직원을 내보낸 적도 있었다. 음식점에서는 담배를 피우면 안 되는 이유를 들어 설득하든지 아니면 최소한의 환경이라도 만들어 식당일이 스톱되는 상황을 만들지 말았어야 하는데 당시엔 그럴 마음의 여유도, 좋은 환경을 만들 수 있는 조건도 되지 못했다.

꼭 그 사건 때문은 아니지만 이때부터 손님과 직원 그리고 경영자인 내가 함께 행복해지기 위해 무엇을 해야 하는지 고민하기 시작했다. 고객이 원하지 않는 상품은 가치가 없다. 마찬가지였다. 직원이 원하지 않는 직장은 의미가 없다. 내가 살아가는 마실이라는 음식점이 손님과 직원들에게 재미가 없다면, 그래서 나 혼자 죽어라 고생해야 하는 공간이라면 무슨 의미가 있을까? 몇 년 동안 이런 생각과 실험 끝에 〈그림 50〉과 같은 마실의 비전과 핵심가치를 만들었다. 말로만 벽에 걸어 놓은 표어 같은 선언이 아닌 10년의 경험과 실천 속에 직원

그림 50 숟가락반상 마실 비전과 핵심 가치 ──────────

구분	내용
미션	어제보다 나아지려는 식당을 돕습니다.
비전	한식의 깊은 맛으로 한국의 자연을 느끼고 맛보는 즐거움 사업에 종사하고 있습니다.
핵심가치	1. 활기찬 직원 2. 맛있는 음식 3. 세심한 배려 4. 정직한 가격 5. 신속한 서비스 6. 창의적인 요리개발 7. 즐거운 직장

들과 함께 만들어왔다.

나에게 직업이란 삶의 의미를 찾을 수 있는 과정이자 동반자 같아야 한다고 생각했다. 1, 2년 하다가 싫증나고 그래서 또 다른 일을 찾아나서는 직업이 되어서는 안 된다고 보았다. 내 직업은 내가 살아 있음을 느끼게 하고 삶의 가치를 찾아주는 일이어야 했다. 직원들에게도 그럴 수 있을까? 솔직히 잘 모르겠다. 하지만 그러길 바란다. 적어도 마실이란 직장이 그들에게 경제적인 역할을 담당하는 공간이자 하루의 상당 시간을 함께 보내는 놀이터와 같아지기를 원하고 있다. 어느 직원이 회식 때 이런 이야기를 했다. 마실이 직장 같다고. 음식점 같이 이직이 잦은 곳이 직장 같다는 말은 그만큼 기대고 의지할 수 있다는 의미와 같을 것이다. 그리고 좋아해서 잘할 수 있고 수익이 발생할 수 있어야 한다고 믿었다. 아침에 일어나면 이 일로 인하여 즐겁고 가벼운 발걸음이 되어야 한다. 수익으로 연결되어 선순환의 생활로 연결될 수 있어야 한다. 그래서 생활이 재미있어야 한다. 그래야 당장의 지루한 하루하루의 삶이 지속될 수 있다고 생각한다.

'어제보다 나아지려는 식당을 돕습니다.'라는 비전은 마실 전수창업을 시작하면서 입버릇처럼 말하던 자신에게 다짐했던 생각이 숟가락반상 마실과 마실푸드의 비전으로 자리잡게 되었다. 수많은 음식점들 중에서 어제보다 조금씩이라도 나아지기 위해 노력하는 사장님들을 만나면 나도 모르게 내가 알고 있는 경험들을 조금이라도 더 공유하려고 한다. 간판을 바꿀 돈도 없지만 그래도 음식장사로 꼭 성공하고 싶다는 어느 사장님의 눈물, 열 몇 번의 컨설팅에도 불구하고 영업이 부진해 정말 마지막으로 찾아왔다는 예순을 훌쩍 넘기신 사장님의 간절한 열망, 운영하던 당구장이 망해 전세 살던 집을 월세로 바꿔 음식점을 시작한 서른 살 젊은 사장님의 마음은 그들과 함께 작은 성공경험을 나누게 했고 점차 삶의 비전으로 발전해가기 시작했다.

10년 마실 한정식의 익숙함을 뒤로 하고 '숟가락반상'이라는 서브네이밍을 내걸었던 이유는 한식에 대한 의무감에서였다. 우리의 자연을 음식에 옮겨내는 과정, 천연적이고 인공적이지 않은 대중적인 한식을 선보이고 싶어서였다. 음식점사업은 서비스업이라고 한다. 좀 더 구체적으로 표현하면 환대산업이다. 숟가락반상에서 만드는 음식을 경험하는 한두 시간 남짓한 짧은 시공간 안에 손님들의 애달픈 삶과 지루한 일상의 무료와 고리타분함에서 벗어나 제대로 대접받고 환대받기를 원한다. 한국에도 이런 식재료가 나고 사람을 느끼며 한식에도 이러한 다채롭고 맛있는 음식들이 만들어질 수 있음에 자랑스러워하길 바란다. 그런 바람이 숟가락을 사용하는 우리 특유의 식습관과 반상이라는 밥상문화가 대대로 이어지길 바라는 마실 구성원 모두의 손님에 대한 역할이자 의무였으면 좋겠다는 생각에 '즐거움 사업'이라는 비전으로 연결되었다. 당연히 이런 미션과 비전에 걸맞는 핵심가치들이 하나둘 공유되고 지금은 숟가락반상 마실의 행동지침이 되고 있다.

고객들에게 마실의 비전을 알리는 것은 쉬운 일이 아니어서 세 가지 약속으로 보여주고 있다. 업주의 이익을 우선으로 하는 음식점과 고객의 이익을 우선순위에 놓고 운영하는 음식점의 가치는 다르다. 하지만 손님들은 잘 모를 수밖에 없다. 이익과 가치는 조화와 균형의 문제이지 둘 중 하나를 골라야 하는 선택의 문제가 아니다. 《성공하는 기업들의 8가지 습관》에서 짐 콜린스는 비전기업은 'A or B'가 아니라 'A and B'를 받아들임으로써 실질적 이윤을 추구하면서 이윤 추구를 초월하는 목적을 동시에 달성한다고 했다. 마실도 수익을 우선순위에 놓기보다는 고객이 쉽게 이해하고 가치를 인정할 수 있는 으뜸구호로 비전을 설명하고 있다.

그림 51 숟가락반상 마실의 세 가지 약속

- 인공조미료를 사용하지 않습니다.
- 계절별 상차림을 선보이겠습니다.
- 오늘 음식은 오늘 만듭니다.

쉽고 간단하게, 그러나 우리가 내세우고 싶은 주장은 확실하게 고객의 머릿속에 인지하게 만드는 것이다. 우리 음식점의 존재 이유와 추구하는 가치를 분명하게 정의할 수 있을 때 수익과 가치의 경계에서 적절한 조화와 균형을 잡을 수 있게 된다. 고객들도 그런 음식점을 찾게 된다.

섬세한 경영자가 되어라
: 직원 만족이 마케팅의 첫걸음이다

- 고객님을 사랑하는 마음으로 음식을 만들었습니다.
- 가격 대비 최고의 만족도로 손님을 모시겠습니다.
- 고객님이 OK할 때까지 최선을 다하겠습니다.

요즘 음식점 홈페이지나 광고내용을 보면 자주 접할 수 있는 문구들이다. 이처럼 대부분의 음식점들은 손님의 만족을 위하여 노력하며 잘하고 있다고 하는 데 비해, 식당에서 제공하는 음식과 서비스를 이용하는 손님들의 느낌은 제각각 다른 듯하다.

만족이란 말의 상대어는 서비스라고 믿는다. 음식점에 들어와서 메뉴를 주문하고 음식이 제공되고 그것을 먹는 시간 동안 관리해주는 전 과정을 일반적으로 서비스라는 표현을 쓴다. 경영적인 관점에서 표현하면 고객경험의 질을 향상시키기 위한 활동으로 볼 수 있고 고객의 입장에서 보면 음식점을 이용하는 동안 보고 느끼는 물리적이고 심리적인 모든 과정에 대한 경험활동이라고 할 수 있겠다.

여기에 더해 고객만족이란 고객이 기대하고 있는 기대치보다 더 높은 만족을 제공하면 그만큼의 고객만족이 발생하고, 그 반대의 경우엔 고객불만이라고 한다. 결국 고객만족과 고객불만은 고객이 원하는 기대경험치에 의해 좌우된다. 하지만 이러한 고객만족의 출발점은 고객과의 접점에 있는 직원들의 근무만족도에 의해 결정된다고 해도 과언이 아니다. 아무리 뛰어난 프로세스와 고객만족매뉴얼을 보유하고 있다고 해도 이를 실천하고 관리할 수 있는 직원들이 모른 체하면 모든 것이 허사가 되기 쉽다.

음식점의 가장 중요한 자원은 손님과 직원이라는 말이 있다. 특히 직원의 경우 서비스 공감력이 뛰어날수록 맛있는 음식을 만들 가능성이 높고 품질 높은 서비스를 제공하게 된다. 손님은 만족하게 되고 음식점을 찾아오는 단골손님은 급속도로 늘게 된다. 그래서 돈은 직원이 벌어주는 것이지 사장이 혼자 버는 것이 아니라고 틈이 날 때마다 강조한다.

결국 성업 중인 음식점들의 비결은 고객만족에 있고 고객만족은 직원만족에서 출발한다는 단순한 논리를 받아들이는 경영자는 성공하게 된다. 말은 참 쉬운데 요즘 같이 직원 구하기가 하늘의 별따기처럼 힘든데 어떻게 그렇게 할 수 있냐는 푸념을 늘어놓는 사장님들이 많다. 하지만 조금만 바꿔 생각해보면 직원 구하기가 어려운 만큼 반대로 좋은 직원을 찾을 가능성도 많다. 무슨 소린가 하면 일을 잘하는 직원들은 그렇지 않은 직원들보다 이직률이 상대적으로 낮은 편이다. 웬만하면 지금 일하는 방식이 편하기도 하고 익숙한 업무를 떠나 새로운 직장에 적응하는 것이 불편하다는 이유를 들기도 하지만 무엇보다 그 음식점의 주인과 손님들과의 관계가 편하기 때문이다. 많은 직원들의 이야기가 몸은 힘들어도 마음이 편해야 일하기 쉽다고 한다. 장사가 안 되는 음식점의 경우 몸은 편할지 몰라도 사장 눈치를 보게 되어서 그다지 선호하지 않는다. 반대로 장사가 너무 잘 되는 음식점의 장기근속직원들이 많은 경우를 살펴보면 몸은 힘들어도 마음은 편하게 해주는 경우가 많다고 이야기한다. 급여도 미루지 않고 정해진 날짜에 지급되고, 출퇴근시간도 일정하며 휴무일도 규칙대로 공평하게 지켜진다.

이처럼 일 잘하는 직원은 몸은 조금 힘들다 해도 근무조건이 분명하고 체계가 잘 갖추어진 곳을 선호하는 경향이 높다. 그래서 장사가 잘 되는 곳들은 보통 근속연수가 6~7년 정도 되는 직원들이 상당히 많다. 알게 모르게 시스템이 갖추어지는 것이다.

그림 52 직원만족이 고객만족을 만든다 ─────────────

직원만족이 고객만족을 만든다

적합한 사람을 버스에 태워라

1. 구인의 첫째 기준의 타고난 심성과 성실 그리고 친절한 미소다.
2. 서비스업에 맞지 않는 직원은 하루라도 빨리 버스에서 내리게 하라.
3. 경쟁식당보다 10% 더 나은 근무여건을 만들어라.
4. 경영자-관리자-직원, 3단계 인력관리시스템을 구축하라.
5. 분야별 전문인력시스템(사장-총괄, 기획, 홀책임자-고객접객관리, 주방책임자-맛내기, 메뉴관리)을 갖추어라.

적합한 사람을 버스에 태워라

마실에서 직원을 구하는 첫 번째 기준은 좋은 사람을 찾는 일에 집중하기도 하지만, 우선적으로 맡은 업무와 맞지 않는 직원을 빨리 다른 업무로 배치하거나 버스에서 내리게 하는 데 있다. 식당 업주들은 누구나 좋은 사람을 찾는다. 일도 잘하고 착하고 성실한 사람을 원하지만 현실적으로 그런 직원은 찾아보기 힘들다. 구인난이 심해질수록 일 잘하는 직원들의 이직률이 낮다는 것에서도 알 수 있듯이 좋은 직원은 쉽게 구해지지 않는다. 그렇다고 여기저기 수소문해서 스카우트할 수 있을 만큼 시간의 여유가 많지도 않다. 가뭄에 콩 나듯이 가끔 좋은 직원이 면접을 보러 오는데 그동안의 경험을 보면 대략 1년에 서너 명 정도 된다. 처음엔 그 사람이 좋은 직원이 될 가능성을 알지 못했다. 당장 면접 보는 자리에서 어디서 몇 년 일했다느니, 다 죽어가는 식당을 살려 주었다느니 등의 자기자랑에 혹해서 채용한 후에는 후회하기 일쑤였다. 조금만 일이 힘들어도 이런 곳이라면 오지 않았다고 하질 않나, 손님이 불러도 가지 않고 핸드폰만 만지작거리고 통화나 하면서 할 일은 뒷전인 사람들이 태반이었다.

그렇게 몇 년을 지내다 보니 나름대로 사람 보는 눈도 생기고 채용하는 요령도 늘었다. 일단 첫 이미지가 나쁘지 않으면 1주일 정도 임시채용을 제안한다. 서로 일해 보고 나서 판단하자는 것이다. 일을 할 만한 식당인지, 또 업주 입장에선 일을 잘하는 사람인지를 파악하는 기간을 갖자는 것이다. 그러면서 그 사람의 됨됨이를 꼼꼼하게 살펴본다. 우리는 일이 힘들기 때문에 하루 일하고 그만두는 아주머니들이 많다. 그래서 사전에 꼭 우리 음식점은 힘들다고 말한다. 힘들다는 각오를 하고 일하시라고 경고 아닌 경고를 날린다. 일종의 선빵인 셈이다. 실제로 한나절도 안 되어 몰래 가방을 들고 가는 사람들도 꽤 많다. 1주일을 버텨낸 사람들도 다시 한 번 직원들의 평가를 거치게 한다. 홀 서버보다 주방 쪽이 맞을 것 같으면 주방 일을 권유하기도 하고 그 반대의 경우도 있다. 지금 티카[2]를 보는 직원도 홀 서빙을 보다 업무를 바꿨고, 2년 정도 주방에서 근무하던 직원을 교육시켜 지금은 카운터를 보고 있다.

일 잘하는 사람보다 착하고 심성 고운 사람한테 급여를 10% 더 주어라

여러 직원들을 채용해 같이 일하다 보면 진짜 손이 빠른 사람들도 있다. 자기 일처럼 쉬지 않고 여기저기를 청소하고, 상차림이며 또 손님접객까지 저 직원이 없었다면 어떻게 할 뻔했지 할 정도로 부지런함을 타고난 사람도 많다. 그래서 주인들은 그런 직원한테 손님관리며 카운터까지 맡기는 경우가 자주 있다. 좋은 직원을 뽑은 안목을 자랑이라도 하는 냥 사장은 바깥으로 나돌기 시작하다가 몇 개월 지나지 않아 사람도 잃고 돈도 잃는 사례가 종종 신문가십거리에 나온다. 처음엔 주인의 입맛에 딱 맞게 행동하면서 뒤로는 돈이며 식재료며 여기저기 손을 타는 경우다. 첫 식당을 할 때 믿었던 홀 실장이 이런 수법으로 수백 만 원을 횡령했다. 없어져도 없어진 것조차 몰랐으니 얼마나 바보 같았을까?

그 이후로도 여러 번 시행착오를 거쳐 지금은 나름대로의 규칙을 가지고 직원들을 구하고 있다. 앞에서 말한 적성에 맞지 않는 직원을 다른 업무로 전환하는 것과 도저히 아니다 싶은 사람은 빨리 그만두게 하는 것이다. 이외에 중요한 마실의 구인기준 중 하나는 착한 사람을 우선적으로 채용한다. 착한 사람인지 아닌지 어떻게 알 수 있을까? 쉽

---

2) 주방에서 조리된 음식을 배식대에서 홀 서버들에게 분배해주는 역할을 맡은 직원을 호칭하는 식당 언어

다. 눈을 보면 된다. 눈망울이 선한 사람은 눈동자가 여기저기 돌아다니지 않는다. 있는 그대로 자기를 보여준다. 실제로 일을 해봐도 그대로 드러난다. 요령 피우고 꾀부리는 사람은 하루 이틀 일을 시켜보면 금방 알 수 있다. 그리고 선한 직원들이 오래 다닐 수 있도록 다른 음식점보다 급여를 더 준다. 음식점에 취업하게 된 사연이야 다양하겠지만 힘든 식당일을 하는 공통점 중의 하나가 다른 업종보다 조금이라도 더 벌어야 하는 사정이 있기 때문이다. 남편이 사별해서 자식들을 혼자 키워야 하는 분도 있고, 이혼해서 또는 자식이 하던 사업이 망해서 어쩔 수 없이 가장의 역할을 감당해야 하는 분도 있다. 조금만 관심과 애정을 쏟아주고 그분들의 노고에 감사하는 마음을 표시해 보자. 그만두라고 해도 그만두지 않는다. 어디 그뿐이랴. 질 나쁜 직원이나 눈치나 보려는 직원들을 솔선수범해서 내쫓아주기까지 한다.

그밖에 면접을 보러 오면서 옷차림이 흐트러져 있거나 트레이닝 옷차림으로 오는 사람, 담배 냄새나 술 냄새가 나는 사람, 이 조건 저 조건 따지는 사람, 주인을 가르치려 드는 사람, 특히 말 많은 사람 등은 가능한 주의 깊게 봐야 한다. 대신 단정한 복장에 10분 먼저 와서 면접을 기다리는 사람, 한 업장에서 2년 이상 근무한 사람, 전에 다녔던 직장을 당당하게 이야기하는 사람, 눈을 마주치고 묻는 말에 반듯하게 대답하는 사람 그리고 면접 후 식당 내부를 한번 보고 가는 사람이면 더할 나위 없이 좋은 직원이 될 확률이 높다.

참고로 마실은 오픈 10년차인데 직원들의 평균 근속연수는 6~7년에 달할 정도로 오래 근무하고 있다. 여기엔 점장으로 있는 분의 공이 크다. 현재2015년 기준 9년째 근무하고 있으며 직원들에 대한 교육, 훈련 그리고 행동거지, 무엇보다 손님접객에 있어 탁월한 능력을 보여주고 있다. 윗물이 맑으면 아랫물도 맑은 법이다.

끊임없이 공부하라
: 식당 공부하는 다섯 가지 방법

다들 공부, 공부. 이것 때문에 스트레스 받는 사람들이 많다. 우리는 유치원을 다니기 전부터 공부 스트레스에 시달린다. 학교공부의 결정판인 중·고등학교를 거쳐 대학을 졸업해도 취업공부를 해야 하고 직장에 들어가도 또 공부다. 무슨 무슨 자격증에 보수교육, 새벽부터 밤늦게까지 대한민국은 공부공화국 같다. 자영업 세계에 뛰어들었는데 여기서도 공부타령이다. 《공부하는 식당만이 살아남는다》를 쓴 필자를 위시해 수많은 외식전문가들이 하나같이 공부하라고 강조한다. 그렇다면 왜 공부해야 하는가? 도대체 공부와 장사가 어떤 관련이 있는 것일까? 공부하면 돈이 나오나? 밥이 나오나?

나온다. 공부하면 장사를 잘하는 법을 알게 된다. 장사가 잘 되면 돈은 알아서 모인다. 돈을 벌려고 그렇게 쫓아다녀도 돈이란 놈은 도망만 다니더니 공부하니까 저절로 찾아온다. 어디 그뿐인가? 장사란 놈은 한번 잘 된다고 계속 잘 되지 않는다. 외환위기가 터진 후 불과 5년 만에 벤처버블이 터지고 또 잊혀질 만하니까 이번엔 글로벌 금융위기가 소비심리를 위축시켰다. 중간중간 광우병이나 구제역, 조류독감 같은 먹을거리를 위협하는 전염병이 도출하지 않나, 그래도 이런 저런 고비를 넘기나 싶었더니 세월호참사가 발생하고 연이어 메르스사태가 소비심리를 궤멸하다시피 하면서 소상공인들의 목줄을 옥죈다.

도대체 어떻게 먹고 살라고? 힘들다 못해 차라리 장사를 포기하는 것이 나을지도 모르겠다. 그래도 목구멍이 포도청이라 먹여 살려야 할 처자식과 그동안 고생한 걸 생각하면 이대로 물러설 수 없다. 어떻게 해야 될까? 공부? 맞다. 공부밖에 없다. 공부하면 돈 벌 수 있다. 이 평범한 진리가 마실의 매출을 700% 향상시키고 경제적 자유를 획득하게 해 주었다.

음식점을 처음 시작하던 15년 전이었던 2002년 그 때만 해도 식당 공부란 그저 세미나에 참여하여 강의를 듣는 것과 벤치마킹하는 '맛기행' 정도가 전부였다. 그래도 그런 공부라도 열심히 참여하는 사람은 소수였고 예나 지금이나 공부에 투자해야 하는 시간이나 비용이 만만찮았다. 세미나에 참여해 강의를 듣다 보면 그 순간엔 '맞아, 저렇게 해야지. 이런 방법이 있었구나.' 하고 내일이라도 바로 써먹어보아야겠다는 생각이 든다. 그러나 막상 가게에 돌아오면 당장 해야 할 일에 치여 뒷전으로 밀려난다. 그러다 하루 이틀 시간이 지나다 보면 언제 적 이야기인지 기억조차 나지 않게 된다. 공부는 아는 것과 행동하는 것이 하나여야 한다. 지행합일이란 말이 그래서 나왔다.

어쨌거나 공부의 가장 큰 문제가 아는 것은 많은데 몸이 따라가지 않는다는 데 있다. 여러 음식점 사장님들을 만나보아도 다들 비슷한 말을 한다. 아는데 당장 현장에서 써먹기가 어렵단다. 어떻게 해야 하는지 또 직원들하고 해보았으면 좋겠는데 직원들은 그런 걸 싫어한다는 거다. 그러다 보니 혼자서만 답답해하다가 결국 본인조차도 공부와 멀어진다고 하소연한다. 그럼 어떻게 공부하고 어떻게 우리 음식점에 실천할 수 있는지 방법을 찾아보기로 하자. 어떻게 공부하고 무엇을 공부해야 하는가?

첫째, 인터넷으로 관련 사이트를 자주 들어가서 좋은 글이나 업장에 활용할 수 있는 아이디어를 찾아내라. '집밥 백선생'이나 '수요미식회' 같은 먹방, 쿡방이 TV를 점령하고, 맛집 블로그의 포스팅 하나가 재미의 수준을 넘어 한 가게를 살리고 죽이는 역할까지 하는 시대의 한복판에 살고 있다. 대단한 내공을 자랑하는 외식 관련 사이트가 지천에 널려 있다. 10개 정도만 골라 가능한 하루에 한 번은 방문해서 좋은 정보나 아이디어를 찾아보자. 특히 음식의 맛에 관심이 많은 분은 모 공중파의 '생활의 달인' 편을 집중해서 보면 알짜정보를 얻을 수 있다. 웬만한 맛집들은 비법을 공개하지 않는데 여기서만큼은 99% 오픈한다. 그것도 동영상으로 꼼꼼하게 알려준다. 요즘은 어디서든 인터넷에 접근할 수 있고 데이터를 구하기도 쉬워 언제라도 원할 때 자료들을 찾아볼 수 있다. 단, 여기서도 보는 걸로 끝나면 안 된다. 양념을 만들고 싶으면 비슷하게 만들어보고 다시 그 프로를 보면서 뭐가 다른지 비교해보아야 한다. 전문가들도 극찬하는 마실의 떡갈비가 여기서 아이디어를 얻어 만들어졌다.

외식 관련 잡지 구독도 놓칠 수 없이 중요한 공부다. 〈월간식당〉, 〈월간외식경영〉 이 두 권은 반드시 매월 정독해야 할 필독서이다. 외식트렌드를 이해하고 다양한 외식정보를 접할 수 있다. 천천히 정독해도 두세 시간 정도만 투자해도 그 달의 외식 관련정보는 넘칠 만큼 많이 보게 된다.

둘째, 세상의 모든 공부가 그렇듯 독서를 통한 공부의 기본기를 갖추어야 한다. 요즘 모바일시대에 책을 읽는 사람이 현저히 줄었다. 지하철을 타면 바로 확인할 수 있다. 10여 년 전만 해도 책을 보는 사람이 많았는데 지금은 90%가 휴대폰을 본다. 핸드폰이 모든 것을 대신

하고 있다. TV 시청, 카톡, 팟캐스트뿐만 아니라 하루 일과의 절반 가까이를 모바일로 대신하고 있다. 물론 책읽기도 가능하다. 읽지 않는 것보다야 낫지만 우리처럼 나이든 중년들은 종이책보다 못하다.

어렵고 힘든 책까지는 권하고 싶지 않다. 가볍고 쉬운 책부터 시작해 보라. 200페이지 안팎의 얇은 외식경영서부터 읽어 나가길 권한다. 식재료와 조리방법을 통해 한국음식을 다시 고민하게 해주는 황교익의 《미각의 제국》, 우리가 몰랐던 우리 음식의 유래와 문화가 새록새록 읽혀지는 김찬별의 《한국음식, 그 맛있는 탄생》, 식품과 첨가물에 대한 오해와 편견을 극복하려는 최낙언의 《맛이란 무엇인가?》는 어렵지만 맛을 해석하는 과학적 도구를 얻게 해준다. 어디 그뿐인가? 49%의 기술적 능력보다 51%의 감성적 능력을 소중히 여기며 레스토랑의 핵심가치인 배려와 우선순위를 새롭게 정의하는 불멸의 외식경영서인 《세팅 더 테이블》대니 메이어 저, 튀김옷을 입은 일본 근대사라는 부제를 달고 있는 《돈가스의 탄생》오카다 데쓰 저을 통해 사람과 사회가 먹을거리를 통해 울고 웃는 음식과 맛의 세계 속으로 빠져 들어가 보시라. 그러다 보면 주영하의 〈음식인문학〉도 접하게 될 것이고 브리야 사바랭의 《미식예찬》도 만나게 된다. 그렇게 한 권 한 권씩 마케팅 관련서도 읽고 외식경영서도 접하면 어느 틈엔가 경영학과 인문학을 교류하는 자신을 보고 놀랄 것이다.

책을 읽을 때 권하는 독서법은 가능한 두 번, 세 번을 읽어보길 추천한다. 세상은 넓고 책이 많다고 해도 읽을 만한 책은 그리 많지 않다. 좋은 책을 자주 보는 편이 음식점 경영에 훨씬 도움이 된다. 역시 말미에 졸력하나마 권장도서를 첨가했으니 살펴 읽기를 권한다.

셋째, 벤치마킹을 게을리하지 마라. 무엇이든 내 속에만 박혀 있으면 눈이 좁아지게 마련이다. 음식점 사장 수백 명에게 직접 물어보고 확인해 본 것 중에 하나가 벤치마킹을 다니면서 먹어보는 음식점보다 자기네 음식이 더 맛있다고 믿는다. 이러한 모습은 객관적으로 내 음식이 더 맛있을 수도 있지만 상당수의 음식점 경영자가 그러한 자기맹신이 다른 방식과 다른 사고를 받아들이지 못해 내 음식과 내 가게의 운영방식을 개선할 시사점을 외면해 버릴 수도 있다는 점이다. 벤치마킹의 기본은 열린 마음이다. 작은 음식점이나 소박한 맛이라도 그것을 반면교사로 삼겠다는 자세가 필요하다. 책을 통해서만 공부하는 것은 아니다. 현장에서 배우고 눈과 입을 통해 배우는 것이 실사구시의 공부다.

여기서 이야기하는 벤치마킹은 주로 다른 음식점을 가보고 그곳의 맛과 스토리 그리고 운영시스템에 관하여 보고 배우는 부분을 말한다. 가능한 일주일에 한 번 정도는 경쟁식당을 가보기를 권한다. 분기마다 최소 1박 이상의 맛 여행을 떠나보는 것은 어떨까? 나와 다른 남을 인정하고, 차이를 외면하기보다 다름을 품는 긍정적인 열린 사고를 가져보라. 보고 배우는 만큼 느끼는 음식장사의 결이 넓어지게 되어 있다.

넷째, 숫자와 친해지는 습관이 공부의 힘을 길러준다. 필자는 마실을 운영해온 10년의 모든 과정을 데이터로 기록해 왔다. 처음엔 이게 무슨 도움이 될까 싶었다. 작년의 오늘이나 올해의 지금이나 내년의 같은 날이 똑같이 장사가 되지 않을 것은 초등학생도 알 텐데 그깟 데이터가 무슨 소용이람. 시장도 봐야 하고 고장 난 수도꼭지를 고쳐야 당장 영업에 지장이 없는데 컴퓨터에 앉아 어제 장사 내용을 숫자로 기록하고 있는 자신이 서글펐던 적이 한두 번이 아니었다. 〈이미테이선 게임)이란 영화를 보면 제2차 세계대전을 승리로 이끈 원인이 전투기와 탱크가 아니라 암호를 해독하고 적군의 움직임을 예측한 데이터에 기초한 수학자였다고 한다. 전쟁은 총칼로만 해야 한다는 고정관념을 깨부순 반전처럼 음식장사도 주방의 칼과 도마가 전부는 아니다.

숫자와 친해지는 길은 역시나 매번 기록하는 법이 최고다. 손익프레임은 매출의 많고 적음에 관계없이 일정한 수익률을 창출할 수 있게끔 만드는 원가관리방법론이다. 음식점에서 가장 많은 비중을 차지하는 인건비와 재료비를 매출액과 매일 비교분석하는 일일원가관리라고 생각하면 된다. 여기에 더해 자금관리도 장부에 기록하는 습관을 들여야 한다. 밖으로 벌고 안에서 밑지는 상황이 매번 발생하는 원인이 식당에서 번 돈과 개인적으로 지출하는 돈이 혼용되기 때문이다. 재무관리는 돈이 많아서 하는 것이 아니라 돈의 용처를 분명히 기록하고 불필요한 지출을 줄이는 것에서부터 출발해야 한다.

고객관리도 마찬가지다. 한 달에 몇 명의 손님이 방문했고 그 손님들의 평균 객단가는 얼마이며 그중 단골고객은 몇 퍼센트를 차지하는지, 또 손님들의 만족도와 재방문율을 높이기 위해서 메뉴구성과 가격은 어느 범위에서 맞추어볼 것인지와 같은 데이터 중심의 고객관리와 정성적인 느낌과 아마도 그럴 거야와 같은 식의 부정확한 생각으로 고객을 관리하는 기존 방식 중에서 어느 것을 선택할지는 자명해졌다. 모든 것은 데이터로 판단하고 기록으로 분석하는 습관을 들이자.

마지막으로 하루 1시간 정도는 사색하고 일기 쓰듯 기록하는 습관을 들여라. 서울대 정옥자교수는 공부방법을 이렇게 표현했다. '반일독서半日讀書 반일정사半日靜思'. 하루의 반은 독서를 하고 나머지 반은 조용히 생각하라는 뜻이다. 이미 축적된 지식과 정보는 책 속에 있으므로 독서로 습득해야 한다. 그러나 책만 읽으면 기존의 지식과 상식의 틀에서 헤어나기 힘드므로 조용히 생각하고 익힐 시간이 필요하며, 앞으로 나아가기 위한 창조의 시간이 필요하다는 것이다. 그래서 더 사색할 여유가 필요하다. 행간의 의미를 읽어낼 수 있어야 비로소 독서가 주는 즐거움을 알게 된다.

음식장사의 본질을 눈으로 볼 수 없는 경우가 부지기수다. 마음으로 느껴야 한다. 이 마음의 눈을 가지는 최고의 방법이 사색이다. 아침에 일어나면 혹은 밤늦은 시간 퇴근하는 길을 걸어보라. 오늘 어떤 손님이 다녀갔는지 그는 잘 먹고 갔는지 혹여나 그의 마음이 우리 마음과 같지 않았는지 그러면 무엇이 그렇게 만들었는지 그것을 개선하기 위해 내일은 어떻게 해야 하는지를 되새기며 출근하기 전 또는 잠자리에 들기 전 노트에 기록하라. 그렇게 하루 이틀 쓰여진 경영일지가 한 권 두 권 쌓이면서 밥장사 내공도 함께 쌓인다.

그림 53 식당 공부하는 5가지 방법

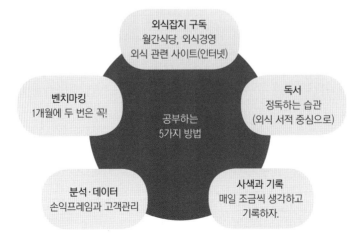

외식잡지 구독
월간식당, 외식경영
외식 관련 사이트(인터넷)

벤치마킹
1개월에 두 번은 꼭!

독서
정독하는 습관
(외식 서적 중심으로)

공부하는
5가지 방법

분석·데이터
손익프레임과 고객관리

사색과 기록
매일 조금씩 생각하고
기록하자.

그림 54 **추천 외식 관련 사이트** ────────────

- 김영갑 교수 상권분석, 외식마케팅, 프랜차이즈 경영 http://wedkim.blog.me
- 악식가의 미식일기/맛 칼럼니스트 황교익 잔반 에세이 http://blog.naver.com/foodi2
- 최낙언의 자료보관소 http://seehint.com/hint.asp
- 월간외식경영 대표 김현수의 식당 밥 일기 http://blog.naver.com/tabula9548
- 유지상의 맛 발전소 http://cafe.naver.com/lovecook2009/759

그림 55 **추천 외식 관련 서적** ────────────

- 세팅 더 테이블(대니 메이어)
- 맛이란 무엇인가?(최낙언)
- 미각의 제록(황교익)
- 식전, 팬더곰의 밥상 견문록(장인용)
- 음식점 마케팅(김영갑)
- 공부하는 식당만이 살아 남는다(박노진)
- 우리 몸이 원하는 맛의 비밀(노봉수)
- 부엌에서 알 수 있는 거의 모든 것의 과학(사마키 다케오)
- 미식예찬(장 앙텔므 브리야 사바랭)
- 우리 카페나 할까?(김영혁 외)

준비되기 전에
시작하지 마라

처음 시작했던 음식점은 청수산장이라는 쇠고기전문점이었다. 450석 정도의 규모가 엄청 큰 식당이었지만 3명이 동업하기로 한 데다 워낙 예전의 인지도가 탄탄했던 곳이어서 별 고민 없이 시작했다. 당시 음식장사는 주방장 한 사람만 잘 뽑아놓으면 걱정할게 없다고 하던 시절이어서 다른 생각은 아예 하지 않고 오픈했다. 그러나 얼마나 어리석은 결정이었는지 깨닫는 데에는 3개월이 채 걸리지 않았다. 주방장은 툭하면 결근하는데다 주방에서 술 먹는 것도 예사였다. 직원들 역시 월급 더 받을 생각만 했지 일을 더할 생각은 없었다. 어찌어찌 초창기 시절은 간신히 넘겼지만 2년차에 광우병이 발생하고 그동안 곪아 있던 모든 문제가 터지면서 그대로 무너져버렸다. 그렇게 첫 외식업 도전은 처참한 실패로 끝났다.

두 번째 식당을 시작하기 전 우연인지 행운인지 몰라도 6개월 동안 백수로 지냈다. 실은 음식점이 아닌 다른 일을 하려고 이것저것 알아본 시간이었지만, 그동안 지치고 힘들었던 몸을 추스르면서 왜 그렇게까지 무너졌는지에 대한 자기고민을 해볼 수 있었던 시간이기도 했다. 술을 먹기도 하고 친구들과 이야기도 했지만 가장 기억에 남는 것은 책을 읽고 고민하면서 생각을 정리하는 것이었다. 매출이 떨어졌을 때 왜 이벤트라도 해볼 생각을 못했을까? 새로운 메뉴를 만들어 볼 생각은? 주방장이 술 먹고 출근을 하지 않으면 직접 주방에 들어갈 수도 있는데 왜 그러지 못했는가? 손님이 오지 않으면 무엇 때문에 오지 않는지 조사라도 해보지 못했던 이유는 무엇이었던가? 생각은 꼬리를 물고 이어졌고 다시는 식당하지 않겠다고 다짐하면서도 한편으론 또 식당을 차리면 그때는 이렇게 해야지 하는 마음도 들었다.

10년이 지난 지금 되돌아보니 새로운 일을 찾아 나서면서도 몸과 마음이 휴식을 취했던 6개월 동안이 재충전의 시간이 되었다. 어설픔과 실수투성이로 점철되었던 지난 시기와 앞으로 어떻게 새로운 시작을 준비할 것인가를 깨닫게 해준 시간. 난 이 시기를 창조적 단절의 시간이라고 부른다. 외로움을 견디고 배고픔을 참고 오롯이 혼자서 인내하면서 어제까지의 나를 버려야 하는 고통의 시간이었다. 아마 문을 닫고 바로 다른 일을 시작했더라면 지금의 마실과 나는 존재하지 않았을 것이다. 아내에게 경제적인 문제는 맡겨놓고 여행을 다니고 공부도 하고 글도 썼다. 그러다 생각나면 사업계획서도 만들기도 했다. 그로부터 마실을 시작했던 첫 해를 포함한 1년 반 동안은 철저하게 혼자였고 끝까지 고독과 함께 보낸 내 인생의 가장 암울하면서도 화려한 비상을 위한 침묵의 시간이었다.

6개월의 휴지기 동안 음식점을 다시는 하지 않겠다고 마음먹었고 지긋지긋하면서 고통스러웠던 과거와 다시 만나고 싶지 않았다. 다른 일을 찾아보려 많이 돌아다니고 사람들도 만나고 했지만 마흔에 다른 업을 통해 세상과 만나는 과정은 쉽지 않았다. 만만한 편의점도 실제로 속으로 들어가 보니 녹록치 않았다. 부동산이나 경매 관련업도 꽤 깊숙하게 접근해 거의 진행할 뻔했으나 누군가의 가슴 아픈 눈물을 밟고 지나가야 하는 매정함이 필요한 업이어서 마지막 단계에서 포기했다. 아는 분이 제조업을 권유했는데 막상 규칙적인 생활과 갑사-을사의 관계가 싫어 뛰쳐나온 급식사업 이후로 다시 돌아갈 엄두조차 내지 못했다.

결국 6개월이 지나갈 무렵 운명처럼 마실이 나에게 찾아왔다. 몇 해 전 오픈했을 땐 꽤나 유명세를 타던 백반 한정식 집이었는데 웬일인지 쇠락했다는 음식점을 운영해볼 의향이 없느냐는 제안이 들어온 것이었다. 일언지하에 거절했지만 2주 동안 좋은 조건을 제시하면서 끈질기게 따라다니는 바람에 한번 검토해보마 하는 중 어쩔 수 없이 마실을 해야만 하는 상황이 발생했다. 급식사업을 같이 하던 후배와 시골에서 천안으로 올라와 있던 형님의 상황이 어려워져서 긴급 SOS를 요청하는 바람에 '이게 운명이구나.' 하는 마음에 마실을 시작하게 된 것이다.

어떻게 시작했던 인수하고 나서 보니 마실은 예상보다 훨씬 열악한 조건이었다. 당연히 첫 달은 적자였고 나와 후배 그리고 형수님 이렇게 세 가족이 먹고 살기엔 형편없었다. 손님들의 반응이라도 좋으면 기다리기라도 할 텐데 한번 무너진 식당이 주인만 바뀌었다고 찾아줄 고객은 없었다. 결정을 해야 했다. 이대로 근근이 먹고 살아야 하는가, 아니면 죽든지 살든지 간에 변화를 꾀해야 하는가? 후자를 선택했다. 아니 그럴 수밖에 없었다. 두 번 망할 순 없는 일. 정말이지 한 달 이상을 고민하면서 무엇을 해야 하는지, 어떻게 해야 죽은 식당을 다시 살릴 수 있는지를 생각하고 여러 사람들의 의견도 들었다. 마실의 위치는 하루 유동인구가 50명이 채 되지 않을 정도로 한적한 곳이었다. 필자가 인수할 당시에는 손님들의 발길이 끊어졌지만 한때는 천안에서 왠만한 주부들이 한 번씩은 찾아올 정도로 인테리어가 좋은 음식점이었다. 나 역시 인테리어에 반해 인수를 결정할 정도였으니 재기의 출발 포인트는 이것밖에 없다고 생각했다. 그렇다면 이런 좋은 인테리어에 담긴 음식은 어떤 아이템이어야 하는지가 핵심이었다. 음식은 백치에 가까울 만큼 아는 게 없으니 유명한 요리연구가를 찾아 도움을 받는 것이 최선이었다. 마침 그전에 알고 지냈던 분에게 도움을 청했고 천안을 몇 번 내려와 보고는 퓨전한정식을 추천해 주었다. 여성의 사회진출이라는 시대적인 트렌드와 음식시장의 주류로 떠오르고 있는 주부 고객 그리고 이들이 선호하는 인테리어가 잘 맞아떨어지는 아이템이 바로 '퓨전한정식'이었고 강남과 분당 그리고 일산 지역에서 바람이 불고 있어 조만간 천안에서도 통할 수 있겠다는 생각이 들었다.

그로부터 약 2개월 동안 지겨울 정도로 퓨전한정식 음식점들을 벤치마킹하러 다녔다. 처음엔 쉽게 생각했지만 한 집 두 집 다니다 보면 볼수록 복잡하고 머릿속이 어지러웠다. 아무리 퓨전한정식이라곤 하지만 한정식이니 한상 가득 차려지는 것은 기본이었고 음식을 담아내는 그릇이며 수십 가지나 되는 음식들을 해낸다는 것이 도저히 내 생각으로는 불가능한 일로 비추어졌다. 분위기도 제대로 갖추어야 하고 직원들 수준도 상당한 듯 보였다. 하지만 이 정도에서 물러날 수는 없는 일, 나중에는 한정식만 보면 토할 정도로 다니면서 메뉴구상과 아이디어를 같이 만들어 갔다. 평생 먹을 한정식을 단 두 달 만에 먹어 치운 느낌이었다.

그리고 다시 3개월은 메뉴를 현장에 접목하는 시간이 지루하게 이어졌다. 음식을 하나 개발하면 그것에 맞는 그릇을 찾아 이천과 여주까지 몇 번을 다녔는지 기억조차 나지 않을 만큼 땀을 길에다 쏟아 부었고 주방직원들에게 수없이 교육을 되풀이하면서 새로운 메뉴를 접목 하는 시간이 매일같이 반복되었다. 그렇게 공들여 만든 한정식을 앞에 두고 맛이 있느니 없느니, 예전 음식이 훨씬 낫다는 등 직원들조차 협조하지 않는 데다가 간신히 차려낸 메뉴를 받은 손님들은 먹지도 않고 일어나버리는 상황에서는 지난 몇 개월 간의 노력이 과연 잘하기는 한 건가 하는 의문조차 들 정도였다. 그로부터 다시 직원들을 다독이고 손님들이 퓨전한정식에 익숙해지도록 설득하는, 아니 기다리는 지루한 시간이 6개월 정도 지나서야 한 사람 두 사람 마실을 찾아주었다. 드시고 난 후 주차장으로 나와서 자기들끼리 잘 먹었는지,

느낌은 어떠했는지 또 다음에 재방문 의사가 있는지 등을 이야기하는 것을 들으면서 이제는 망하진 않겠구나 하는 믿음을 가질 수 있었다.

내가 잘 모르는 것은 해당 분야의 전문가를 찾는 것이 그때 배운 교훈이었고 지금까지 마실 운영의 기본 방침이 되어 있다. 누구나 조급하다. 조급하면 실수하게 마련이고 한 번 실수는 두 번을 약속하지 않는다. 첫 식당에서의 참담한 실패가 그만큼 두 번째 식당에서의 돌다리도 두드려보고 건너는 신중함과 인내심을 갖게 만들어 주었던 것이다.

첫 식당이 망하고 난 후 6개월의 휴식기간과 마실을 시작하고 난 다음 1년 동안의 새로운 메뉴개발과 접목과정 동안 거의 1년 6개월이라는 시간이 걸렸다. 그 시간 동안 난 거의 세상과 등진 사람처럼 철저하게 혼자였고 고독했다. 하지만 준비는 첫 식당의 실패를 교훈삼아 제대로 했다. 입지조건은 나쁜 곳이었지만 10년이 지난 지금엔 한정식을 위해 만들어진 명당과 명소라는 소리를 들을 정도로 예쁜 인테리어가 장점인 음식점을 골랐고, 음식에는 문외한인 업주를 대신해 해당 분야의 전문가를 찾아 수십 번의 벤치마킹을 다녔던 기억은 아무리 강조해도 지나치지 않을 만큼 신중에 신중을 기한 선택이었다. 그리고 다시 메뉴를 개발하고 현장에 접목시키는 교육과 훈련과정은 기다림과 인내의 교훈을 배우게 해주었고 그 시간은 곧 그만큼 더 이상의 대가를 가져다주었다. 1년 반의 시간, 고통과 인내를 감내하게 한 이 기간은 첫 식당에서의 처참한 실패를 보상해 주었고 마실 10년 대박의 주춧돌이 되었다.

준비를 제대로 하는 것이 무엇보다 중요하다. 지나치게 이것저것 알아보고 준비하느라 때를 놓치는 것도 문제지만 그래도 철저한 준비는 그만큼의 시행착오를 줄이게 하고 성공확률을 높여 준다. 그리고 준비한 부분이 빛을 발휘할 때까지 참고 기다리는 인내의 시간이 필요하다. 혼자 연구하고 독서하고 달빛 서성이는 밤과 새벽이슬 내리는 선선한 차가움을 버텨 사색하는 시간을 가지자. 오늘의 실천을 되돌아보며 내일의 계획을 준비해보라. 필요하다면 주위의 도움도 아끼지 마라. 전문가의 조언은 생각의 힘을 배가시켜줄 것이다. 하지만 절대로 잊지 말아야 할 점은 철저하게 혼자여야 한다.

삶에는 뒤엎음이 있다. 캄캄한 밤 랜턴을 들고 도움이 될 만한 것을 구하지만 그리 쉽게 구해지지 않는 것처럼 전문가의 조언이 전부를 해결할 수는 없다. 문제는 나에게 있다. 고민하고 생각하는 습관을 들여라. 그리고 행동의 시작과 책임의 끝이 나로부터 연유되고 마무리됨을 잊지 마라. 신통치 않은 결과가 나온다고 실망할 필요도 없거니와 작은 결과에 전부를 얻은 냥 자만해서도 안 된다. 지금 하는 일에 최선을 다할 방도를 찾고 그 일을 즐겨라. 그리고 지금은 어려운 시기다. 준비되지 않았다고 생각하면 시작하지 마라. 아직 때가 되지 않았음이다.

기록하고 분석하라
: 과학적 데이터를 근거로 한 선택은 믿을 수 있다

판단은 신중하게 행동은 빠르게 하라는 말이 있다. 수학적 사고를 싫어하는 내가 좋아하는 말이다. 그런데 행동은 항상 빠르게 하는 편인데 판단을 신중하게 하지 못해서 중요한 결정을 해야 하는 상황에서 몇 번이나 잘못된 결정으로 큰 낭패를 본 적이 많았다. 지금 살고 있는 아파트만 해도 그렇다. 대기업 브랜드의 아파트니까 충분한 투자가치가 있을 거라 믿고 샀는데 인근에 분양한 중소기업 브랜드의 아파트가 살기에도 편하고 나중엔 가격마저 훨씬 높아졌다. 지금도 우리 아파트는 분양가보다 5,000만 원을 싸게 매물로 내놓아도 보러 오는 사람조차 없는데, 옆 아파트는 웃돈만 5,000만 원이 더 붙었단다. 순간의 판단이 1억의 금전적 차이를 가져온 셈이다.

나름 규모도 있고 입지도 그리 나빠 보이지 않는 인천 남구에 2층짜리 가게 자리가 나와 전수창업가맹점을 오픈시켜 준 적이 있었다. 바로 옆에 유료주차장도 있고 1층엔 1군 브랜드의 샤브샤브전문점도 영업하고 있어서 자리가 나쁘다고 생각해보지 않았는데 결국 2년 만에 문을 닫았다. 처음엔 가맹점주의 성실하지 않는 부분이 원인이라고만 생각했는데 상권분석과 데이터관리를 접목한 경영시스템을 배우면서부터 그게 아니라는 생각이 들었다. 어떤 고객이 오는지, 또 우리 가게를 찾아오는 고객들의 평균 객단가가 어느 정도 되는지, 그래서 그들이 지속적으로 재방문을 할 수 있도록 하려면 어떤 마케팅을 펼쳐야 하는지, 그리고 안정적인 음식점을 운영하려면 어느 정도의 매출과 수익을 올려야 하는지 등을 알아야 경쟁점포보다 활성화된 식당을 경영할 수 있다. 막연하게 점주의 게으름만을 탓하기엔 세상은 너무 빨리 변한다.

수십억의 가치를 평가받을 만큼 잘 운영되고 있던 급식회사와 2억 5천만 원을 투자했으면서도 한 달에 한 번 가볼까 말까 했던 뱅뱅사거리의 아케이드 식당, 마흔 살 성장통의 비수를 꽂은 고깃집, 사회적 기업으로 100여 명의 주주들에게 출자를 받아 시작했던 희망칼국수 등 그렇게 열 번의 사업자등록을 했던 비즈니스모델들이 큰 상처들을 남기고 사라졌다. 돌이켜보면 어느 하나 매력적이지 않은 것이 없었다. 하나라도 제대로 시작했더라면 하는 아쉬움이 남을 정도로 초기 사업도 잘 되었고 수익성도 좋았다. 하지만 대부분의 사업들은 몇 년을 버티지 못하고 매각하거나 폐업했다.

왜 모두 하나같이 시작은 화려했지만 결과는 처참한 실패로만 끝났던 것일까? 좋은 사람들도 많았고 괜찮은 사업모델도 있었다. 실행력도 좋았고 전개방향도 나쁘지 않았다. 그런데 단 하나 부족했던 건 분석력이었다. 모든 것은 느낌과 흐름으로 판단했고, 술자리에서 주워들은 정보와 쌈짓돈을 노린 업자들의 감언이설에 녹아 시작은 좋았으나 마무리가 항상 부족했다. 선발투수의 퀄리티가 좋아도 마무리투수가 없으면 절대 이길 수 없는 야구처럼 시작은 화려했으나 끝은 항상 엉망이었고 몸과 돈 그리고 마음조차 도륙당했다.

두 번째 식당인 지금의 마실을 시작했을 때, 아니 6개월 동안의 황금 같은 휴식기간에 앞으로는 어떠한 일을 하더라도 주먹구구식으로 하지 않겠다고 마음먹었다. 30대 10년의 시간동안 누구보다 열심히 살았건만 마흔을 앞둔 시점에 내 앞에 남은 것은 빚과 당뇨 그리고 세상에 대한 자신감의 상실 밖에 남아 있지 않았다. 한 마디로 숫자와 데이터에 기초한 분석능력이 없었던 것이다.

일단 마실을 시작하면서부터 매일 데이터를 기록하기 시작했다. 처음엔 어떻게 해야 할지를 몰라 기록하는 양식을 몇 번이나 바꿨지만 세무전문가의 도움을 받아 엑셀로 프로그램을 만들었다. 매일 매일의 매출과 재료비 그리고 입금내역과 지출내역을 꼼꼼하게 기록했다. 단돈 1원의 오차도 용납하지 않도록 세심하게 정리하다 보면 분석이 된다는 조언을 믿고 1년 가량 기록에만 신경을 썼다. 그랬더니 어느 틈엔가 숫자가 데이터로 바뀌고 현장에 활용할 수 있게 되었다. 지금은 실시간 원가관리가 가능한 시스템이 그때 만들어졌다. 아주 쉽다. 매일 입고된 재료와 매출은 다음 날 오전까지 엑셀 프로그램에 기록한다. 그러면 어제까지의 매출과 원가를 분석할 수 있다. 이게 끝이다. 대단한 시스템인가? 전혀 아니다. 하루 30분 정도만 투자하면 실시간 원가관리는 누구나 가능하다. 매출 대비 재료비가 적정한 비율대로 유지되고 있는지, 높다면 왜 그런 현상이 나타나는지를 체크해보면 된다. 작황이 좋지 않아 채소가격이 인상되어 채소류 재료비가 높아지고 있으면 생선류나 공산품으로 대체가능한 방법을 찾아내 조율하면 된다. 매출이 떨어지면 작년의 데이터와 비교해 앞으로의 마케팅방향을 기획하면 된다. 그런 방식으로 이러한 원시데이터가 기록되고 이것을 토대로 각종 분석용 자료를 2차 가공해 만들어낸다.

모든 것을 숫자로 해석하는 습관을 들이자

경영은 과학이다. 그 기초는 경영을 숫자로 이해하는 습관에 있다. 하루 매출이 얼마인지, 테이블 객단가가 얼마인지 통장에 얼마의 돈이 입금되는지 어떻게 알 수 있을까? 오직 숫자로만 알 수 있다. 숫자는 데이터이고 수치로 표현된다. 숫자는 일목요연하며 애매모호한 표현을 하지 않는다. 적으면 적고 많으면 많다고 있는 그대로 나타낸다. 간결하고 명쾌하다. 대신 숫자는 스스로 분석하지는 않는다. 분석하고 해석하는 영역은 그것을 다루는 경영자에게 위임한다. 우리들에게 맡기는 것이다. 숫자는 스스로의 역할을 기록되어지는 것으로 마감한다.

이번 달 매출목표는 어느 정도 달성하고 있는지, 식재료원가는 몇 %를 차지하고 있는지 그래서 예상수익이 얼마인지 추정하고 그것을

그림 56 숟가락반상 마실 원가분석 사례(2015년 8월 17일)

< 일 일 분 석 >

2015년 8월 17일 월 요일

1.매입원가분석

구 분	당 일	%	누 계	%	주 간	%
순매출액	5,077,800		110,742,100		5,077,800	
야 채 류	447,500	8.81	10,392,600	9.38	447,500	8.81
공 산 품	311,300	6.13	6,385,800	5.77	311,300	6.13
수산(건어)물	230,000	4.53	3,090,800	2.79	230,000	4.53
육 류	188,150	3.71	10,532,270	9.51	188,150	3.71
쌀 집		0.00	1,215,000	1.10	–	0.00
대 통		0.00		0.00	–	0.00
과 일		0.00	659,000	0.60	–	0.00
기타(한과)		0.00	63,750	0.06	–	0.00
재료비계	1,176,950	23.18	32,339,220	29.20	1,176,950	23.18
주 류		0.00	1,308,900		–	0.00
음료수		0.00	82,000		–	0.00
음주류계	–	0.00	1,390,900	1.26	–	0.00
가 스/석유			–		–	
전기/수도			–		–	
전화/통신			–		–	
복리후생비			–		–	
비품/식자재			–		–	
수리/소모품	60,000		825,000		60,000	
인쇄/홍보			1,100,000		–	
접대/식대			–		–	
공과금/후원			500,000		–	
이자/집세			3,868,428		–	
차량/교통비			150,000		–	
청소/용역			85,800		–	
기 타			815,600		–	
기타소계	60,000	1.18	7,344,828	6.63	60,000	1.18
합 계	1,236,950	24.36	41,074,948	37.09	1,236,950	24.36

2.인건비분석

구 분		당 일	%	누 계	%	당 일	%
	기 본	506,452		8,609,684		506,452	
홀	일 당			930,000		–	
	알 바	287,000		287,000		287,000	새직원
	소 계	793,452	15.63	9,826,684	8.87	793,452	15.63
	기 본	625,806		10,638,702		625,806	
주 방	일 당			1,055,000		–	
	알 바	150,000		310,000		150,000	
	소 계	775,806	15.28	12,003,702	10.84	775,806	15.28
	기 본	264,839		4,502,263		264,839	
관 리	일 당			500,000		–	
	퇴직금			–		–	
	소 계	264,839	5.22	5,002,263	4.52	264,839	5.22
합 계		1,834,097	36.12	26,832,649	24.23	1,834,097	36.12

그림 57 **숟가락반상 마실 현금흐름분석 사례(2015년 8월 17일)**

< 일 일 보 고 >

숟가락반상 마실
2015년 8월 17일 월 요일

담 당	상 무	사 장

1-1. 현금,예금등 출납 현황

과 목	전일잔액	금일입금	금일출금	금일잔액	비 고
현 금	2,098,730	423,500	437,000	2,085,230	
	-			-	
사업용계좌	37,405,717	5,065,555		42,471,272	
예금(주류)	664,188			664,188	
총 잔 액	40,168,635	5,489,055	437,000	45,220,690	

1-2. 입출금내역

입 금 내 역			출 금 내 역			비 고
적 요	현 금	통 장	적 요	현 금	통 장	
매출	423,500		오전설거지	150,000		
인출			홀오전	287,000		
카드매출입금		5,065,555				
동동주						
예금이자						
퇴직에수급						
선수금						
합 계	423,500	5,065,555	합 계	437,000	-	

수 입	금 일	누 계	지 출	금 일	누 계	비 고
	5,489,055	150,252,961		437,000	105,032,271	

2. 매출현황

구 분	순매출액	매출총액	현 금	신용카드	외상매출금	할인(서비스)
당 일	5,077,800	5,077,800	423,500	4,654,300		
누 계	110,742,100	110,742,100	9,840,000	100,665,500	236,600	-
주 간	21,906,800	21,906,800	1,903,500	19,965,700	37,600	-

달성할 수 있도록 기획하는 일은 데이터에 기초하여 만들어내는 수치, 즉 숫자로 만들어진 목표달성계획에 의해서만 가능하다.

데이터로 만드는 손익프레임설계가 식당재무구조에서 가장 중요하다. 음식점의 손익구조는 재료비와 인건비 그리고 일반경비를 가지고 나눈다. 그 중에서도 재료비와 인건비가 차지하는 비중이 얼마나 되는가에 따라 수익이 크게 달라진다. 일반경비는 고정비용처럼 매출의 증감에 따라 변하기도 하지만 실제로는 거의 변화가 없다. 임대료는 고정인 데다 가스비나 전기세, 수도세 등도 매출이 좀 늘었다고 또는 줄었다고 해서 큰 차이가 나지 않는다. 결국 식당의 수익구조는 매출이라는 기본적인 영업틀에 기초한 재료비와 인건비에 달려 있다.

마실의 손익프레임은 재료비와 인건비의 비율을 합쳐 매출 대비 55~65% 이내로 맞추도록 노력한다. 재료비가 40%면 인건비는 최대 25% 이내로 조정하는 식이다. 업종에 따라 다르지만 대부분의 음식점들은 나름대로 정해진 재료비와 인건비율이 있다. 편차가 10% 정도 된다. 데이터를 관리한다는 의미는 바로 이 10%의 편차를 관리한다는 말과 같은 의미다. 결국 15% 전후의 순이익을 목표로 하는 음식점이라면 자기만의 손익프레임을 갖고 있어야 한다.

데이터관리는 하루아침에 만들어지지 않는다

음식점 관련 자료는 하루 30분에서 1시간씩 적어도 6개월 또는 1년의 시간은 가지고 꾸준히 관리하면서 만들어가야 한다. 계절에 따라 매출의 등락이 있을 때는 손익프레임이 높아지기도 하고 5월, 12월 같은 달은 수익이 많이 나기도 한다. 세월호참사와 메르스사태와 같이 불가피한 외부환경의 변화에 따라서도 많은 차이가 발생한다. 그러나 솔직히 다시 생각해 보자. 그런다고 누가 우리를 도와주지 않는다. 이러한 외부환경의 영향까지 예측하고 영업하지는 못하더라도 수치와 데이터에 기초한 경영은 안정적인 수익과 식당운영을 가능하게 해 준다. 월초에 잡히지 않는 손익프레임이 월말에 잡히지 않는 것처럼 일일분석을 통한 손익프레임관리를 하는 습관을 들이기를 바란다. 오늘 얼마 팔았는지에 일희일비하는 근시안적 운영이 아니라 1년을 계획하면서 만들어내는 수익관리가 더 중요하기 때문이다.

지출하는 비용도 숫자와 데이터로 계획을 세워라. 음식점을 운영하다 보면 이번 달에 지출해야 할 비용과 다음 달에 지출비용이 다르다. 많이 버는 것도 중요하지만 지출해야 하는 비용을 잘 조절하고 통제하는 것이 훨씬 실속 있다. 들어오는 돈은 머릿속에 계산이 되지만 나가는 돈은 잘 모른다. 언제 어떤 명목으로 지출되어야 하는지 돈을 쓰는 습관이 계획화되어 있지 않기 때문이다. 대부분 버는 돈만 생각하지 나갈 돈은 생각하지 않는 습관 때문에 벌만큼 벌었다고 하는데도 실제로는 남는 게 없는 현상이 발생한다. 데이터를 관리하다 보면 예상수입과 예상 지출이 눈에 보인다. 간단하다. 지출을 억제할 수 있는 항목을 찾아라. 자금관리방법은 간단하다. 받을 돈 빨리 받고 줄 돈 늦게 주고 재고 줄이면 된다. 세계 유수의 MBA에서도 결론은 이거다. 무턱대고 줄이자는 말이 아니라 계획을 세우라는 말이다. 처음엔 그게 그거지 하지만 1개월, 2개월, 6개월이 지나고 1년이 되면 마이너스이던 통장에 돈이 쌓인다. 그렇게 5년만 해봐라. 삶이 달라지고 인생이 풍요로워진다.

세금은 투명하게 처리하라
: 세금 잘 내는 음식점이 돈도 잘 번다

음식점업은 자영업이다. 간혹 법인 사업자가 있긴 하지만 대부분 개인

사업자이다. 요식업인 데다 규모가 작다 보니 돈의 용처가 불분명한 경우가 무척 많아 자금관리가 쉽지 않을 뿐 아니라 현금의 사용처가 빈번한 업종이라 법인 사업자보다는 개인 사업자가 관리에 용이한 편이다. 게다가 규모가 크지 않지만 세무기장을 세무사무소에 의뢰하는 경우도 많다. 연간 매출이 4,800만 원 이상이면 일반 사업자로 분류되어서 부가가치세를 발행하고 발행받아야 세액공제를 받을 수 있는 등 일반기업과 비슷한 자금 및 세무관리가 필요한 실정이다. 가족생계형 음식점의 경우를 제외하고는 최소 1명에서 10명 내외의 직원들을 채용해 운영하고 있으므로 고용 관련 업무도 생각 외로 복잡하다.

창업할 때 자금이 많이 소요된다. 그러다 보면 특히 현금이 많이 지출되는데 이때 모든 지출내역은 영수증을 반드시 챙겨두어야 한다. 우리는 5만 원 이상 지출된 부분은 부가세를 별도로 주면서 반드시 세금계산서를 발행한다. 많은 사람들이 부가세를 별도로 주어야 하는 부담 때문에 간이영수증만 받고 마는데 절대 그렇게 하면 안 된다. 세금계산서를 발행해야 하는 이유는 무엇보다 경비를 인정받기 위해서이다. 당장은 현금이 나가더라도 바로 다음 분기 세금신고 시 부가세는 별도로 환급이나 공제되기 때문에 반드시 손해 보는 것이 아니다. 더구나 1년 후 소득세 신고 시 총매출에 대한 각종 경비인정을 합법적으로 받을 수 있으므로 아주 긴요하게 사용된다. 개인 사업자는 연평균 소득이 8,800만 원이 넘을 경우 세액이 누진되기 때문에 지출 경비를 사전에 준비해 두지 않으면 번 것보다 훨씬 많다고 생각할 만큼 세금이 많이 나오게 된다. 그리고 한번 소득세율이 정해지면 그 다음해에 소득세율을 조정하기 어려우므로 창업 초기에 각종 세금과 공과금을 내는 비율을 잘 정해놓는 일은 평소에 장사를 잘하는 것만큼이나 중요하다.

각종 공과금도 반드시 사업자 명의로 해 두는 것이 필요하다. 전화나 전기 또는 가스 등은 당장 비용이 많지 않고, 또 얼마나 오래할지 몰라 그냥 건물주나 예전 운영자 명의로 내는 경우가 간혹 있다. 이 경우 세금 공제를 받지 못하게 되므로 주의해야 한다. 그리고 임차료도 그런 경우가 종종 있다. 건물주인은 임대수입을 별도로 신고해야 하기 때문에 임대료를 신고하는 것을 꺼리게 되고 계약 시 이런 내용을 신고하지 않기로 하는 경우가 많은데, 반드시 부가세를 별도로 주고서라도 정상적으로 처리하는 것이 맞다. 당장 편하자고 나중에 불편한 경우를 스스로 만들어서는 안 된다.

종업원 4대 보험도 반드시 신고해야 한다. 식당업의 특성상 종업원들 중에는 정상적으로 급여신고를 할 수 없는 직원들이 많다. 남편이 실직을 하거나 사업을 하다가 부도가 난 경우가 있고, 남편이나 자식이 보험에 가입해서 굳이 별도로 신고할 필요가 없다고 하는 경우도 있다. 또는 나이가 많아서 가입하지 않으려고 하는 사람들도 있다. 음식점 입장에서는 정상적으로 신고를 하면 당장 인건비 외에 추가로 비용이 지출되므로 비용을 아끼려고 일부러 신고를 외면하는 경우도 없지 않다. 그러나 잘 생각해야 한다. 근무한 지 1년이 지나면 무조건 퇴직금이 발생한다. 퇴직금을 주지 않으려고 하다가 직원들의 4대 보험을 신고하지 않은 경우가 드러나 1년치 보험료를 소급해서 환수당하는 경우도 있다. 무엇보다 근무 중 사고를 당하는 경우가 생길 때에 산재보험에 가입되어 있으면 치료비 전액을 보험으로 처리할 수 있지만, 가입되어 있지 않으면 온전히 치료비와 일하지 못한 동안의 인건비 그리고 후유장애까지 부담해야 하므로 엄청난 비용의 지출이 생기게 된다. 더구나 그런 경우가 발생하면 남아 있는 직원들에 대한 좋지 못한 감정까지 생기게 되어 이만저만한 손해가 아니다.

직원들에 대한 고용관리는 그들의 노동력을 정상적으로 활용하여 수익을 발생시키는 영업활동의 일환이다. 직원이 돈 벌어주지 사장이 돈 버는 것은 아니라고 생각한다. 아직도 직원들 알기를 우습게 보는 사장들이 있지만 인력난으로 인해 오히려 정직원으로 근무하려는 추세가 줄어들고 있어 인력관리에 남다른 신경을 기울여야만 손 빠르고 능력있는 직원들을 유지할 수 있다. 사람이 없어 장사 못해먹는다는 경우가 왕왕 있는 것을 보면 직원관리에 성공하는 음식점이 돈도 잘 번다는 것을 알 수 있다. 직원관리의 핵심은 급여를 많이 주는 것이 아니다. 휴무를 많이 준다고 오래 근무하지 않는다. 노동 강도의 높고 낮음도 어느 정도 영향을 주긴 하겠지만 역시나 이것도 장기근무를 요구하는 필요조건일 뿐 충분조건이 되지는 않는다.

개인적인 경험을 통해 볼라치면 직원들은 안정적인 음식점에서 일하기를 바란다. 장사가 들쑥날쑥하거나 출퇴근시간이 그때그때 다르다거나 또는 휴무일과 급여지급일 등이 일정하지 않으면 불안하게 생각한다. 직원들은 생활이 불안정하거나 힘든 노동을 할 수밖에 없는 처지에 놓여 있는 경우가 많다. 그래서 그들도 안정적인 직장 같은 음식점을 선호하는 편이다. 아무리 이직률이 높은 외식업이긴 하지만 일용직으로 근무하지 않는 한 시스템이 안정된 음식점에서 오랫동안 근무하기를 바란다. 몸이 좀 고달프더라도 여타의 고민들을 하지 않게 해주는 음식점을 선호한다.

또 하나, 무엇인가를 배울 수 있는 곳을 찾는다. 언젠가 일용직으로 오는 분이 한 이야기가 기억에 남는다. 일부러 우리 가게에 오려고 했다는 것이다. 왜 그런가 하고 물어보니 일은 힘들다고 소문났지만 10년 이상 꾸준하게 장사가 잘되는 것을 보고 여기만의 어떤 비결이 있을 것 같아서 그것을 배우려고 왔다는 것이다. 언젠가 자기도 장사를 할 거라면서 이왕 일을 할 거면 장사 잘되는 음식점에서 일하면서 노하우를 벤치마킹한다는 것이다.

요즘은 신용카드 사용이 일반화되어 식대를 대부분 카드로 결제하는 경우가 많다. 예전에는 현금결제비율이 30%가 넘었다고 하지만 지금은 10%가 넘지 않는다. 그리고 현금결제를 하더라도 현금영수증을 발급하는 경우가 많기 때문에 매출을 누락해서 돈을 버는 경우가 거의 없다. 음식점의 입장에서도 신용카드로 재료를 구입하거나 이러저러한 비용을 사용하는 경우도 있다. 이 경우에도 반드시 신용카드 영수증을 사업자 지출증빙용으로 발행해서 세금공제에 사용할 수 있도록 해야 한다.

식재료 구입 시에도 여러 군데를 다니면서 조금이라도 싸게 사려고 하는 사장들이 많다. 한 푼이라도 아끼려고 하는 마음을 누구인들 모르겠는가마는 다시 한 번 잘 생각해 보자. 그러지 말라고 하는 것이 아니라 단골 재료상을 만들어 놓는 것도 나쁘지 않다는 의미이다. 이 경우는 세금관리상 말하는 것이며 꼭 이대로 하라는 말은 아니니 개별적으로 잘 생각해 보아야 한다. 음식점에서 별도로 부가세를 적립하는 경우가 드물고 그때마다 한꺼번에 세금을 내기 때문에 부가세나 소득세예정납부 포함를 내는 달에는 자금에 압박을 받는 경우가 많다. 거래처 관리는 고객만 잘 하라는 것이 아니라 매입처도 잘 관리해야 한다. 명절이나 휴가철에 매입처에도 가끔씩 성의를 표시해 보자. 아마 몇 배의 대답이 돌아올 것이다. 예전과 달리 요즘은 고정거래처를 정해놓고 하는 곳이 많다.

통장 관리도 잘 해야 한다. 많은 경우 식당 전용 통장과 개인이나 집에서 사용하는 통장을 혼용해서 쓰는데 이런 경우 자금의 지출내용을 정리하기 힘들기 때문에 손익결산을 내기도 어렵거니와 네 돈 내 돈 구별하기가 어렵다. 반드시 식당 전용통장과 개인통장은 구분해서 사용해야 한다. 그리고 통장 내 입출금 내역을 연필로 써 놓으면 아주 편리하다. 사람의 기억은 한계가 있어 3, 4일 전의 일도 기억하기 어려울 때가 많기 때문에 그때마다 기록해 놓으면 좋다. 매월 결산 작업하는 습관을 들여놓지 않으면 다음 달 매출계획과 지출계획수립에도 애로점이 발생한다. 결산의 출발이 돈 관리다. 돈은 통장에 찍힌 숫자와 같다는 이야기를 자주 한다. 수치관리에 능해야 돈이 모인다.

자금계획을 세워 보라. 일정한 매출이 보장되어 있지 않으므로 자금계획을 세우기가 어렵다고 할지 모르지만 예상 매출은 사장이라면 대부분 예측할 수 있다. 10%의 오차범위를 잡고 자금집행 계획을 세우는 습관을 들인다면 몇 달 안에 안정적인 운영을 할 수 있게 된다. 매출 대비 재료비, 인건비, 공과금, 경비 등을 예상하고 그에 맞게끔 자금관리를 해 나가다 보면 어느 틈엔가 손익과 자금의 짜임새가 잡혀 있는 것을 발견하게 될 것이다. 세금 잘 낸다고 애국하는 것은 아니지만 세금을 잘 내면 오랫동안 장사할 수 있다. 20년 자영업하면서 배운 경험이다.

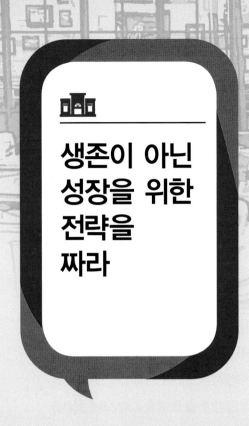

생존이 아닌
성장을 위한
전략을
짜라

재구매에 열광하라
: 마케팅은 고객만족경영이다

당신이 음식점을 운영하고 있다면 다음 중 어떤 내용에 가장 관심이
있을까? 맛있는 음식, 즐거운 고객, 행복한 직원, 좋은 평가, 번성하는
식당, 낮은 원가율, 높은 수익. 음식점을 하는 이들의 이야기를 들어보
면 이왕 시작한 식당이니만큼 우리 가게를 찾아주시는 손님들이 맛있
게 드시는 게 가장 기분 좋은 일이라고 한다. 그래야 좋은 입소문이
나서 장사도 잘되고 원가도 떨어지고 수익이 많이 나니까 직원들 급여
도 더 많이 줄 수 있는 이런 꿈 같은 일을 가능하게 해주는 외식업의

핵심 포인트는 무엇일까? 장사를 하는 사람들 중에 더 많이 팔고 더 많이 남기기를 원하지 않는 이가 얼마나 될까? 최근 들어 많이 벌기 위한 장사보다는 자기만족과 삶의 질을 높이기 위해서 수익보다는 일 자체를 즐기는 분들이 많아졌다고 하지만, 영업현장에선 아직까지 더 많이 팔고 더 많이 남기기를 원한다. 절대 그렇다고 강조하는 건 아니지만 필자 역시 많이 팔고 많이 벌고 싶은 욕심에서 자유롭지 못하다. 하루의 시작을 즐겁고 보람찬 시간으로 보내려 하지만 막상 현장에 있다 보면 한 명의 손님이라도 더 받고 싶고 더 비싼 메뉴를 팔고 싶은 욕심에 빠진다. 이왕 고생하는 거 잘하고 잘 벌고 싶은 마음이 간절하다. 이런 게 장사하는 사람들의 인지상정 아닐까 싶지만, 그러다 보면 몸도 부대끼고 마음도 힘들어 쉬 지치게 마련이다.

장사가 잘 되지 않는 식당들의 공통점 가운데 식당 사장님들이 하는 말 중에 꼭 하는 말이 있다. "다른 식당을 가 봐도 별 맛이 없는데 장사는 잘 되네." "우리 집은 재료도 좋은 것으로 쓰고 음식도 맛있게 만드는데 손님이 그걸 몰라줘요." "우리 식당만큼 해 주는 데 있으면 나와 보라 그래." 사실 같은 업을 영위하는 내가 보기에도 틀린 말은 아니다. 정성을 들여 맛있게 만든다. 재료도 제대로 돈을 주어서 좋은 놈으로 골라 음식을 만든다. 친절하게 대해주고 다시 찾아주기를 기대한다. 그런데 우리보다 훨씬 불친절하고 맛도 없는 집이 장사는 잘 되는 것 같다. 속이 타고 미칠 것만 같다. 손님이 야속하기까지 하다. 처음엔 잘 되는 식당을 질투하다가 나중엔 손님마저 미워진다. 왜 고객들은 내 마음을 몰라주는 것일까? 그러다가 하루 이틀 날이 가고 달이 가면서 장사를 잘 하게 되는 식당이 있는 반면, 문을 닫는 식당도 하나 둘 생기게 된다. 승자와 패자가 이 시점에서 갈리게 되는 것이다.

왜 그럴까? 무엇이 대박과 쪽박의 차이를 만드는 것일까? 도대체 어떤 면이 돈 버는 식당과 망하는 식당으로 갈라놓는가? 나는 이 차이가 '재구매'에 있다고 생각한다. 한 번 찾아온 손님이 다시 찾아와야만 식당은 장사가 잘 된다. 두 번 다시 오지 않는 손님만으로 돈 버는 식당은 없다. 또 먹으러 오는 고객은 어떤 이유에서든 다시 오게 된 연유가 있다. 그 원인을 찾아내 일반화시키고 활성화하면 손님으로 바글바글한 대박식당이 되는 것이다.

어떤 이유에서든지 간에 다시 찾는 이유를 마케팅적 용어로 '고객만족'이라고 한다. 이것을 알기 쉽게 풀어쓰면 다음과 같다. 고객만족 = 재구매, 즉 고객만족은 재구매를 의미하는 것이다. 대박 나는 식당의 비결은 손님이 한 번 두 번 자꾸 찾아오는 것에 있다면, 이것의 비결은 손님이 무엇인가에 만족했다는 것을 의미한다. 다시 한 번 더 기억하자. 대박은 고객만족에 달려 있다. 그렇다면 고객만족은 어떻게 하면 되는가? 말로만 고객만족을 떠든다고 고객은 결코 만족하지 않는다. 오히려 핀잔만 받게 된다. 고객만족은 고객중심의 사고를 가져야 된다.

나 이외의 모든 사람은 고객이라는 생각으로 채워보라. 내부고객, 외부고객이라는 말 정도는 들어보았을 것이다. 돈 내고 밥 먹는 손님만 외부고객이 아니다. 일하는 직원도 내부고객이다. 대가를 지불하는 만큼의 아웃풋인 서비스를 받기를 기대하는 손님들만 고객이 아니다. 내가 제공하는 서비스의 결과물이 나에게 다시 돌아오기를 기대하는 직원들도 고객이다. "우리는 왜 돈을 내는 고객들에게만 친절한가?" 서비스에 대한 결과물로서의 돈만이 유일한 대가라고 생각하기 때문은 아닌가? 다시 처음으로 돌아가 보자.

고객이 만족하는 것이 음식이든지 분위기든지 간에 그것이 제공되는 상황에서 우리들이 얼마나 손님을 위하여 마음을 모아내고 있는가의 문제는 아닐까? 좀 쉽게 풀어보기로 하자. 직원들의 고객서비스 태도를 바꿔 보겠다는 의도보다는 매출을 올리기 위해 성과급을 일정한 매출을 달성해야 제공하는 인센티브제로 변경했는데 직원들의 손님 대하는 태도가 달라졌다. 전에는 추가로 음식을 달라고 하면 귀찮아서 대꾸도 잘 하지 않던 서버들이 지금은 손님이 찾기도 전에 그릇이 비면 음식을 가져다준다. 추가 음식을 주문하면 아까 주었는데 또 주냐면서 투덜대던 주방 조리원들도 퇴근시간이 다 되어서 오는 손님한테도 불평 한 마디 없이 즐겁게 음식을 준비해 준다. 이렇게 분위기가 바뀐 후 손님이 기하급수적으로 늘기 시작했다. 물론 이런 이유만이 전부는 아닐 것이다. 하지만 나는 이 묘한 인식의 차이점에서 서비스의 대가가 누구에게 돌아가는가에 따라 이토록 간사하게 변할 수 있는 사람의 마음을 읽었다.

맞다. 바로 이 점이다. 서비스의 결과물이 일하는 사람들에게 돌아가지 않기 때문에 고객만족이 제대로 되지 않았던 것이다. 서비스가 살아야 식당이 산다. 생각을 바꿔보자. 식당비즈니스를 하고 있는 동안만큼은 내가 하고 있는 생각 모두를 손님 입장에서 바라보기로 마음먹자. 외식마케팅의 첫번째 조건이 바로 이것이다.

아무리 공부를 많이 하고 연구를 해도 현장에서의 경험이 없으면 배는 산으로 가고 만다. 책에서 읽은 마케팅 이론은 실천을 통해서 검증되어야 한다. 맛이든 분위기든 서비스든 어떤 것이든지 간에 고객 중심으로 바라보고 만들어져야 한다. 마케팅을 돈을 버는 과정으로 바라보는 것이 아니라 고객을 창출하고 돕는 과정을 그리는 개념으로 바라보아야 하는 것이다. 지난 15여 년의 먹는 장사를 통해서 배운 결론은 이렇게 단순하다. 같은 길을 돌고 돌아갈 뿐이다. 비즈니스는 고객이다. 고객은 내 서비스의 수혜자이다. 고객이 감동하고 만족하는 유일한 기준은 그들이 내 서비스를 재구매하는 것이다. 이 과정을 되풀이하면서 나의 경력과 전문성을 살려야 하고 성과를 내야 한다.

"모든 것을 고객 중심으로 바꿔라."

조리방식과
서비스방식을 규격화하라

시스템을 만드는 기본은 조리방식과 서비스방식을 규격화하는 것이다. 음식점을 운영하다 보면 내 가게의 음식들이 어떤 특징을 가지고 있는지 정확하게 알지 못할 때가 있다. 처음에는 삼겹살로 시작했지만 몇 년 지나 돼지갈비를 팔고 쇠고기도 추가하고 거기다 해장국까지 점심메뉴로 넣으면서 뭘 전문적으로 파는 곳인지를 잊어버리게 되는 경우가 왕왕 있다. 필자가 운영하는 한정식만 해도 그렇다. 한정식의 특성이 전체적으로 무난하고 푸짐하게 잘 먹는 것을 기대하는 것으로 나타나기도 하지만, 정작 중요한 점은 우리 음식점을 찾아오는 고객들에게 어필할 수 있는 테마-주제가 있어야 한다는 것이다. 하지만 한정식당들의 상당수는 그냥 아무런 색깔이 없이 퓨전한정식이라든가 한

상차림한정식을 표방하는 정도다. 특히 한식 뷔페가 인기몰이를 하면서 더욱 더 그런 현상이 심해지는 듯 보인다.

예를 들어 토속한정식이나 해물한정식처럼 주재료를 특징적인 형태로 드러낼 수도 있고 한식이라는 나름의 색깔을 잘 살려내는 것도 중요한 포인트가 될 수 있다. 재료로 색을 나타내는 방법이나 조리법으로 나타내는 법도 있고 담아내는 배선방식과 인테리어나 서비스로 나타내는 방법도 다수 있다. 주제를 잡을 때 주의할 점은 특정한 재료에 국한하면 쉽게 식상해하는 문제가 나타난다. 예를 들어 녹차음식전문점을 한다고 보면 녹차죽, 녹차밥, 녹차 소스를 곁들인 샐러드. 어떤가? 금방 질린다는 느낌이 들지 않을까? 해물요리전문점은 또 어떨까? 해산물의 종류가 다양하니까 괜찮을지도 모르지만 재료수급과 원가 문제가 나타날 수 있다. 최근의 건강 트렌드를 생각해 저칼로리와 건강식을 위주로 하는 웰빙음식점도 나쁘지 않겠다.

백이면 백 다 맛있게 해줄 수 있는 식당도 없을 것이다. 식당에 오는 고객들 중 70% 정도의 손님이 맛있다고 하면 그 집은 대박의 가능성이 아주 높다. 그리고 그 70%의 고객들 중 반 정도의 손님을 단골로 만들 수 있을 정도로 맛을 유지해 가면 반드시 성공한다. 하루 10명의 고객이 온다면 평균 3~4명 정도의 손님을 내 편으로 만들도록 노력해야 한다는 뜻이다. 다른 어떤 요인들보다도 이 손님들만큼은 우리 식당이 만드는 음식의 맛에 반해서 찾아오는 고객이 되어야 한다는 것이다. 식당의 경쟁력 중 맛이 차지하는 부분이 이 정도라고 보면 된다.

맛이 최고인 식당이 장사가 가장 잘되는 곳일까? 맛있는 집이 손님이 많이 온다는 것은 인정하지만 그렇다고 대박식당이 되는 것은 아니다. 맛이라는 것은 사람에 따라 기준이 틀리기 때문이다. 많은 고객들이 맛있는 식당이라고 인정한 곳이라 하더라도 먹는 당사자의 입맛에 맞지 않으면 나에겐 맛있는 집이 아닌 법이다. 식당을 하는 데 있어서 음식의 맛이 전체 경쟁력 중에서 전부를 차지하지 못하는 것과 맥락을 같이 한다.

음식점에서 맛의 기준은 업주의 기준이 가장 우선이 되어야 한다. 고객들이 싱겁다, 짜다, 맵다 등 각자의 취향에 따라 맛을 평가하기 때문에 그때그때 휘둘리기 시작하면 얼마 지나지 않아서 그 집은 이 맛도 저 맛도 아닌 그저 평범한 식당이 되어버린다. 주방직원들도 상당수 맛을 잘 알지 못한다. 맛에 대한 기준을 가지지 못했거나 맛을 내는 필수적인 소스와 양념배합을 제대로 배우지 못했기 때문이다. 직원을 탓할 수 없다. 경영자가 직접 만들지는 못한다 하더라도 맛에 대한 기준을 정해주고 이것을 잘 지키면 된다. 맵든 짜든 달든지 간에 어느 한 기준을 가지고 줏대 있는 영업을 하다 보면 고객들은 따라오게 마련이다. 손님의 요구에서 시작하여 손님의 만족으로 끝날 수 있는 메뉴와 서비스를 꾸준히 제공한다면 식당비즈니스의 목적인 손님의 창출과 유지를 통해 이익을 창출할 수 있다.

메뉴개발은 어떤 음식을 만드는 과정만을 의미하지 않는다. 그것은 음식을 통하여 손님을 만족시켜 나가는 과정이고, 음식을 통하여 손님과 대화하는 것이다. 이러한 고객과의 커뮤니케이션을 원활하게 만들어주는 것이 조리방식의 규격화를 통한 메뉴시스템이다. 식당비즈니스의 세계에서 식당경영자가 이해해야 할 핵심이다.

숟가락반상 마실의 사례를 들어 조리방식의 규격화에 대한 이해를 높여보기로 하자. 고깃집은 고기를 담당하는 육부장과 냉면담당, 반찬담당 등으로 역할구분이 되어 있는 편이지만 보통의 음식점은 주방장이나 찬모가 음식을 다 조리한다. 나머지 주방에서 일하는 사람들은 보조역할과 설거지를 한다. 우리도 처음엔 주방장이 모든 음식을 다하는 식이었다. 하지만 퓨전한정식으로 아이템을 바꾸면서 조리방식도 바꾸는 실험을 시도했다. 주방장 혼자서 모든 요리를 만드는 방식은 기존의 틀과는 달리 음식의 핵심소스만 찬모가 만들어 각각의 조리원들에게 공급하고 조리원들은 그들이 제각기 맡은 요리만 레시피대로 조리해서 내는 방식이 변화의 중심이었다.

조립라인과 같은 컨베이어시스템을 도요타자동차의 린시그마방식을 응용해서 적용한 것이다. 최근 제조공정에서 가장 중요한 문제가 협력업체의 부품조달방식을 'just in time' 방식으로 만든다. 이와 마찬가지로 우리 주방에서도 소스를 만드는 찬모가 아웃소싱의 중심에 위치하게 하고 각각의 조립라인, 즉 조리원들이 자기한테 할당된 음식을 조리할 때 소스가 필요하면 언제든지 제공할 수 있도록 한 것이 시스템 구축의 핵심인 것이다. 서양 레스토랑도 이와 비슷하긴 하지만 조금 다르다. 팀 단위로 작업하거나 개인 소스는 개인이 만들어 쓴다. 한국의 주방은 철저하게 개인화된 업무 셀이 모여 주방의 프로세스를 만들어낸다. 그렇게 만든 요리는 홀 서버들 중 한 명이 '티카_{만들어진 음식을 쟁반에 담기 위해 한곳에 모아두는 주방과 홀 사이의 배식공간}'라는 곳에서 구분해서 손님에게 내가는 방식을 택했다.

처음에는 세 번 정도로 구분해서 코스요리 방식으로 해보았는데 중간 중간에 주문이 많아지고 혼선이 와서 어떤 손님은 같은 음식을 두 번 먹을 때도 있고, 또 다른 손님은 아예 먹지도 못하기도 하는 경우가 발생해 처음 한 번에 모든 음식을 제공하는 것으로 하기로 했다. 한상차림 한정식이 만들어지게 된 이유가 여기에 있다. 음식을 만드

그림 58 **숟가락반상 마실의 프로세스 표**

물적증거	실내 조명	테이블, 의자 형태, 메뉴판			포스터, 유니폼, 외모(용모), 태도				카운터	출입문
고객행동	입장	착석	메뉴판 접수	주문	1차 앞요리	메인요리	식사	후식	계산	퇴장

상호작용선 · 메뉴 확인 및 설명/멘트 · 인사

홀직원	인사	자리 안내	메뉴판 물 제공	주문접수 및 확인	상차림 및 메뉴 설명	리필 및 메인 제공	식사제공 여부 확인	후식 제공	상 치우기	계산	인사

고객가시선 · 메뉴판, 테이블세팅 · 포스 입력 → 식사전달(티카)/가마솥밥 미리 올릴 것 · 퇴장대 · 포장(필요시)

주방직원					앞요리 조리	메인요리 조리	식사 조리		잔반 처리	설거지	정리

지원 프로세스	신용·포인트 카드 시스템

는 주방과 손님한테 서빙하는 홀에서도 쉽게 준비할 수 있고 손님 측에서도 매번 한두 가지의 음식만 나오면 먹다 만 느낌도 들고 중간 중간 서빙으로 인해 손님들 간의 대화나 흐름이 끊어지는 현상도 방지할 수 있어 오히려 더 낫다. 단 바쁠 경우에 먼저 만들어진 음식이 나중에 만든 음식과 같이 보조를 맞추어야 하는 경우가 발생해 음식이 식는 경우가 발생하는 단점도 있다. 특히 보쌈은 겨울철에 식는 경우가 있어 여러 가지로 보완을 하기도 했다. 식사와 반찬은 나중에 해도 문제가 없어서 별도의 번호표를 만들어서 제공한다.

음식점은 조리원의 음식 만들기와 서버들의 제공이라는 활동결과가 모여 만들어진다. 이 개념은 음식이라는 생산물상품을 조리원과 서버라는 두 동적인 활동매개체를 통하여 고객에게 전달되는 프로세스를 기초로 한다. 소스를 만들어 조리원들에게 전달하는 최초의 활동이 조리활동이라는 프로세스를 진행시키고 중간 중간 재료의 투입과 조리 지도과정들이 신속하고 정확하게 전달될 수 있도록 지원하는 역할을 주방책임자가 라인의 뒤에서 서포트하게 된다. 그렇게 만들어진 음식 이라는 제품들은 '티카'라는 제품집하공간으로 보내져 '마실정식' 또 는 '참조은정식'이라는 상품으로 재구성되고 서버들을 통해 최종 소비 자인 손님에게 서비스된다. 또한 손님이 입장하면서 안내받고 주문을 하는 과정과 이후 음식이 제공되어 식사를 하는 동안 몇 번의 추가 서비스과정(상품소비과정)을 거친다. 일종의 A/S 과정이라고 봐도 무 방하겠다.

이러한 음식점 전반의 활동을 살펴보면 필요한 것과 불필요한 것을 명확히 나누어 필요한 것을 우선으로 취하는 것과 그 필요한 각각의 조리도구와 서비스 방식이 필요한 때에 적확하게 쓰일 수 있고 개념 화하고 매뉴얼화하는 작업이 제조업체의 정리정돈방식과 같다고 보면 이해하기 쉬울 것이다.

나눔을 시작하라
: 마실네트워크의 해피데이

매년 12월, 그해의 수익금 전액을 비영리단체들에게 기부하고 이듬해 에는 은행에서 대출을 받아 다시 사업을 시작하는 기업이 있다면 진 짜 믿을 수 있을까? 아니 있다고 해도 그런 기업이 성공할 수 있을까?

1980년 영화배우 폴 뉴먼은 자신만의 독특한 방식으로 샐러드드레 싱을 만들어 판매수익금 전액을 청소년 약물 오·남용 방지 프로그램에 기부했고, 이듬해 다시 대출을 받아 사업을 운영하는 '뉴먼스 오운'이라는 기업을 방송작가 허츠너와 함께 설립했다. 방부제도 없을 뿐더러 몸에도 좋은 이 드레싱은 곧 선풍적인 인기를 끌며 첫 해부터 10억 원의 판매액을 달성했고 수익금의 전액을 기부하고 재투자를 받는 사업전통을 세웠다. 유명 영화배우이기도 했던 뉴먼은 2008년 임종할 때까지 총 4,000억 원 가량을 기부했으며 지금도 '뉴먼스 오운'의 전통은 계속되고 있다.

　마실을 시작한지 얼마 되지 않았을 때의 일이다. 하루는 어느 시주 스님이 와서는 돌아가지 않고 꼭 주인을 만나야 된다고 해서 바깥에 있다 급하게 돌아와 보니 대뜸 사주부터 물어보는 것이 아닌가? 그리고는 마실이 자리잡은 땅의 기운과 나의 사주가 맞지 않는다는 것이다. 굿이나 하게 하려는 수작 같아서 돌려보내려는데 이 스님이 정색을 하면서 그런 것이 아니라 정말로 맞지 않으니 대비를 해야 한다고 몇 번이나 같은 이야기를 했다. 그냥 웃고 넘어갔는데 몇 달 지나지 않아 이번에는 잘 아는 분이 철학관을 운영하시는 분과 같이 식사를 하러 왔다가 웃어넘기기엔 너무나 심각한 이야기를 해 주었다. 식당에 도깨비가 있다는 것이다. 하루라도 빨리 팔고 가라는 친절한 권유까지 해 주는데 머리카락이 거꾸로 솟는 기분이 들었다. 어떻게 시작했는데 손해를 보고 팔고 나가라니 이게 말이 되는 소리인가. '안 돼. 절대 그럴 수 없어. 어떻게 시작했는데 그만두라니.' 며칠 동안 고민에 빠져 있다가 하루는 아침 일찍 가게를 나왔다. 창문을 활짝 열고 홀 가운데 서서 108배를 하기 시작했다. 산신할머니를 불렀다. '할매요, 저는 여기를 못 떠나요. 갈 데도 없지만 지금 그만두면 제 인생 여기서 끝나는데 어디를 가란 말이오.' 도깨비한테도 이야기했다. '도깨비야, 도깨비야. 진짜 여기가 도깨비 터라면 나랑 함께 잘 살면 안 되겠니? 네가 하자는 대로 할테니 훼방부리지 말고 좀 봐다오.'

눈물이 흘렀다. 어쩌다 나한테 이런 기구한 운명이 닥친 걸까? 아니 왜 나한테만 세상은 어렵고 힘들게만 다가오는 것인가? 한 시간 내내 마실에 있다는 보이지 않는 귀신들과 도깨비한테 눈물 콧물 흘리면서 빌고 또 빌었다. 절대로 여기를 떠날 수 없으니 잘 봐달라고 그리고 마지막에 다짐을 했다. 돈 벌어 혼자서만 잘 먹고 잘 살지 않겠다고. 건강한 지역과 사회를 만드는데 꼭 나누고 함께 하는 마실이 되겠다고. 그렇게 해서 하루 매출액의 50%를 기부하는 마실 해피데이 행사가 만들어졌다. 일일호프와 비슷한 개념인데 와서 먹고만 가면 되게끔 설계해서 부담 없이 참여할 수 있도록 했다.

기부할 대상단체가 선정되면 그 단체와 관련 있는 분들한테 안내홍보를 한다. 무슨무슨 날 마실에서 해피데이행사를 하는데 그 날 여기 가서 식사를 하시면 식사하신 금액의 50%를 단체에 기부하기로 했으니 가서 편하게 식사만 하고 오시면 좋은 일 하는 거라고 알리는 것이라 서로 부담이 없었다. 연말이 되면 콘서트 같은 공연행사를 통해 불우이웃돕기나 나눔 봉사활동을 많이 한다. 그때 참여자들은 준비하는 스태프들 외엔 그냥 공연을 보러 와주는 것만으로도 기부활동에 참여하는 효과를 가지게 된다. 예전과는 달리 기부와 나눔 행사도 불편해지면 좋은 일 하고도 싫은 소리를 듣는다. 이런 점들에 착안해서 해피데이도 조금씩 내용과 형식에 변화를 주면서 참여하는 분들과 도움 받는 단체들 모두가 win-win하는 결과를 만들어냈다.

해피데이 행사는 당장 오늘 하루 매출의 50%를 기부하는 프로그램이기 때문에 적지 않은 분들이 놀라워한다. 수익의 50%도 아니고 매출의 50%니 솔직히 우리한테도 적잖은 금액이다. 최고로 많은 금액을 후원했을 때가 월 400만 원 정도였고 보통은 1회에 150만 원에서 200만 원 가량 된다. 그럼 그 비용을 기부하는 우리는 어떤 혜택을 볼까? 나눔과 봉사에 대가를 운운하는 것이 올바른 일은 아니라고 생각하지만 이러한 활동을 하면서 얻은 가외의 소득이라고 봐 주셨으면 좋겠다.

먼저, 지역사회와 교류하는 네트워크를 가지게 되었다. 처음엔 후원단체를 선정하는 데만도 쉽지 않은 일이었고 자의적으로 후원하고 싶은 단체를 선정하는 등의 공정성에 문제도 없지 않았다. 하지만 지금은 천안시 NGO센터와 협약을 맺어 후원단체 공고 및 선정을 아예 위임해 버렸다. 61회가 넘는 행사를 진행하면서 천안이라는 지역사회를 건강하게 만들고 또 사람 사는 동네로 변화시키기 위해 노력하는 많은 지역주민들과 활동가들을 만나면서 같은 생각 같은 꿈을 꾸는 희망을 나누게 된 것이다.

둘째, 나눔은 중독이고 바이러스처럼 퍼져 나간다는 것을 배웠다. 마약에만 중독이 있지 않다. 마리화나라는 말처럼 스포츠에도 있고, 나눔과 기부에도 중독증상이 있다. 그것도 아주 강력하다. 마실의 전수창업점들의 가맹조건 중 하나가 해피데이를 해야 한다. 강제조항은 아니지만 하겠다는 약속을 해야 가맹점을 개설해준다. 지금 해피데이 행사를 하는 가맹점이 10개가 넘는다. 구청과 약정을 해서 매달 100만 원씩을 후원하는 곳도 있고 초록우산과 같은 재단에 정기적으로 후원하는 가맹점도 있다. 마실 논산점^{상호·함흥면옥}에서는 갑자기 세상을 떠난 아버지로 인해 소녀가장이 된 중학생에게 후원을 했는데, 그 학생들이 감사의 인사로 식당에 스티커를 붙여와 감동을 준 적도 있었다. 사랑과 행복을 함께 나누는 마음이 모이면 그 기쁨은 배가 되고 행복은 두 배, 세 배가 된다.

셋째, 음식점의 입장에서 봐도 전혀 손해 보는 장사가 아니다. 적잖은 금액을 후원하다 보면 솔직히 아깝다는 생각이 들지 않는 것은 아니지만 기부금영수증으로 소득공제가 가능하다. 오히려 더 많은 혜택을 본다. 무엇보다 영업이 어려운 월요일 매출을 높여 준다. 높아지는 매출증가분이 기부금액을 커버하고 남을 정도다. 게다가 소득공제까지 하면 그 자체만으로도 남는 장사다. 어디 그 뿐인가? 착한 식당이라는 이미지까지 덤으로 주어진다. 우리나라 사람들은 빚지고는 못산다. 어떤 음식점이 나와 관련된 단체에 후원했다는 이야기를 들으면 여기저기 소문을 내고 SNS에도 올려준다. 돈을 주고 마케팅하는 세상인데, 공짜로 그것도 자발적으로 해주는 입소문마케팅인 셈이다.

해피데이 행사를 처음 시작할 땐 기부처를 찾지 못해 여기저기 행사를 부탁하기도 했다. 주려는 곳은 있는데 정작 받을 단체가 없는 경우가 종종 발생했다. 그래서 아이디어를 낸 것이 시의원이나 사회단체 또는 시청의 복지담당 공무원을 찾아가 취지를 설명하고 후원단체와 연결을 부탁드렸다. 처음엔 색안경을 쓰고 보기도 했지만 한 번 두 번, 한 해 두 해가 지나면서 우리의 진정성을 알아주고 자발적으로 여러 단체들을 소개해 주었다.

그러다가 그것도 시간이 지나면서 한 단체에서 몇 번을 하는 경우도 생기고 아는 분이 간절히 부탁하는 곳이 있으면 예정된 곳이 후순위로 밀려 알게 모르게 불편해진 적도 있어 아예 지원단체 선정을 신뢰할 수 있는 곳에 위임하기로 했다. 객관성과 공정성을 담보할 수 있고 또 우리의 취지를 이해하면서 홍보를 함께 해줄 수 있는 그런 곳을 찾았다. 여러 곳이 물망에 올랐지만 천안시 산하 NGO센터와 최종적으로 협약을 맺고 몇 년째 진행하고 있는 중이다.

자본주의와 시장경제는 부와 명예를 갈망하는 개인의 욕망을 충족시키기엔 적합했지만 행복과 삶의 질을 높이기에는 아직도 갈 길이 멀다. 목표에 이르는 결과만을 강조하다 보니 과정을 만들어가는 행복과 그 속에서의 가치에 대한 건강함을 찾아내는 노력이 나눔과 기부가 아직도 필요함을 역설적으로 설명해 준다. 사회적 삶의 질은 교육, 환경, 의료와 같은 공익적 영역뿐만 아니라 한 사람 한 사람의 작은 참여 속에서 만들어지는 모두의 건강한 사회구성체를 만들어내는 노력에 달려 있다. 단순한 몇 푼의 지원금이 아니라 그것의 만듦과 쓰임의 전 과정을 통한 문화적 가치이며 삶에 대한 소중한 태도라고 믿는다.

그림 59 **숟가락반상 마실 해피데이**

그림 60 마실 논산점 해피데이행사에 대한 감사인사

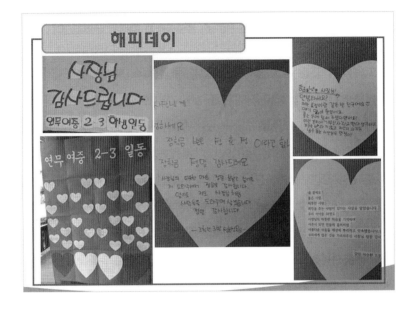

찾아오는 식당을 만들어라
: 입지조건이 대박식당의 절대 조건은 아니다

어느 컨설턴트의 강의를 들은 적이 있었다. 그는 음식점이 성공하기 위해서 어떻게 해야 하는지에 대하여 오랜 시간 많은 이야기들을 했다. 메뉴 개발, 판촉활동, 홍보마케팅, 교육훈련에 관해 노하우와 다양한 사례를 꼼꼼하게 설명했다. 정말 여러 가지를 고민하게 해 준 강의였는데 끝날 무렵 그의 결론은 의외로 입지였다. 음식점으로 성공하기 위해서는 첫째도 입지요, 둘째도 입지 그리고 마지막도 입지라고 했다.

틀린 말은 아니라는 생각으로 강의를 듣고 나오면서도 그의 주장에 선뜻 동의할 수 없었다. 세상에 얼마나 많은 음식점들이 있는데. 그것도 가시성 좋은 곳이 아닌 이면도로와 주택가 쪽에 위치한 식당들. 어디 그뿐인가? 지방으로 갈수록 물어물어 찾아가야만 하는 산속에 있는 음식점은 입지가 좋지 않은데 어떻게 장사해야 하는가? 아마 그 컨설턴트는 가능한 좋은 입지조건을 갖추고 음식장사를 하라는 의미였을테지만 그런 좋은 조건을 갖추고 장사에 뛰어들 만한 여유 있는 소상공인은 거의 없다.

일반적으로 상권이라 하면 어떤 물건을 사고파는 거래(상업활동)가 이루어지는 구역이라는 전통적 의미로 이해되어 왔다. 예를 들어 천안시 쌍용동에 살고 있는 주민이 그 동네에 있는 슈퍼마켓에서 필요로 하는 물건을 사고 근처 음식점에서 갈비탕으로 점심을 먹고 불당동에 있는 CGV에서 영화를 보며 밤늦은 시간에 아파트 근처 호프집에서 맥주 한 잔 하고 귀가하는 일상생활을 예상해 보자.

천안시 쌍용동 주민의 생활이 쌍용동이라는 지역에서 발생하는 전형적인 골목 생활공간이며 멀리 가지 않아도 원하는 편익수요를 추구할 수 있는 생활공간이다. 이 범위 안에서 쌍용동 주민, 즉 소비자는 그가 원하는 필요를 충족하고, 서비스나 물건을 판매하는 상인은 그를 통해 경제활동(기업활동)을 전개해 나간다. 이러한 수요와 공급이 이루어지는 전통적인 지역사회 범위를 지금까지는 상권이라는 말로 표현해왔다고 이해하면 되겠다.

하지만 2000년 이후 인터넷 특히 모바일이 의사소통과 연락의 주된 도구로 등장하고 나서부터는 상권에 대한 개념설정이 많이 달라졌다. 특정한 지역을 중심으로 재화와 용역이 교환 또는 유통되는 입지 위

그림 61 마실 상권분석(2006)

1. 충남 천안
- 인구 50만의 인구 유입 수출 중심의 성장 중인 중소도시
- 삼성전자, 현대자동차 등 대기업 의존도가 큰 경제구조

2. 마실
- 천안시와 아산시 경계에 위치
- 시 외곽권이라 식당주변 유동인구 월 30~50명 수준
- 자가용, 택시가 아니면 찾아오기 어려운 곳
- 한상차림 한정식 메뉴로 매출 저하로 심각한 경영 위기
- 유럽풍의 독특한 인테리어로 인지도가 높음

3. 소비자
- 신규유입 젊은 인구가 많아 소비 욕구가 높음
- 눈높이는 서울, 씀씀이는 지방
- 젊은 주부 고객들이 갈 곳이 별로 없음
- 일식집, 고가 고깃집 등 접대 위주 식당은 잘 됨

주의 공간적 개념에서 판매하려는 재화나 용역상품과 서비스이 교환 또는 유통될 수 있는 고객이 존재하는 시공간온라인과 오프라인을 포함으로 확장된 개념으로 이해되고 있다. 지리라고 하는 입지 위주의 고정적인 범위의 개념에서 교통망의 발달, 인터넷의 확장으로 인한 유동적인 개념으로 발전한 것이다.

마실을 처음 오픈했을 2006년 당시만 해도 상권에 대한 이해조차 없었다. 돈이 없었으니 입지나 다른 선택의 여지가 있을 리가 없었다. 자금의 여유가 있었다면 입지가 좋은 곳에 가게를 오픈했을 것이다.

핵심 상권에서도 한참을 벗어난 월봉산 자락 택지개발지구의 끝부분에 위치한 마실은 지금도 하루 유동인구가 50여 명이 채 되지 않을만큼 사람들의 눈에 띄지 않는 외진 곳에 위치하고 있다. 아마도 마실이 위치한 상권 내 인구수, 소비자들의 구매습관과 구매력 그리고 소득수준, 인구특성_{인구 수, 가구 수, 남녀비율, 연령대별 비율, 공시지가, 가계지출, 외식비 비율 등}을 조사해서 입점했다면 100% 다른 곳을 선택했을 만큼 음식점으로서의 입지조건은 열악하기 짝이 없었다.

지금 되돌아보면 무모하리만큼 입지조건을 무시하고 시작했던 것은 입지 위주의 고정적인 상권해석보다 경영자와 구성원의 노력으로 인근 예비고객뿐만 아니라 천안시 전체로 상권을 확장시켜나갈 수 있다고 믿고 끊임없이 연구하고 실천해온 노력 때문이 아니었을까?

그 당시 입버릇처럼 떠들었던 게 손님이 없다고 탓하지 말고 상권을 확장시켜 마실을 찾아오는 고객들의 범위를 더 넓혀야 한다는 것이었다. 당연히 손님이 적어 장사가 어렵다고만 할 것이 아니라 천안과 아산 지역에 이르기까지 한정식을 좋아할 잠재고객을 찾아내 우리 가게로 오게 만들어야 먹고살 수 있었으니까 결과적으로 마실 입지의 불리함을 극복하고 상권을 넓혀 음식과 서비스가 교환될 수 있는 범위를 넓게 해석한 부분이 큰 역할을 했다. 이것이 바로 상권에 대한 새로운 접근방법, 즉 내 상품을 사줄 소비자가 거주하는 범위를 넓혀가는 과정으로의 마케팅적 관점을 접목해 낸 셈이었다.

마실이 위치하고 있는 입지적인 불리함에도 불구하고 상권에 대한 새로운 해석으로 숟가락반상 마실이라는 새로운 브랜드로 거듭나게 된 데에는 한양사이버대학교 평생교육원이 진행하고 있는 '상권분석 전문가 과정_{주임교수 김영갑}'에서 제대로 배운 점이 큰 역할을 했다. 기존의 입지 중심의 상권분석을 보다 폭넓게 확대하여 마실의 목표고객을 조사하고 사업범위를 확정하고 적합한 메뉴를 개발하여 가지고 있는 경영자원직원, 가격, 판촉 등으로 판매할 수 있도록 적절하게 활용할 수 있는 마케팅전략으로까지 만들어주었다.

가장 먼저 마실 주변의 지역사회분석을 통해 상권의 특성과 활성화 정도를 분석한 다음 마실을 둘러싸고 있는 고객-경쟁음식점-내부역량을 조사하는 3C분석customer, competitor, company, 정치경제적 환경과 마실의

그림 62 3C분석과 five forces model에 의한 마실 분석 ─────────────

3C분석을 이용한 마실

분류	내용
고객분석	타깃으로 설정할 고객을 정확한 기준으로 선정(연령, 성별, 경제활동, 소비수준, 성향 등)
경쟁자분석	타깃으로 설정한 경쟁상대에 대한 분석(예: 타사의 고객층과 고객이 원하는 수준, 소비성향 등)
자사분석	현재 자사의 장점과 단점 분석('마실'의 관점이 아닌 '손님'의 관점에서 냉정하게 바라볼 필요 있음)

마실이 가져야 할 5가지 힘

분류	내용
잠재적 진입자	앞으로 성장할 가능성이 있는 같은 부류의 경쟁상대와 비교할 수 있는 능력(예: 자연별곡은 한정식전문점이 아님)
공급자의 교섭력	공급받는 곳을 우리에게 유리한 쪽으로 이끄는 능력(예: 식자재업체, 주방업체 등)
구매자의 교섭력	고객의 환심을, 신뢰를 우리에게 유리한 쪽으로 이끄는 능력(예: 마케팅, 음식의 맛, 연구실 이용 등)
기존 경쟁자의 경쟁	기존 경쟁상대와 맞대응할 수 있는 경쟁 능력(예: 체계적인 가격설정, 감히 따라할 수 없는 인테리어, 창의적인 메뉴구성 등)
대체품의 위협	마실과 비슷한 유형의 음식을 상대할 수 있는 힘(예: 메뉴스토리, 콘셉트, 마실 이야기 등)

그림 63 숟가락반상 마실의 환경분석과 세부전략 세우기(SWOT 1) —————————

구분	강점(Strength)	단점(Weakness)
	• 천안 내 꽤 높은 인지도(10년 유지식당) • 인터넷 마케팅 활용능력(블로그) • 본점(개발실 직원들의 직접적인 관리) • 지역사회 봉사하는 가맹점 • 충분한 주차시설 • 식자재에 크게 타격 받지 않는 메뉴들	• 외부 유입이 없는 상권 • 분리된 개인 공간 없음 • 메뉴의 다양성 부족 • 고객의 낮은 소득수준 • 스토리텔링 부재
기회(Opportunity) • 깨끗한 환경의 식당을 기대(주부) • 지속적인 한식에 대한 시장 성장 • 한식의 고급화 • 가족외식 공간이 협소(쌍용동 주변) • 웰빙, 힐링 외식문화 확대	**(SO전략)** 1. 편안하고 풍부한 요리의 가족외식공간 2. 가족이 선호하는 메뉴(남녀노소) 3. 지역사회 공헌하는 회사의 이미지 4. 블로그 마케팅 홍보로 인지도 상승 5. 웰빙시대에 맞게 식자재의 구애 없이 신메뉴 개발가능(앞요리)	**(WO전략)** 1. 독립된 인테리어 공간부족(파티션으로 최대한 소음방어) 2. 웰빙의 시대에 맞게 식재료를 스토리텔링화한다. 3. 지속적인 광고와 홍보 4. 마실 홈페이지 운영
위협(Threat) • 소비의 양극화 • 대기업의 시장 진입 • 사회적 이슈 사건(세월호) • 경기불황 및 원자재 값 상승	**(ST전략)** 1. 많은 점포를 가지고 있음 2. 가격 대비 만족도(점심) 3. 코스트에 타격받지 않는 할인이벤트 가능	**(WT전략)** 1. 코스트에 타격받지 않는 할인이벤트 가능 2. 공영 주차장 주차권 증정 3. 저단가 단품메뉴 확대 4. 여성 손님들을 위한 초, 중, 고 자모회를 위한 점심특선

그림 64 숟가락반상 마실의 경쟁전략(SWOT 2) —————————

강점
앞요리
10년의 경험

기회
한식의 지평
확대

위협
브랜드
정체성

약점
한식의 기본
깊은 맛내기

강점과 약점을 파악해보는 PEST분석과 SWOT분석을 가지고 사업의 타당성을 분석했다. 그리고 이를 바탕으로 하는 지난 10년의 마실 운영기간을 마실 1.0시대로 규정했고 향후 10을 이끌어 갈 마실 2.0시대의 마케팅전략을 도출해 냈다. 여기에는 기존 마실의 성과와 한계 그리고 개선점을 풀어낸 출구-성장방법이 제시되었고 이것에 기초한 비전과 경영방침을 구성원 모두와 함께 만들어냈다. 또한 마케팅전략을 세부적으로 실행할 수 있는 7P전략price, people 등까지 세부적으로 만들었다.

여러 가지를 한꺼번에 말하면 무얼 어떻게 하라는 것인지 답답해할지도 모를 수 있다. 상권분석에서 가장 먼저 필요한 것은 우리 식당과 고객을 잘 알아야 한다. 우리 음식점의 장점과 단점을 분석하고 무엇이 필요한지 또는 잘하는 점에 더 집중해야 하는지를 파악한 다음 우리 음식점을 찾아오는 고객들에 대해서도 조사해야 한다. 어디서 오는지, 왜 오는지, 누구랑 오는지, 객단가는 얼마인지 등을 체크해보아야 한다. 지피지기면 백전백승이라고 했다.

우리 손님이 어디서 오는지 확인하라
: 우리 손님은 누구인가?

고깃집을 운영할 당시의 일이다. 열 몇 명의 손님들이 예약을 하고 주문한 음식을 먹다가 갑자기 한 명의 손님이 나와서는 급하게 사장을 찾아서 담당 서버를 바꿔줄 것을 요구했다.

해당 구역을 맡은 홀 직원이 불친절하기도 하거니와 고기를 맛있게 구워주지도 않고 반찬을 더 가져다 달라고 해도 제대로 말도 듣지 않는다는 등의 이유였다. 웬만해서는 그런 정도의 반응을 보이는 고객들이 별로 없었는데 워낙 손님들의 요구가 막무가내여서 사과하고 담당 서버를 바꾸는 선에서 마무리를 했다. 그 일이 있고 나서 담당 직원은 충격을 받았고 얼마 되지 않아 그만두었다. 그 후로는 식당일은 하지 않는다고 주변에서 이야기하는 걸 들었다. 담당 직원은 나름대로 성실하고 싹싹한 친구였는데 왜 그런 일이 일어났는지 지금도 이해하기 어려워서 아직까지 기억에 남아 있다.

역시 고깃집을 할 때의 에피소드 하나 더. 가끔 오는 분인데 고기의 맛이 조금만 이상하면 따지거나 항의를 해서 식대를 두어 번 받지 않았던 손님이 하루는 역시나 와서는 드시는 중간부터 맛이 이상하다는 등 고기가 질기다는 등 불평을 늘어놓더니만 카운터까지 와서도 내가 얼마나 대단한 손님인지를 장황설 늘어놓기 시작했다. 자기는 미식가인데 이런 고기로 장사해서는 금방 망할 거라는 등 일장연설을 늘어놓으면서 은근히 돈을 낼 수 없다는 말을 하는 것이 아닌가? 우리가 보기에도 문제가 있다면 그냥 보내드릴 수 있지만 이날은 그렇지 않았다. 한참을 듣다가 "손님, 무슨 말씀이신지 잘 알겠지만 그렇게 음식이 안

맞았으면 중간에라도 그만 드시고 나와야 정상인데 거의 다 드시고 와서 이렇게 말씀하는 것은 경우가 아닌 것 같습니다. 그리고 식사를 하셨으면 식사비를 내셔야 손님이지 안 내시면 도둑놈이잖습니까? 정히 못 내겠다면 경찰서에 신고할테니 알아서 판단하십시오."라고 말하고 해결했다. 이런 말에 기분이 상한 손님은 식대를 계산했지만 두 번 다시 찾아오진 않았다.

이런 손님도 기억난다. 해피데이 행사가 있는 날 방문하신 손님 한 분이 여기 사장님을 꼭 뵙고 싶다고 하길래 인사를 드렸더니 해피데이 행사의 취지를 자세하게 물어보면서 좋은 일을 한다고 칭찬을 아끼지 않으셨다. 그러면서 행사에 보태라고 10만 원이나 되는 돈을 선뜻 주시는 것이 아닌가. 다음 날 행사단체에 연락해 그 손님의 연락처를 알려주고 감사인사를 드리게 했다. 음식점이든지 옷가게든지 간에 세상 어디나 누군가에게 무엇인가를 팔아서 먹고 사는 곳은 고객이라는 팔 대상이 있어야 한다. 물물교환의 시대를 넘어 화폐가 경제활동의 매개 역할을 자임하고 나서부터는 더욱 내 물건을 사용하거나 유통해주는 어떤 무엇인가를 필요로 하는 세상이 되어버린 것이다. 우리는 이런 사람들을 손님 또는 고객이라고 부른다. 두 단어의 의미는 조금씩 다르다고 하지만 일상에서는 이런 구분이 무의미할 만큼 동의어로 쓰이고 있는 형편이다.

표준국어대사전에 의하면 '고객'이란 '상점 따위에 물건을 사러 오는 손님'을 이르는 말이다. 또 어떤 기관을 방문하는 사람을 높여 부르는 말로도 사용된다고 한다. 상품을 사고파는 관계에서 고객이란 의미는 경제적으로 서로의 필요성을 주고받는 관계 그 이상도 이하도 아니지만 음식점과 손님의 관계에서는 조금 다르게 풀어볼 필요는 있다. 여타의 가게들도 마찬가지겠으나 특히 음식점이 핵가족화되는 현실에서 사람과 사람을 연결하는 공간으로서의 역할과 함께 엄마의 손맛을 느끼게 하는 집밥의 온기까지 함께 배려해야 하는 시대적인 의무감까지 곁들이게 된 것은 아닐까?

　손님을 상대하는 음식점 종업원들의 이야기를 들어보면 상당수는 손님과 직접 만나는 것을 부담스러워한다. 특히 주방이모님들은 손님 접객이 부담스러워 차라리 주방에서 일하는 것이 더 편하다고까지 말한다. 홀 서버들도 여전히 부담스럽기는 매한가지라고 하는데 왜 이런 현상이 생기는 것일까? 음식점만큼 손님이 한 공간에서 오래 머무르는 경우도 드물다 보니 오랜 시간 다양한 고객들을 맞이하고 그들의 마음에 들게끔 하려면 여간 스트레스를 받는 것이 아니다.

　외식업에만 15년째 종사하고 있는 지금도 손님이 오면 긴장된다. 편하게 대해주는 손님이 대부분이지만 가끔 불평과 불만 속에 가시 돋는 쓴소리를 감정적으로 내뱉는 사람들도 있기 때문이다. 그러다 보면 다수의 반가운 손님들조차 회피하게 되고 살가운 인사말조차 꺼리게 된다. 음식점에서 일하는 이들에게 고객이란 다루기 힘들고 예측하기 어려우며, 변덕스럽고 까탈스러우면서 손해는 하나도 보지 않으려는 아주 귀찮은 존재들같아서 가급적이면 그들과 가까이 하고 싶지 않다는 데에 100% 공감한다. 이런 현상이 나타나게 된 것은 무엇 때문일까? 손님이 없으면 팔 수도 없고 팔지 못하면 수입이 없어 먹고 살 일을 걱정해야 하는데. 이렇게 보면 고객은 내 밥벌이를 책임져주는 소중한 존재가 아닌가? 음식점의 주요한 업무는 맛있는 음식을 만들어내는 것만이 아니다. 그것은 우리 식당을 찾아온 손님을 만족시켜 가는 과정이다. 이것이야말로 시장경제하에서의 외식업의 본질이다. 손님의 요구가 맛있는 음식을 즐겁게 먹고 싶은 거라면, 우리는 그것을 위해 무엇을 제공할 수 있는지를 생각해야 한다. 정성들여 만드는 것 못지않게 즐거운 시간이 되게끔 만들어 주어야 하는 서비스 활동 역시 음식점의 또 다른 핵심활동이라는 것을 인식해야 서비스업으로서의 외식업을 이해할 수 있다. 가까운 곳의 경쟁업체도 경계해야 할 대상이지만 시시때때 변하는 고객의 마음 역시 놓치지 않고 주의깊게 바라보아야 한다.

서비스업은 특성상 하드웨어적이기보다는 소프트웨어적인 성향을 띠므로 고객의 마음 역시 흔들리는 갈대처럼 이 식당 저 식당으로 옮겨가기 쉽다. 우리 식당의 고객은 누구인가? 그리고 그들은 어디에서 오며 먹는 음식의 가격을 어디까지 허용할 의향이 있는가? 또 만족한다면 얼마나 자주 방문할 의사가 있으며 누구에게 소개할 생각이 있는가? 그렇다면 고객들은 어떤 음식점을 선호하며 또 어떤 서비스를 받기를 원하는가? 친절한 서비스인가 맛있는 음식인가? 둘 다 원하고 있는가? 여기에다 가격마저 저렴하기까지 바라는 것이 바로 고객이다.

이런 고객들은 도대체 어디서 오는 것일까?

내 가게를 알고 경쟁업체를 알면, 그리고 고객을 알면 망할 수가 없는 것이 음식업이다. 우리집에 오는 고객들이 어디서 오는지, 왜 오는지, 와서 어떤 소비패턴을 보여주는지. 오늘은 그중에서도 일반적으로 상권하면 생각하는 Trading Area 개념에서 조사한 내용을 알아보자.

상권商圈은 '장사 상, 우리범위 권'의 한자에서 알 수 있는 것처럼 '장사를 하는 범위'를 말한다. 당연히 이 개념은 과거의 방식임을 감안해서 바라보아야 한다. 해당 가게가 있는 자리에서부터 그것이 미치는 세력의 범위, 즉 상세권을 이야기하는데 일반적으로 입지라고 해석하면 된다. 이 입지가 자리한 부분에서 얼마까지의 거리단위를 나누는 방식이 바로 1차 상권, 2차 상권, 3차 상권 이렇게 부른다는 것이다. 그렇다면 마실은 어디까지가 1차 상권이고 또 얼마나 거리를 잡아야 2차 상권이 만들어지는 것일까?

일반적으로 1차 상권은 우리집에 오는 고객의 약 70%가 오는 지역권을 말한다. 적어도 지금까지는 이것이 일반론적인 이론이었을 거라고 생각하지만 마실을 기점으로 반경 2km 정도를 1차 상권으로 잡았는데, 이유는 천안에 한 정식업종을 놓고 보면 시 전체를 하나의 상권으로 생각했기 때문이다. 반경 5km를 지도로 표기해보면 천안의 대부분이 여기에 포함된다. 천안시 전역을 1, 2차 상권으로 나누고 천안시가 아닌 외부아산시, 세종시, 평택시, 대전, 서울 등지를 광역상권으로 보고 3차 상권으로 설정해보았다. 마실은 3차 상권에서 오시는 분들도 꽤 있다.

두 가지 조사방법을 시도해 보았다. 먼저 한양사이버대학교 '상권분

그림 65 숟가락반상 마실 고객분석(1)

2015년 1월 설문조사(방문지역 분석)

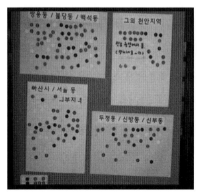
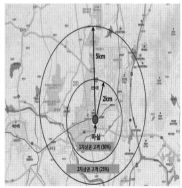

석 전문가과정^{주임교수 김영갑}의 도움을 받아 마실 소비자설문조사를 진행했다. 마실에 오시는 손님들 중 모두 150명께 하루 20부씩 그것도 점심, 저녁에 각 10명씩 해서 일주일 동안 조사해보았다. 또 다른 방법은 설문조사에서 나타난 고객방문지역을 표시하고 거기에 스티커를 붙이는 방식이었다. 이번엔 평일 2일과 주말 1일, 모두 3일 동안 조사했다. 결과적으로 두 가지 조사방식이 동일한 분석치에 이르렀음을 알 수 있었다. 우리가 선정한 1차 상권의 고객들이 전체 방문고객의 50%를 차지하고 있다. 그리고 나머지 2차 상권의 고객들이 25%, 3차 상권의 고객들이 25%. 이전에는 막연히 천안 전역이 우리의 상권이라고만 생각했는데, 실제 조사에서는 마실이 있는 쌍용동, 불당동, 백석동 쪽의 고객들이 주로 방문하고 그외 두정동, 신부동, 신방동 등지의 고객들이 가끔 오시면서 외부지역 고객들이 한 축을 담당하는 것이 마실 방문 고객분포의 개괄적인 분석내용이었다.

음식업이 지역사회와 커뮤니티를 형성하고 고객관계관리CRM에 집중

그림 66 숟가락반상 마실 고객분석(2) —————————

2015년 6월 설문조사(유입경로)

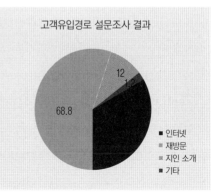

해야 한다는 걸 기억하고 있는가? 우리 고객이 어디서 주로 오는지, 그 손님이 속해 있는 지역과 어떤 관계를 맺어가야 하는지. 이 점을 다시 한 번 깨닫게 해준 조사였다. 숟가락반상 마실이 천안 맛집을 넘어 천안 한정식 아니 한국형 한정식의 새로운 흐름을 선도해 갈 밑바탕엔 이런 사소해보이지만 중요한 고객분석이 필요할 것이다.

메뉴는 고객과 식당을 연결하는 강력한 마케팅 도구다

외식업을 하면 할수록 느끼는 점은 음식은 거짓말을 하지 않는다는 점이다. 음식의 맛이 없거나 잘못되었다면 반드시 원인이 있다. 레시피대로 조리하지 않았거나, 불의 세기가 약하거나 너무 세서 설익거나 타거나 하는 등의 이유가 있다. 이럴 때에 무조건 조리원의 잘못으로 치부해서는 안 된다. 요리에는 기본적으로 지켜주어야 할 원리가 있는데 이 원리를 정확히 이해하지 못하면 제대로 된 요리를 할 수 없다는 것을 주지시키고 알려 주어야 한다. 정확하게 이해를 하게 되면 그 다음부터는 요리에 대한 응용력과 자신감을 갖게 돼 재료가 조금 바뀌거나 양념이 달라도 다양한 방식으로 풀어낼 수 있게 된다. 바로 이 지점이 음식에 대한 자기만의 해석이 가능해지는 부분이다.

손님이 메뉴판을 보고 주문을 하는 시점 역시 식당경영주만의 음식에 대한 해석을 가지고 고객을 만나는 부분이 된다. 이때 자신 있게 만든 음식으로 준비된 식당은 고객에게 적극적으로 추천하기도 하고 유도하기도 한다. 메뉴에 자신이 있는 식당일수록 메뉴판이 깔끔하고 간략하게 설명되어 있는 경우가 많다. 군더더기가 많은 식당은 '아무거나' 메뉴가 주종을 이룬다. 종업원들도 "다 맛있어요."라는 말로 주문받는 것을 대신한다. 당연히 음식도 별 맛이 없다.

메뉴는 단순히 손님이 음식을 주문하기 위한 안내판의 역할만을 하는 것이 아니다. 식당의 외관을 보고 느끼는 첫 이미지에 대한 상승작용이나 반전의 기능을 한다. 단정한 이미지를 준 식당에서는 '역시 음식도 다르구나.' 하는 믿음을 주게 하고, 겉보기와는 달리 '여기 음식은 먹을 만하네!' 하는 느낌으로 식당에 대한 이미지를 바꿀 수 있게도 해 준다. 반면에 화려한 겉모습에 비해 음식이 조잡하거나 부실하다고 생각되면 '이 집 얼마나 오래 가는지 지켜봐야겠네.' 하는 생각을 갖게 만든다. 이처럼 메뉴는 고객의 선입관에 대한 확신을 갖게 만들기도 하고, 때론 믿음에 대한 부정의 효과를 만들어내기도 한다.

결국 메뉴는 고객과 음식점간의 커뮤니케이션 역할을 한다. 메뉴를 개발할 때 최우선에 두어야 할 점이 어떤 음식으로 고객을 만나려고 하는가를 정해야 하는 부분이다. 그 음식이 내가 좋아하고 잘하는 것이면 더할 나위 없이 좋다. 하지만 음식점의 입지가 개발하려고 하는 메뉴와 다를 수도 있다. 이를테면 분식집 자리에 횟집이나 고깃집을 할 수는 없는 것이다.

먼저 중요하고 기본이 되는 메뉴대표메뉴라고 해도 좋고 중심메뉴라고 해도 무방함를 정하고 그것의 맛과 담음새 그리고 가격을 목표로 하는 고객층이 수용 가능한 범위 내에서 정해야 한다. 그 다음 기본메뉴와 특성은 같지만 맛과 모양과 가격이 다른 메뉴를 만들어 고객과 대화하게 만들어보라. 고객은 먼저 찾아와 자기를 사달라고 귀여움을 떠는 메뉴에게 정이 가는 법이다.

숟가락반상 마실의 대표메뉴는 '마실정식'이다. 가격 대비 만족도가 높은 편이고 상차림에 대한 평가도 좋다. 다른 한정식집들에 비해 낮은 가격임에도 불구하고 귀한 손님에게 접대해도 전혀 부끄럽지 않을 정도다. 그렇게 되기 위해서 우리는 많은 시행착오를 거치면서 지금의 대표메뉴를 만들었다. 마실정식의 메인 요리만도 묵은지수육, 동파육, 석갈비, 홍어회, 불고기를 거쳐 약선보쌈, 쭈삼볶음, 갈비찜으로 6번이나 바뀌었다. 전채요리들은 고객들에게 검증받고 퇴출당한 요리가 수십 가지가 넘는다.

우리 식당은 마케팅을 중심으로 운영해왔지만 그것의 중심에는 항상 메뉴개발이라는 주제를 가지고 있었다. 식당경영의 핵심은 맛, 바로 메뉴개발에 있다는 것을 잊지 않고 고객과 메뉴음식로 대화했던 것이다.

그림 67 숟가락반상 마실 여름메뉴 구성표

숟가락 반상 **마실** 여름 상차림 메뉴 구성표

구분		점심A (10,900원)	점심B (15,000원)	점심특선C (19,000원)	여름정식 (15,000원)	마실정식 (20,000원)	참조은정식 (25,000원)	귀한정식 (30,000원)	단품류 메뉴	가격
품번	분류									
1	앞요리 1차	단호박옥수수죽							계절요리(앞요리)	
2		여름그린샐러드							그린샐러드	3,000
3		북어미역죽							해물모듬냉채	5,000
4		비삼김채							삼채치킨스테이크	5,000
5		감자전							노루궁뎅이	3,000
6		튀벡기(우어도라)무침							메인요리(일품요리)	
7		삼채탕안심스테이크							사뤼기갈비찜	25,000
8						노루궁뎅이, 묵이	노루궁뎅이, 묵이		한우육회	25,000
9								새우살	마실맥갈비(300g)	20,000
10			해파리냉채	해파리냉채	해파리냉채	여름해물모듬냉채	여름해물모듬냉채	여름해물모듬냉채	약선보쌈(中)	15,000
11	메인요리 1~1.5차	약선보쌈(1+3)	약선보쌈(1+3)	약선보쌈(1+3)	약선보쌈(1+5)	약선보쌈(1+3)	약선보쌈(1+3)	약선보쌈(1+3)	약선보쌈(大)	25,000
12		갈비(1+3)	마실맥갈비	마실맥갈비	치즈주삼	갈비(1+3)	홍어회	10,000
13		or	갈비(1+3)	갈비(1+3)	한우육회	치즈쭈삼볶음	20,000
14		치즈주삼	or	홍어회	마실맥갈비	노루궁뎅이,새우살,묵이	12,000
15			치즈주삼		치즈주삼					
16									왕창전남(4인기준)	5,000
17									치즈사리(100G)	2,000
18	식사 2차	아욱무청된장천골	아욱무청된장천골	아욱무청된장천골	아욱무청된장천골	아욱무청된장천골	아욱무청된장천골	전통주	일반주류 및 음료	
19		가마솥밥+누룽지	가마솥밥+누룽지	가마솥밥+누룽지	가마솥밥+누룽지	가마솥밥+누룽지	가마솥밥+누룽지	가마솥밥+누룽지		
20		건나물	건나물	건나물	건나물	건나물	건나물	건나물	문배술(경기도)	동동주	10,000
21		조림	조림	조림	조림	조림	조림	조림	이강주(전라도)	산사춘	9,000
22		볶음	볶음	볶음	볶음	볶음	볶음	볶음	안동소주(경상도)	백세주	8,000
23		장아찌1~2	장아찌1~2	장아찌1~2	장아찌1~2	장아찌1~2	장아찌1~2	장아찌1~2	한산소곡주(충청도)	청하	5,000
24		배추김치	배추김치	배추김치	배추김치	배추김치	배추김치	배추김치	농어주	맥주	4,000
25									참살동동주(강원도)	소주	3,000
26	후식	오미자차	오미자차	오미자차	오미자차	오미자차	오미자차	오미자차	선운산복분자	음료수	1,000

※ 앞요리5가지는 무한리필 (계절과상황에따라 변동가능)

그림 68 숟가락반상 마실 여름메뉴 원가구성표

숟가락 반상 마실 단 가 구 성 표

품번	소비자가격	10,900	15,000	15,000	20,000	25,000	29,000	38,000	단품메뉴	가격(원)
	1인 추정원가(32~35%)	3,815	4,500	4,500	6,000	7,500	8,700	11,400		
1	누룽후	93	93	93	93	93	93	93	계절요리 (찜요리)-4인기준	
2	그린샐러드	252	252	252	252	252	252	252	그린샐러트	3,000
3	미역국	61	61	61	61	61	61	61	해물모듬냉채	5,000
4	신초절제	253	253	253	253	253	253	253	언어스테이크	5,000
7	명대후춘스테이크	755	755	755	755	755	755	755	핵인요리(일품요리)-4인기준	
5	파절파최찜	124	124						시래기갈비찜	25,000
6	삼색전			93	93	93	93	93	한우육회	26,000
7	미나리오징어무침	175	175						한우목갈비(300g)	25,000
	미나리오징어무침(+a)			217	217	217	217	217	한돈핵갈비(300g)	10,000
8	배춧갓무쌈채	250	378	378	378	378	378	378	약선보쌈(中)	15,000
9	노루궁뎅이버섯				280	280			약선보쌈(大)	25,000
10	노루궁뎅이+묵이+새싹삼						1040	1040	홍어회	10,000
11	약선코칠(1+3)	578	578	578	578	578	578	578	치즈유산균볶	20,000
12	흙마실쌀								버섯불고기	20,000
13	치즈주심튀용								계절진품죽	20,000
14	시래기갈비튐(1+8)							1424	계절진품죽	20,000
	시래기갈비튐(1+8)		1495		1495		1495	1495	노루궁뎅이	20,000
15	한돈미갈비(1+100g)			1000	1000				노루궁뎅이,새뱃살,묵이	12,000
16	한우목갈비(1+100g)					2700	2700	2700	추가메뉴	
17	한우육회(1+50g)					1200	1200	1200	된장전골(4인기준)	5,000
18	계절취찜				427			427	갸마솥밥(1인)	2,000
19	파삭대보쌈							965	치즈사리(100g)	4,000
20	버섯불고기					1780	1780			
21	계절된장찌개	90	90	90	90	90	90	90		
22	가마솥밥+누룽지	235	235	235	235	235	235	235		
23	계찬나물1	24	24	24	24	24	24	24		
24	계찬나물2	43	43	43	43	43	43	43		
25	계찬나물3		97	97	97	97	97	97		
26	배추김치	100	100	100	100	100	100	100		
27	깍두야채	30	30	30	30	30	30	30		
28	고추양아욱	40	40	40	40	40	40			
29										
30										
31	후식	90	90	90	90	90	90	90		
	총 1인단가(원)	3,290	4,913	4,429	6,204	8,566	11,594	12,700		
	1인 추정원가(32~35%)	3,815	4,500	4,500	6,000	7,500	8,700	11,400	평균 원가(%)	
	식자재 비율%(메뉴구성식)	30.2	32.8	29.5	31.0	34.3	40.0	33.4		33.0

메뉴는 목표고객을 끌어당길 수 있어야 한다

책의 전반을 통해 마실의 목표고객에 대한 언급을 수없이 했다. 한정식, 그중에서도 퓨전한정식의 주고객층은 두말할 것도 없이 주부이다. 주고객층인 주부와 함께 가족이 가장 큰 고객군을 형성한다. 이는 점심 손님은 주부, 주말 손님은 가족이 중심고객이 된다는 것을 의미한다.

처음에는 몰랐지만 어느 정도 시간이 흐르면서 영업시간대별로 타깃 고객층이 형성되면서 우리는 철저하게 이들에게 초점을 맞추었다. 분위기, 마케팅, 가격을 핵심고객층의 소비심리를 자극할 수 있게끔 준비했다. 메뉴도 마찬가지였다. 집중도와 다양성을 동시에 갖추되 퓨전한정식 전문점을 대표할 만한 중심메뉴를 정하고 이를 핵으로 모든 메뉴와 메뉴의 구성, 하다못해 담음새까지 세심하게 배려하려 했다.

그 식당에 가야 먹을 수 있는 음식, 30분을 기다리더라도 먹고 싶은 메뉴, '그 집은 그게 맛있지'라는 식으로 단순하게 목표고객 하나에만 집중했다. 여성고객들의 눈과 입을 사로잡기 위해 수십 번의 시행착오를 거친 후에 완성한 단호박해물찜이 대표적이다. 스테디셀러까지는 아니라 할지라도 우리 식당에서만 먹을 수 있는 이 요리는 기본정식인 '마실정식'과 함께 마실을 대표하는 요리가 되었다. 이 요리를 먹고 싶어 일부러 찾아오는 고객이 생길 정도가 되었으니 과장은 아닐 것이다. 주말에 어린이 손님들이 먹을 만한 마땅한 음식이 없어 고민을 하다가 떡볶이를 조금 개선해 궁중떡볶이를 만들어 보았다. 처음에는 빨갛게 만들어 보기도 했고, 나중엔 오징어, 낙지, 홍합 등을 넣은 해물떡볶이도 만들었고 최근엔 간장소스로 만든 궁중떡볶이를 제공하고 있다. 어린이들도 잘 먹지만 성인들도 추가 주문이 많다. 어릴 적 추억과 함께 달짝지근한 맛이 은근히 입맛을 당긴다고 한다.

나는 이것이 메뉴가 손님을 끌어당기는 힘이라고 믿는다. 이런 탁월한 메뉴를 만들기 위해서는 지속적인 메뉴개발이 이루어져야 한다. 어렵고 힘들더라도 반드시 건너야 할 첫 번째 고비다. 기본 철자를 모르고 글을 알 수 없듯이 메뉴개발은 한글의 받침을 아는 것이고 수학의 기본인 구구단을 외는 것과 같은 원리다.

그 다음에는 앞에서 언급한 체계적으로 정리된 레시피를 지속적으로 업데이트하면서 개발하는 습관을 들여야 한다. 레시피를 개발하고 업그레이드하는 것 자체가 끊임없는 자기혁신의 원동력이 될 수 있다. 그리고 고객들도 이를 안다. 공부하고 노력하는 식당은 손님들이 알고 먼저 찾아온다.

그런 다음에는 맛있는 음식이 항상 같은 맛을 유지할 수 있도록 해야 한다. 표준레시피를 만들고 이 조리방식대로 지켜질 수 있도록 신경을 써야 한다. 의외로 고객들은 항상 최고의 맛을 원하지 않는다. 처음 먹었던 그 맛을 기억하고 있는 고객들이 무척 많다. 그러므로 언제나 가장 맛있는 것을 위해 노력하기보다는 일정한 수준의 맛을 균일하게 제공하는 것이 더 중요할지도 모른다. 탁월함은 평범한 과정에서 어제보다 나은 오늘을 만들어갈 때 생겨나는 것이다.

마지막으로 메뉴가 고객을 끌어당기는 부분 중 하나가 가격이다. 고생해서 만든 음식에 정당한 가격을 받고 싶은 욕심이야 누구나 있을 것이다. 하지만 워낙 경쟁이 치열하다 보니 본의 아니게 가격인하 홍수 속에서 너도 나도 원가 이하로 밑지면서 팔기도 한다. 필자도 가격인하를 자주 언급한다. IMF보다 더한 소비심리가 더 떨어진 요즘 제 값 받고 장사하는 것이 어렵기 때문이다. 그렇지만 가격을 인하하더라도 제대로 받을 것은 받고 영업하는 방법을 찾는 것이 중요하다.

2008년 마실 3년차 때 만든 점심특선의 경우 1인분에 13,000원 하던 것을 9,900원으로 인하해 판매하면서 점심영업이 본 궤도에 올랐다. 가격은 30% 인하했지만 고객은 30% 증가하면서 가격인하분을 흡수해버렸다. 고객이 납득할 만한 적정한 수준으로 인하하면서 그 고객이 오지 않을 수 없게끔 메뉴의 수준을 높이는 것, 이것이 가격 대비 고객만족도를 높여 영업력을 향상시키는 핵심포인트다.

그림 69 숟가락반상 마실 메뉴가격전략 ————————————————

유인메뉴	점심대표메뉴	확장메뉴	기본메뉴	대표메뉴	주력메뉴	확장메뉴	유인메뉴
점심A	점심B	점심C	기본정식	마실정식	참조은정식	귀한정식	스페셜정식
10,900원	15,000원	19,000원	15,000원	20,000원	25,000원	30,000원	35,000원
최저가격				목표 객단가 고객만족가격			최고가격
Price line	Price line	Price line	Price line	Price Point	Price line	Price line	Price line

수용가격대 Price Zone = 최고가격 − 최저가격

식당경영, 이것만은 꼭 지켜라

마실을 운영하는 다섯 가지 원칙

음식점을 찾는 손님들은 지불하는 대가로 많은 것을 바라지만 대개는 다음의 두 가지가 충족되면 만족하는 편이다. 하나는 음식점을 찾아 온 '목적의 해결'이고, 또 다른 하나는 음식을 먹음으로써 느끼게 되는 '만족스러운 감정'이다. 이 두 가지를 충족시켜 자신의 음식점을 번 성시키고 싶다면 다음과 같은 음식점 활성화 방법, 즉 마케팅에 관한 나름의 원칙을 잘 지키면 된다.

원칙 1. 이익보다 고객에 집중하라

우리는 음식점 운영이 손님이라는 시장을 떠나서는 성공할 수 없다는 것을 잘 알고 있다. 우리에게 시장은 한 사람의 고객일 수도 있고, 동일한 요구를 가지고 있는 집단이나 팀일 수도 있다. 내 음식점과 이 바닥은 한 명의 손님 그리고 그 손님과 연결된 한 사람 한 사람과의 만남으로 관계를 시작하고 지속하게 된다.

음식점의 고객은 누군가와의 만남과 관계를 연결하는 무엇인가를 바라고 있으며 이를 위한 과정으로서 음식점을 찾기도 한다. 이러한 고객을 위해 음식을 제공하고 고객들의 요구를 충족시키는 상품이나 서비스로 변형시켜 고객이 원하는 방법으로 제공해야 한다. 또한 그 만족 수준을 관리하고 고객으로부터의 피드백을 반영하는 끊임없는 개선 활동도 벌여야 한다. 그러므로 경영활동은 음식점 안에 이러한 일을 잘할 수 있는 방법들을 만드는 일이며, 직원들에게 동기를 부여하여 이 일에 몰두하게 하는 것이다.

또한 손님들이 무엇을 원하는지 알아내는 일에 애써 힘을 기울여야 한다. 그들의 불평과 불만, 요구사항, 개선안들을 수시로 들을 수 있는 의사소통구조를 만들고, 이들과의 공식, 비공식적인 만남의 공간을 정기적으로 가져야 하며, 여기에서 나오는 많은 소스들을 새로운 음식들과 서비스시스템으로 업데이트하자. 마케팅은 고객을 쫓아다니는 활동이 아니다. 그들이 스스로 찾아올 수 있는 매력적인 공간과 상품을 만들어가는 과정이다.

원칙 2. 우리 음식점의 비전과 마케팅 포인트를 일치시켜라

숟가락반상 마실로 리뉴얼할 때의 일이다. 10년 대박 음식점을 뜬어 고친다고 하니 주위에서 처음에는 '왜 저러나?' 하고 생각했다. 어떤 이는 그냥 지금 상태로 벌만큼 벌고 더 이상 어려워지면 그때 그만두는 것이 가장 안정적인 돈벌이가 아니냐고 했다. 맞다. 그렇게 사는 것이 가장 쉬운 방법이었다. 매출도, 시스템도 가장 최적화되어 있는 지금보다 더 나은 적은 없었을 때였다. 하지만 그것이 음식점을 시작했을 때의 흥분과 미래에 대한 꿈은 아니었다. 물질적 부유함이나 외부의 성공이 삶의 목표였다는 초라함과 정신적 쇠약함이 마실을 처음 시작했을 때의 삶을 통해 잊고 살았던 비전을 깨우치게 만들었다.

한식이란 무엇인가? 그 속에 한정식이란 어떤 카테고리를 가지고 존재하는가? 그래서 마실은 어디로 가야 하는가? 불면의 밤을 지새우게 했고 새벽이 오는 어둠을 통해 새로운 빛이 주는 길을 찾아내려 무던히 노력했다. 한국을 느낄 수 있는 맛, 한국의 자연을 음미하게 하는 마실의 음식, 계절별 식재료로 만드는 자연친화적이되 대중적인 한정식, 그러면서도 소수의 사람들이 아닌 다수의 고객들이 부담없이 다가갈 수 있는 품격 있는 마실을 만들고 싶었다. 바로 한국의 음식을 잘 아는, 한국의 자연을 잘 아는 마실이 되는 길. 바로 여기에 사회적 효용성을 다해가는 마실 1.0을 넘어 전환과 창조의 마실 2.0이 될 수 있을 것이라 믿었다.

단순히 먹고 살기 위한 의무로서의 기존의 마실을 거부하고, 음식업에서의 꿈을 구현하고, 삶을 풍요롭게 하는 보람과 의미로서의 일과 직업을 만들어 내기 위한 실천적 노력을 주장할 것이며, 그 주장이 실험되고 모색되는 현장을 스케치하는 것이 숟가락반상 마실의 차별화를 창조할 수 있을 것이다. 당장의 음식을 만드는 기술과 마케팅적 기법이 필요한 시점이라고 여기는 분들의 답답함을 탓할 마음은 없다.

하지만 우리와 같은 고민없이 시작하는 음식업에 10년, 20년을 바라보는 미래가 나올 수 없다. 마케팅은 잔기술의 경연장이 아니다.

원칙 3. 물고기처럼 느끼는 낚시꾼이 되어라

입버릇처럼 하는 말이 있었다. 식당에서는 첫 번째 먹는 고객이나 200번째 방문한 고객에게도 한 끼 밥처럼 중요한 것이 없다. 만일 밥이나 반찬이 떨어져 제대로 대접하지 못할 바에는 차라리 손님을 받지 마라. 괜히 돈 몇 푼 더 벌자고 제대로 된 요리를 제공하지 못하면 그 후과는 우리가 상상하는 이상이 될 것이다. 못 먹고 가는 손님은 다시 찾아오지만 들어와서 제대로 대접받지 못한 손님은 다시는 오지 않는다.

밥을 제공하는 우리에게는 겨우 한 명이 못 먹었을 뿐이라고 생각해서는 안 된다는 것이 지론이다. 앞서 식사를 한 199명의 사람들이 잘 먹었든지 못 먹었든지 간에 그것은 그와 관계없는 일이다. 그에게 중요한 것은 지금 그가 한 끼 식사를 잘 먹고 싶어한다는 것이다.

'손님의 눈으로 보는 음식점'은 물고기처럼 느끼는 낚시꾼과도 같다. 이런 말은 계몽적 성격을 많이 가질 수 있지만 자칫하면 선동적 행태로 나타날 수도 있다. 이것을 극복할 수 있는 것은 변화를 갈망하는 수많은 고객들의 절실한 마음을 간절한 바로 그 심정으로 나타내는 일이다. '나와 같은 생각을 하는 손님들이 많구나. 그렇다면 어떤 음식을 맛있게 만들고 어떤 서비스를 더 하면 만족도가 높아지겠구나. 다음에는 다른 방법을 시도해보아야지.' 이런 생각을 하게 하고 저런 시도를 만들어 우리 음식을 좋아하고 즐겨 찾아주는 열정적인 고객을 만들어내게 된다.

원칙 4. 거래보다 관계를 소중히 여겨라

쇼핑몰의 푸드코트나 휴게소 음식점처럼 불특정 다수를 대상으로 하는, 한번 만나고 헤어지는 음식점은 지양하고 싶다. 쉽고 편하게 장사하는 음식점보다는 배고플 때 보다 좋은 사람을 만날 때 더욱 생각나 찾아오게 되는, 그런 관계 중심의 음식점을 만들고 싶다. 한번 찾아왔을 때의 놀람과 감격이 두 번, 세 번 방문했을 때에 다시금 느껴지고 날 반겨주는 그런 음식점으로 기억되게 만드는 것 이상의 마케팅이 또 있을까?

고객은 늘 옆에 있다. 장사가 잘 될 때도 있지만 손님이 없어 장사가 힘들 때에도 고객은 늘 그 자리에 있다. 단지 내 눈에 보이지 않을 뿐이다. 마실을 소리 높여 마케팅한 적은 별로 없다. 우리를 아는 많은 분들이 마실을 입소문 낸다. 맛있게 드신 손님에서부터 내가 쓴 책과 블로그를 읽은 독자 그리고 주변의 지인들이 자발적으로 스토리를 만들어준다. 해피데이 행사를 통해 도움받은 단체에서도 SNS에 글을 올린다. 마케팅을 외부로 쏟아내는 우리의 주장이라는 표현이 있지만 고객과의 따뜻한 마음의 교감에서부터 시작하도록 노력해보는 것도 필요하다.

원칙 5. 기대를 관리하라

고객의 만족도는 어떤 기업이 실제로 얼마나 잘하고 있느냐보다는, 그 기업이 제공하는 제품이나 서비스에 대한 고객의 기대 수준에 그것이 얼마나 미치느냐에 훨씬 더 민감하게 좌우된다. 이것은 바로 '고객의 기대를 효과적으로 관리하는 것'이 얼마나 중요한가를 지적하고 있다. 나의 비즈니스에서 고객의 기대란 무엇이고, 이를 효과적으로 관리하는 것은 또 무엇인가?

그렇다면 음식점에 대한 고객의 기대란 무엇일까? 맛있는 음식, 친절한 서비스, 믿을 수 있는 위생과 청결, 납득할 만한 가격. 그들이 우리 식당을 찾아오는 이유를 전부 다 충족시키기엔 우리의 준비가 완벽하진 않다. 우리 집 역시 모든 면에서 고객의 취향을 다 맞추진 못한다. 어떤 손님은 음식은 맛있는데 서비스가 불만이라고 말하고 또 다른 손님은 주차장이 너무 좁다고 불평한다. 너무 시끄러워서 밥이 입으로 들어가는지 코로 들어가는지 모를 정도라고 하는 손님도 있다. 한정식집은 이러면 안 된다는 말까지 하는 고객조차 있다.

완벽한 음식점을 운영하겠다는 생각은 일단 버리자. 우리 집을 찾아온 손님이 원하는 대표적인 기대치 한두 개를 정하고 그것을 충족시키기 위해 최선의 노력을 다하라. 밥을 맛있게 지을 자신이 있으면 밥 한 그릇에 모든 정성을 쏟아보자. 해장국을 잘 끓인다면 이른 새벽 따뜻한 국밥 호호 불며 먹을 수 있게 만들어 주어라. 고객은 많은 것을 기대하지 않는다. 한 줄의 김밥에서부터 한상 가득 차려진 한정식에까지 각각의 기대는 다를 바 없다.

내가 떳떳한 곳에서 손님을 맞이하라
: 외식업의 경쟁력은 청결과 위생에서 출발한다

어느 날 집 부근에 있는 쌈밥집으로 저녁을 먹으러 갔다. 방문해 본 적이 없는 곳은 늘 그래왔듯이 핸드폰으로 검색해 본 다음 가는지라 그날 역시 몇 군데 쌈밥집을 검색하고 가장 좋은 평을 받은 곳을 선택했다. 일요일 저녁인데도 자리가 거의 만석이었다. 은근히 부럽기도 하고 눈여겨보아야 되겠다 싶어 자리를 안내받고 나서 여기저기 꼼꼼하게 살펴보았다. 우리 집은 일요일에 손님이 많지 않은 것에 비해 이곳은 손님들이 많이 찾는 것으로 보아 아이디어를 찾을 수도 있겠다 싶어서였다.

바쁜 음식점의 공통된 모습 중의 하나가 주문한 다음 음식이 나오기까지 시간이 너무 오래 걸린다는 점인데 이곳 역시 30분이나 걸렸다. 처음엔 손님이 많아서 그렇겠구나 싶어도 역시 어느 정도를 넘어서면 짜증과 함께 그곳의 험담거리를 찾게 마련인데, 나한텐 30분이 기다림의 한계시간이다. 손님이 먹고 난 상을 치우는 것은 잘 하면서도 새로 들어온 손님한테는 주문조차 받을 생각도 없어 보였다. 물도 셀프, 주문도 부탁하듯이 해야 했으니 무려 반시간이나 되는 동안 식당 여기저기에 눈을 돌리지 않을 수 없었다.

그림 70 외식업의 경쟁력인 위생과 청결 ─────────────

음식점의 기본은 맛이다. 그 이전에 중요한 것은 맛이 아니라 청결, 바로 위생이다. 밑바탕이 맑아야 윗물이 맑은 법. 물론 손님이 많으면 서비스가 제대로 되지 않을 수 있다. 주방이나 홀에서 일하는 직원 수가 규모에 비해 적을 수도 있고 혹은 갑자기 손님이 몰려 동선이 흐트러질 수도 있다. 그런 상황은 어느 음식점에서도 한두 번은 겪는다. 하지만 대부분의 음식점은 장사를 하다 보면 요일별 또는 시간대별 영업상황을 알 수 있다. 바쁜 요일과 시간대가 있는 법이다. 어떤 집은 평일 점심이 바쁘고 또 다른 곳은 토요일 저녁시간대에 손님이 몰린다거나 하는 식이다. 이곳은 일요일 저녁시간대가 바쁜 곳인데도 업주가 직원을 여유있게 배치하지 않았기 때문에 손님은 밀려오고 음식이나 서빙하는 일손은 부족한 상황이 되어버린 것 같았다. 굳이 변명하지 않아도 사진에서 보면 알듯이 카운터와 홀 주방의 상태가 엉망인 것을 보면 주방 역시 직접 확인하지 않아도 알 수 있다.

몇 해 전 일본 외식연수를 다녀오면서 느낀 바가 꽤 많았는데 위 사례와 비교해 보기로 하자. 필자가 운영하는 블로그에 올린 글인데 현장감을 살리는 의미에서 그대로 옮겨보았다.

일본 연수를 갔을 때 둘러본 곳들입니다. 그 중 몇 가지가 생각납니다. 특히 위생과 관련된 부분들이 감명 깊었던 기억이 났습니다. 사진을 보시면서 몇 가지를 말씀드리고 싶네요.

첫번째가 농산물시장을 들렀는데 거의 모든 농산물들의 포장상태가 깔끔했고 위생적이었어요. 이제는 유기농 시장의 경우엔 채소 포장에 재배자의 얼굴과 이름까지 새겨놓는 수준까지 왔습니다. 이것을 우리나라의 한 기업에서 벤치마킹하기도 했고요. 우리나라도 많이 나아지긴 했지만 아직까지도 그렇지 못한 부분이 많잖아요. 호텔이나 학교급식 같은 곳은 납품처리를 위생적으로 포장하거나 소분하더라도 포장해서 소분납품을 요구한다고 하더군요. 그렇게 본다면 아직까지도 우리는 거래처의 납품 상태를 요구할 때에만 포장납품을 한다는 이야기인데, 다른 부분들, 특히 음식점에 납품하는 식자재의 상황은 박스 단위가 대부분이거나 단과 한 단 또는 얼가리 한 단과 같은 단위로 납품하는 것이 현실이라는 거죠. 이제 우리도 엄선되고 품질 좋은 식자재를 사용할 수 있을 정도로 의식수준도 높아졌다고 보입니다. 납품처의 품질수준을 높이는 것이 어렵다면 우리가 납품처의 품질수준을 높이는 것은 어떨까요? 포장해서 납품해달라고 하면 싸고 양 많은 것보다 비싸더라도 좋은 재료가 훨씬 원가관리에 도움이 된다는 것을 장사를 해보니 알게 됩니다. 시금치를 예를 들어보더라도 상품 1박스가 하품 2박스보다 훨씬 알차잖아요?

그림 71 일본 농수산물시장의 포장 모습 ────────

다음으로 들른 곳은 참치 작업하는 곳이었습니다. 이분들의 작업하는 모습을 한번 보시죠. 칼을 놓은 위치며, 물청소하는 것이며, 참치를 사러 오는 사람들이며 그들만의 어떤 집중함. 열심인 모습이 참 인상적이었습니다. 스시 하나로 세계의 외식업계를 쥐락펴락하는 이들의 기초가 바로 경쟁력이라고 하면 좀 그렇지만 꼼꼼하고 기본기에 강한 일본인들의 모습 하나만은 알아주어야겠다는 생각도 들었고요.

그림 72 **일본의 참치작업장 모습**

　마지막 사진들은 음식점 주방 모습입니다. 주방을 꼭 들르고 싶었는데 이곳만 보여주었습니다. 그리 크지 않은 음식점인데도 불구하고 호텔주방처럼 운영되는 느낌이었습니다. 스카프도 하고요. 군데군데 쓰레기통이 있는 것이 인상적이었어요. 모자는 남자, 여자 조리원 할 것 없이 당연한 것처럼 두건을 한 분도 있기도 했지만 쓰고 있었습니다. 우린 아직까지 주방에 가면 머리모양이 흐트러진다는 이유로 모자 쓰기를 싫어하는 조리원들이 있기도 합니다. 조리기구들도 벽에 다 걸어놓고요. 저희 주방만 해도 아직 시설이 열악해서 이 정도도 못하고 있거든요. 솔직히 좀 부러웠습니다.

　이러한 식자재에서부터 시작하여 조리되는 주방과 음식을 제공하는 과정까지 일본 외식업은 세계적인 경쟁력을 자랑하고 있습니다. 이런 경쟁력은 어디에서 나오는 걸까요? 스시 하나로 세계를 제패한 이들의 힘은 과연 무엇일까요?

그림 73 일본의 음식점 주방 내부

2010년 '불만제로'라는 프로그램에서 비위생적으로 제조되고 있는 '단무지편'이 방송된 적이 있었다. 벌레들이 득실거리는 작업장은 물론이고 흡연과 동시에 간단한 손 씻기도 없이 다시 작업을 이어가는 직원들이 태반이었다. 이런 문제점은 단무지 공장뿐만 아니라 일반 음식점들도 마찬가지다. 비위생적인 환경의 조리공간에서는 아무리 뛰어난 실력의 조리사라도 깨끗한 음식을 만들어낼 수 없으며 지저분한 주방문화를 방치하게 되면 대충 만들어내는 것에 익숙해져 음식을 깨끗하게 만들어야지 하는 생각을 자연스럽게 버리게 된다.

좋은 서비스와 맛보다 우선되어야 하는 것이 위생적인 조리공간과 조리과정 그리고 조리사 개인의 위생이다. 청결은 주방을 넘어 고객의 눈으로 평가받는 서비스공간에서도 여전히 중요하게 평가되어져야 한다. 주문한 음식이 나오기 전 고객의 눈은 최초의 접객공간인 카운터와 홀에 머물게 된다. 만일 카운터나 홀이 지저분하다면 마주하는 음식들이 정말 맛이 좋더라도 손님들은 "거긴 맛은 괜찮은데 너무 지저분해서 쫌."이라는 생각이 들고 심지어 그 음식의 재료가 궁금해지며 맛없게 느껴지기도 한다. 너저분하게 널린 옷가지, 신발, 홀에서 쓰는 도구들, 이런 것들이 그 음식점의 이미지로 각인될 것이다. 당연히 손님들은 발걸음을 줄일 것이고 정성들여 만들어내는 음식의 곁을 떠나게 된다. 위생적인 조리공간만큼 중요한 것이 서비스공간의 청결인 것이다.

음식을 만드는 주방, 손님이 식사하는 홀, 직원들이 쉬는 휴식공간, 손님이 대기하는 휴게실 등 음식점의 어느 곳 하나 위생적인 부분에서 소홀히 대해서는 그곳의 이미지는 물론 음식의 맛 또한 변화시킬 것이고 손님들이 선호하지 않는 식당으로 변모할 것이다. 위생적이고 청결한 환경의 조리공간과 서비스공간을 유지하는 것이 좋은 맛을 유지하는 기본이다.

고객의 목적을 달성하게 하라
: 식당에 오는 이유는 무엇인가?

사례 1. 사랑하는 연인과 영화관을 간다고 생각해 보자. 매일 보아도 또 보고 싶고 잠시만 헤어져 있어도 생각나는 사람과 영화관에서 오붓이 둘만의 시간을 보낸다고 상상만 해도 가슴 떨리는 감정이 벅차오른다. 그럴 때 영화는 두 사람 사이에서 어떤 역할을 하는 것일까?

사례 2. 비즈니스 상의 중요한 고객이 골프를 좋아하다는 정보가 있어서 라운딩을 하기로 약속했다. 서로의 실력이 비슷해 라운딩이 끝날 무렵 처음의 서먹했던 관계가 스스럼없는 친구처럼 사이좋게 되어 자주 만나 사업상의 관계 이상의 만남을 가지기로 했다. 이랬을 때 두 사람 사이에 골프는 어떤 역할을 하는 것일까?

사례 3. 평생을 자식들 뒷바라지하시느라 고생하신 부모님의 생신을 맞이해서 분위기가 좋고 음식도 맛있다고 유명한 모 음식점을 찾았다. 형제들과 손자들이 축하하기 위해 먼 길을 마다않고 와 주었다. 케이크를 앞에 두고 부모님의 은혜라는 노래를 부르면서 눈시울이 뜨거워짐을 어쩔 수 없었다. 부모님과 자식들의 자리를 만든 식당이라는 공간은 어떤 역할을 하는 것일까?

사랑하는 연인과 영화를 보는 동안 두 사람은 오랜 시간 손을 마주잡고 서로의 체온을 느끼며 말없는 행복감에 젖어 있을 것이다. 과연 두 사람은 영화만을 보러 간 것일까? 그럴 수도 있다. 하지만 그보다는 두 사람이 같이 있고 싶다는 마음이 영화관을 선택한 것은 아닐까? 또 비즈니스로 인해 거래처와 골프라는 운동을 같이 했지만 그것으로 인해 두 사람과의 인간관계가 더 돈독해지고 향후 더 좋은 비즈니스와 관계를 유지할 수 있다면 골프라는 매개체는 두 사람 사이에 어떤 역할을 하게 된 것인지 생각해 볼 필요는 있을 것이다. 역시 마찬가지로 부모님의 생신을 축하하기 위해 가족들이 선택한 공간은 음식점이었다. 무한한 사랑과 애정을 쏟아 자식들을 키워준 보모님의 은혜에 감사하는 자리에 과연 음식점은 어떤 역할을 하는 것일까?

위에서 예를 든 영화, 골프, 음식점 이들은 내가 원하는 목적을 이루어주는 교량역할을 하고 있다. 영화는 사랑하는 사람과 같이 있고 싶은 교량, 골프는 부드러운 관계유지를 위한 비즈니스의 교량, 음식점은 부모님에 대한 자식들의 존경과 사랑의 마음을 표현하는 교량역할을 하고 있는 것이다.

손님 한 사람 한 사람이 얼마를 먹는가에 따라 일희일비를 거듭하게 된다면 그 음식점의 앞날은 멀고 힘들다. 한 명의 손님일지라도 우리 음식점을 찾는 이유가 있다면 우리는 손님 자체에 충실해야 한다. 축구 경기에서 이기고 있는 팀이 마지막 20분 동안 공을 돌리기만 하고 공격을 하지 않는다면 그 게임은 승리할지 모르지만 축구라는 경기를 통해 명승부를 원했던 관중들에게 외면당할 것이다. 마찬가지다. 식당이라는 업의 본질은 맛있는 음식을 만들어 손님들이 즐겁게 식사하는 경험을 제공하는 것이다. 이러한 음식점업의 본질에 충실하지 않는 곳은 고객들에게 외면받을 수밖에 없다. 영화나 골프도 마찬가지다.

이윤이 음식점의 목적이라고 배웠지만 우리는 잘못 배웠다. 식당비즈니스의 목적은 고객을 창출하고 유지하는 것이다. 이윤은 결과이며 좋은 음식으로 최선의 서비스를 추구한 결과 따라오는 것이다. '우아한 형제들'이라는 회사가 운영하는 음식서비스앱인 '배달의 민족'은 2015년 7월부터 결제수수료를 0%로 내렸다. 앱으로 주문하고 결제할 때 음식점한테는 수수료를 한 푼도 받지 않는다. 배달앱의 수수료 수입은 매출액의 30% 이상을 차지한다고 한다. '배달의 민족'의 2014년 매출이 290억 정도라고 하니 거의 90억 가까운 매출을 포기한 것이다. 요즘처럼 어려운 시기에 수수료 0%로 가맹점주에게는 도움이 되도록 하고 포인트 적립, 할인 혜택 등을 늘려 이용자 만족을 높이고 가맹점을 늘리는 선순환을 만들겠다고 한다.

음식점업의 본질은 무엇일까? 맛있는 음식을 만들고 최선을 다한 서비스로 높은 만족도의 고객경험을 통해 지속적인 재방문구매을 유도하는 것이다. 숟가락반상 마실로 리뉴얼하면서 우리는 기존의 한정식과 새롭게 바뀌는 한정식의 차이가 무엇인지에 대하여 많은 고민을 했다. 지난 10년 동안 마실 한정식으로 열심히 일했고 많은 손님들이 찾아와 어느 정도 기반을 다졌으니 또 이대로 익숙한 기존의 모습을 조금 바꿔 우려먹는 것이 바람직한 것일까? 아니면 한식에 대해 제대로 연구하고 이것을 토대로 마실을 찾아오는 고객들에게 한식에 대한 즐거움을 느끼며 기본을 지키는 음식점도 있다는 것을 알려주는 것이 더 의미있는 것일까? 한국에서 나고 자란 식재료를 사용하여 창의적인 요리를 만들어 건강하면서도 맛있는 음식을 착한 가격에 먹을 수 있도록 한다면. 그래, 어쩌면 이것이 한식을 세계화하고 한정식을 대중화하는 일이 될지도 모르겠다. 돌아가신 스승의 말씀이 생각났다. 서투르고 조급하기만 한 제자를 안타깝게 여기신 선생님께서는 글쓰기와 식당운영이라는 두 가지 화두로 고민하는 것을 안타깝게 여기시곤 언젠가 이런 글을 보내오셨다.

좋은 책을 쓰려 하지 마라. 그 대신 먼저 좋은 식당을 만들어라. 그것이 지금 그대의 일상이기 때문이다. 좋은 식당을 만든다는 것은 '낮 동안 매일 열심히 일하고 저녁이 되어 또 그 생각을 하고 더 잘하려 애를 쓰면, 설혹 어려운 때를 만나서도 어려움에 처하지 않게 된다는 것'이다. 그대의 글은 그대가 운영하고 있는 '한정식 마실'을 가장 특별한 식당으로 만들기 위한 실험 보고서면 좋겠구나. 많은 생각과 상상과 시도와 실험이 바탕이 되면 좋다. 그래서 지금 쓴 것 같은 모습을 취하되, 식당을 시작하려고 마음먹은 사람들을 도와주는 차별적 이야기가 되면 좋겠구나. 맨 얼굴이 좋아야 화장을 해도 예쁜 것이다. 차별적 원본을 만들라는 뜻이다. 그게 없는데 그것을 전하는 글이 예쁘겠느냐? 무대에 오르는 사람은 토할 때까지 노래를 불러야 한다. 재능이 없으면 더 연습해야 하고, 재능이 있으면 게으를까봐 또 연습해야 한다. 재능이란 위험한 것이다. 지금 하는 일에서 그 핵심을 깨우쳐야 한다. 생각하고 생각하고 또 생각해서 공부해야 하는 것이다.

그림 74 숟가락밥상 마실로 브랜드 개편을 위한 브레인스토밍

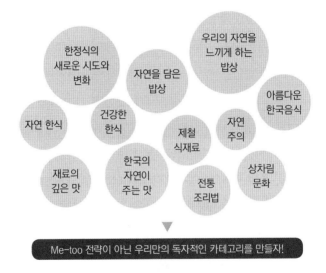

돈을 벌기 위한 식당만이 아닌, 즉 자본의 논리보다는 음식의 가치와 식재료의 건강함 그리고 한정식의 기본을 지키며 운영하는 음식점 하나 정도는 있어야 되지 않을까? 그리고 '한식의 세계화, 한정식의 대중화'를 꿈꾸는 외식인들에게 방문해볼 만한 벤치마킹 대상이 하나 정

도는 있어야 하지 않을까? 그래서 창의적인 음식개발과 슬로푸드가 함께 어우러질 수 있는 맛있고 건강한 한정식을 비싸지 않게 먹을 수 있는 권리가 고객들에게 있음을 알려주는 음식점이 숟가락반상 마실의 방침이 되었다.

그렇다. 비즈니스의 목적은 고객을 창출하고 유지하는 것이다. 음식점의 목적은 우리 식당을 찾아오는 손님이 원하는 바를 달성할 수 있도록 도와주는 것이다. 배고픈 이에게는 맛있는 밥을, 사랑하는 연인에게는 행복한 공간을, 나이 드신 부모님께는 존경과 사랑을 대접하는 자리여야 한다. 손님들이 우리 식당을 이용할 것인지는 이러한 그들의 목적wants을 충족시킬 수 있는가의 여부에 따라 성공과 실패의 경계에 서 있는 것이다. 10년 전 나의 첫 책 〈음식보다 마음을 팔아라〉이콘출판에서도 같은 말을 했다. 10년 전이나 지금이나 음식비즈니스를 하고 있는 이상 그 마음이 달라질 수 없다.

식당이라고 다를 것이 없다. 손님이 다시 올 수 있도록 서비스를 개선하고 주변 환경을 청결히 하며, 언제나 맛있는 음식이 되도록 노력하는 식당이 되어야 하고 그것이 목적인 식당만이 손님이 항상 바글바글한 곳이 된다. 그렇지 않는 식당에게 이윤을 남겨주기 위해 그 집을 찾을 손님은 없는 법이다. 손님을 잃고 번성하는 식당은 없듯이 이윤을 먼저 밝히고 성공하는 식당경영자는 없다. 그렇지만 대부분의 식당경영자는 손님보다 돈을 더 좋아한다. 나 역시도 돈이 좋다. 들어오는 손님보다 그들이 내게 될 밥값에 더 관심이 가는 것이 사실이다. 그러나 그럴 때마다 머리를 흔든다. 저들이 있어 내가 존재하는 것이다. '저들이야말로 나와 일하는 우리 식구들을 먹여 살려주는 신과 같은 분들이야. 저들 마음에 들지 않으면 내일 우리 식구들은 길거리로 나앉을 수도 있어.' 정신이 번쩍 든다. 진심으로 손님들을 고마워해야 한다. 그들이 아니면 지금 나는 할 일이 하나도 없다. 손님이 있기 때문에 오늘 내가 먹고 살 수 있기 때문이다. 적어도 식당업을 하고 있는 동안에는 말이다.

손님에게 몰두하라. 우리 식당이 가진 입지, 메뉴, 홀 내부, 서비스 등을 잘 연구하여 우리 식당의 고객은 누가 되어야 하는지 찾아내야 한다. 그리고 그들이 우리 식당을 찾아오도록 최선의 노력을 다해야 한다. 경기의 목적은 좋은 경기 그 자체이듯이 식당비즈니스의 목적은 오직 손님에게 몰두하는 것 그 이상 그 이하도 아니다. 손님을 돕는 식당. 이것이 식당 비즈니스의 목적이 되어야 한다.[3]

하나에 집중하라
: 술보다 밥, 저녁보다 점심, 남성보다 여성고객

마실을 인수하고 나서 오픈 초기에는 지독히도 손님이 없었다. 점심에는 4, 50명, 저녁엔 30명 남짓한 손님이 거의 전부였다. 당시 손님 한 명이 평균해서 13,000원 정도 판매했으니 평일엔 70만 원, 주말이 150만 원 정도 매출을 올렸다. 첫 달 매출이 3,000만 원. 이렇게 해가지곤 직원들 월급 주고 임대료에다 재료비, 세금 내고 나면 남기는커녕 적자투성이인 앞으로가 걱정이었다.

퓨전한정식으로 아이템을 바꾸면서 준비하는 동안 이러한 매출구조와 수익성만 생각했는데 어느 날 책을 읽는데 대략 이런 내용이 있

---

3) 자료 : 필자의 첫 책 〈음식보다 마음을 팔아라〉 중에서 발췌

었다. '모든 일에는 고객이 있다. 비즈니스의 영역에서 바라보면 내가 하는 모든 행동에 반응하는 상대의 영역이 고객의 리액션이다. 그러므로 그들을 만족시킨다는 것은 그들로부터 다시 나의 쓰임을 받을 수 있도록 해야 한다. 경영적 관점에서 재구매를 의미하는 것이다. 고객의 반응이 재구매를 유도해낸다면 그는 당신의 쓰임에 대하여 만족한 것으로 생각해도 좋다.'

쉽게 이해되지는 않았지만 오랫동안 머릿속에 남아 있었다. 그러다 마실의 방향을 전환시킬 일이 생겼다. 친구들과 식사를 하러 온 마흔 중반쯤 되어 보이는 여자 손님이 계산을 하고 가면서 조용히 이런 이야기를 하고 갔다. 자기는 식사를 하러 왔지 밥을 먹으러 온 게 아니라는 것이다. 오랜만에 친구랑 이야기도 하고 맛있는 식사를 기대하면서 인테리어가 좋다고 소개해서 여기까지 애써 찾아왔는데 영 아니라는 것이다. 손님이 별로 없어 조용한 것까지는 좋은데 오랜만에 만난 친구랑 같이 먹을 만한 음식의 가치로는 부족하다고 했다. 그러면서 여자들은 분위기 있고 음식이 좋으면 찾아가는데, 이렇게 한적한 곳에 분위기가 괜찮고 음식만 좋으면 자기는 자주 올 것 같다고 말했다는 것이다.

한동안 이 손님의 이야기가 머릿속을 떠나지 않는다는 것을 느낀 것이 그때부터 한 달 정도 지났던 것 같았다. 뭔가 뒤가 찜찜한 느낌이 계속되어 하루는 날을 잡고 생각을 정리해보았다. 그 손님은 왜 그런 이야기를 한 것일까?

식당의 활동은 음식을 만들어 손님에게 제공하는 것이다. 그것은 손님을 만족시켜 가는 과정이다. 이것이 음식 비즈니스에서 식당 사장이 이해해야 할 핵심이다. 맛있는 음식을 좋은 분위기에서 먹고 싶은 손님의 요구가 있다면 그런 손님의 만족을 위해 무엇을 제공할 수 있는지를 생각해야 한다. 음식을 만들어내는 것은 그 다음의 일이다. 음식이 어떻게 만들어지는가에 대해서 손님들은 별 관심이 없다. 따라서 재료를 구입하고 음식을 만드는 과정이 음식점 경영의 중심활동인 것은 맞지만 본질이라고 보기 어렵다. 그것은 손님을 맞이하는 공간의 뒤에서 일어나는 일이다. 손님이란 예측하가 힘들고 다양하며, 변덕스럽고 근시안적이며, 고집이 세고 대개는 아주 귀찮은 존재들이라는 어느 식당 사장님의 말처럼, 음식점에서 일하는 상당수의 직원들 특히 홀 서버들은 손님접객에서부터 떨어져 있으면 마음이 편하다고 한다. 오죽하면 주방에서 일하는 사람들은 손님을 상대하기 싫어서 주방으로 왔다는 이야기를 심심찮게 듣기도 한다. 그래서 상당수 음식점 사장들은 자신들이 쉽게 알 수 있고 통제할 수 있는 음식 만들기에 더 집중하고 식당 운영의 비중을 여기에 두게 된다. '역시 식당은 음식이 맛있어야 해. 맛만 있으면 손님들은 알아서 찾아온다니까.' 틀린 말은 아니다. 지금도 맛 하나만을 위해 목숨을 거는 셰프들도 있고 맛집으로 소문난 곳은 한 시간이고 두 시간이고 기다리는 손님들로 가득 찬다.

그런데 여기에 중요한 포인트가 있다. 맛있는 음식을 즐겁게 먹고 싶은 손님들이 누구인가 하는 점이다. 맛있는 음식은 어떤 음식을 말하는 것이며 즐겁게 먹고 싶다는 욕망은 무엇을 의미하고 있는지 생각해본 적이 있는가? 또 그런 손님들은 어떤 유형의 사람들인지, 그들은 어디에 있는지 찾아보았는지. 적어도 이 정도의 생각들은 해보아야 하는 것은 아닐까?

당시는 이런 것까지 세밀하게 분석해보지는 못했지만 그때부터 마실의 고객은 누구인지, 그리고 어떤 스타일의 음식을 판매해야 하는지, 홍보는 어떻게 해야 하는지 등의 문제를 깊이 있게 고민하기 시작했고, 그로부터 6개월에서 1년 동안에 마실을 운영하는 지난 10여 년의 기준 원칙들이 정해졌다고 해도 과언이 아니다.

먼저, 술집보다 밥집이 되어야 한다는 첫 번째 원칙을 세웠다. 처음 시작했다 망한 식당이 고깃집이어서 술을 파는 식당은 하고 싶지 않았다. 그 당시 고깃집에 오는 지인들이 세 번 팔아주면 한 번 정도는 그 사람들한테 식사를 대접하든지 술을 사주든지 해야 했다. 우리 정서상 계속 얻어먹고만 있다가는 아무리 지인들이라 해도 지속적으로 찾아오긴 어려웠다. 또 고깃집은 음식의 특성상 거의 술을 함께 먹는다. 술에 관해서 우리만큼 관대한 민족도 없다. 기분이 좋아서 한 잔, 화가 나서 한 잔, 누구 생일이라고 한 잔, 애경사 때마다 한 잔, 고깃집 같은 곳에 와서는 고기가 있으니까 한 잔. 당연히 식당주인인 나도 그때마다 한 잔을 먹지 않을 수 없었다. 매일 술이었고 1년에 300일은 술을 먹었다. 몸은 엉망이 되었고 급기야 장사스트레스와 술로 인해 당뇨병까지 얻게 되었다.

이러니 두 번째 식당인 마실을 운영할 때는 술을 팔지 않는 음식점을 하고 싶었던 것이다. 음식을 팔면서 술이 자주 판매되는 음식점의 형태를 일반적으로 술집이라고 표현하고 술보다 식사 위주의 음식점은 밥집이라고 한다. 밥집을 하고 싶었다. 어떤 밥이냐는 둘째 치고 일단 술을 팔지 않는 식당이어야 한다는 것이 마실을 시작할 때부터의 속내였다. 한정식을 선택하는 것은 어쩌면 그런 의미에서 가장 당연한 수순이었는지도 모를 일이었다.

둘째, 남자 손님보다 여자 손님들에게 집중했다. 1997년 외환위기 이후 여성의 사회진출이 급속도로 늘어나고 공동체적 가치보다 개인적 삶의 질에 대한 인식이 높아짐에 따라 외식업에서의 여성고객의 비중은 과거와 비교할 수 없을 정도로 높아졌다. 2000년대 이전만 하더라도 외식장소를 선택할 때 가장인 남편이나 아이들의 의견이 반영되는 비율이 높았다면 최근 10여 년의 흐름을 보면 확연하게 달라진 것을 알 수 있다. 여성 특히 엄마의 결정이 압도적으로 높다. 왜 이런 현상이 나타났을까? 가족과 건강한 삶에 대한 가치의 중요성이 현저하게 높아지면서 먹을거리에 대한 신뢰성, 식재료의 안전성, 집밥에 대한 그리움 등에 대한 소구성이 트렌드처럼 사회현상화되었기 때문일 것이다.

마실은 일관되게 여성고객을 위한 전략에 집중했다. 푸짐한 한상차림에는 만족하지만 항상 같은 음식이 나오는 지겨움을 피하기 위해 매 월 새로운 요리를 개발해 신선함을 주었다. 아무리 맛있고 좋은 음식이 있다 해도 소비자가 지출할 수 있는 가격보다 비싸면 이용하기 어렵다. 9,900원 한정식은 점심 한 끼에 1만 원 이상 쓰고 싶지 않은 주부고객들의 마음을 대변해준 점심메뉴로 개발되었고, 이는 대박식당의 출발점이 되었다. 일반음식점과 달리 가정에서는 조미료를 거의 사용하지 않는 주부와 엄마의 건강지향적인 가치를 음식점에서도 이어갈 수 있도록 인공조미료를 사용하지 않겠다는 약속을 전면에 내세웠던 점도 여성고객에 대한 배려였고 마실의 운영원칙이 되었다.

셋째, 밥집과 여성고객이 마실의 주제가 되니 자연스럽게 저녁보다 점심영업이 주된 포인트가 되었다. 지금은 많은 음식점들이 점심영업에 주력하고 있지만 10여 년 전만 해도 낮장사는 그리 흔한 모습은 아니었다. 상당수의 식당들은 저녁장사에 목숨을 걸었고 점심장사는 그저 기본만 해도 잘했다고 할 정도였다. 당시 고깃집 같은 경우 점심 매출은 저녁 매출의 20% 정도만 올리면 잘하는 것이라고 했다. 월 5,000만 원 매출을 올리는 음식점 같은 경우 점심영업으로 1,000만 원의 매출을 올린다고 보면 점심 때 하루 평균 30만 원 정도를 판매한다. 한 달에 이 정도를 파는 곳은 직원들이 평균 6명은 채용하고 있다. 오전부터 출근하는 정직원이 6명인데 점심 때 30만 원을 팔고 저녁에 100만 원에서 200만 원평균해서 150만 원 내외을 팔아야 하는 것이다. 거꾸로 생각해서 점심 때 7, 80만 원을 팔아놓으면 저녁은 100만 원만 팔면 된다. 어느 쪽이 장사하는 입장에서 보면 마음의 여유가 생길까? 점심장사가 안 되서 저녁에 죽어라 팔아야 하는 부담을 가지는 집과 느긋한 마음으로 저녁장사를 준비하는 곳의 손님을 대하는 서비스는 곧바로 경쟁력의 문제로 나타날지도 모른다.

실제로 점심시장이 저녁시장보다 5배나 더 크다고 한다. 최근 대기업 한식 뷔페를 비롯해 점심영업에 집중하는 음식점들이 훨씬 많아지고 있는 것을 봐도 저녁장사에 목을 매고 사는 블루오션시장을 피해 점심장사 아이디어를 개발해 보길 바란다.

마실의 매출은 평일 점심 30%, 평일 저녁 30%, 주말공휴일 포함 40%의 비율을 구성하고 있다. 이른바 3:3:4의 황금비율이다. 평일 점심과 저녁 매출이 비슷하다. 점심이 좀 부족하면 저녁이 보충해주고 그 반대의 경우도 있다. '밥집-여성-점심'이 마실 한정식의 핵심 키워드인 셈이다.

음식장사의 비결은 없다. 대신 잘 하는 것 하나에 집중하길 바란다. 청국장을 맛있게 끓일 수 있으면 청국장의 달인이 되어야 한다. 최고가 된다는 뜻이다. 청국장을 잘 끓이는 사람이 김치찌개도 잘 하고 돼지갈비도 잘 만들 수 있겠지만 최고로서 칭송을 받을 순 없다. 최고라는 자리는 한 사람이 여러 분야에서 동시에 오를 수 있는 그런 의미가 아니다.

필자는 한정식에만 10년을 바쳤다. 고깃집을 하던 시절의 실패와 좌절을 교훈삼아 곁눈질 한번 하지 않고 오직 한정식 한 분야에만 전부를 쏟아 부었다. 술보다 밥, 남성고객보다 여성고객, 저녁장사보다 점심장사에 목숨을 걸고 오직 여기에 전부를 바쳤다. 고깃집, 이탈리안 레스토랑, 한식당 등 이것저것 다 잘하는 매력적인 음식점 경영자들도 많다. 그러나 지극히 평범한 우리로서는 성공의 길이 여러 갈래일 수 없다. 두 개 업장을 운영해보기도 했지만 힘들어 포기했다. 한정식 하나, 가게 하나만 해도 숨이 차고 목이 메어 다른 것을 넘볼 여유가 없었다. 어쩌면 그것이 지금의 마실을 만든 유일한 성공의 이유였는지도 모르겠다.

그림 75 음식점의 영업시간대별 전략 세우기

평일 점심영업

| 주부, 직장인이 주 고객층
→ 가격과 상품력 |

주말 영업

| 가족모임이 주 고객층
→ 콘셉트와 상품력 |

↕ 상호 보완 필요

평일 점심영업

| 회식, 모임고객 → 공간과 가격, 호스트 |

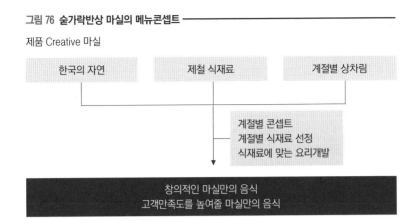

그림 76 숟가락반상 마실의 메뉴콘셉트

제품 Creative 마실

| 한국의 자연 | 제철 식재료 | 계절별 상차림 |

계절별 콘셉트
계절별 식재료 선정
식재료에 맞는 요리개발

창의적인 마실만의 음식
고객만족도를 높여줄 마실만의 음식

모 스포츠 신문의 창업 칼럼에 이런 글이 실러 있는 것을 보았다.

저녁식사의 경우 식사 시간이 비교적 여유 있는 반면, 점심식사는 시간이 한정적인 경우가 많다. 따라서 외식업 운영자라면 점심 매출에서 시간적 제약을 받게 된다. 고객 입장에서는 1시간 내 식사를 마쳐야 하기 때문에 가볍고 저렴한 메뉴를 선화한다. 즉 테이블 단가가 낮다는 이야기다. 업소 입장에서 보면 한정적인 시간 내에 고객회전율을 높여야 하는 절대명제를 갖고 있다. 반대로 저녁식사의 경우 시간의 제약이 없기 때문에 간단한 식사보다는 술과 곁들인 여유로운 식사를 선호한다. 따라서 테이블 당 객단가가 높게 나타난다.

그러면서 점심과 저녁의 테이블 객단가가 적게는 2배에서 2.5배 이상 차이가 난다고 말한다.틀린 말은 아니다. 하지만 이런 경우는 대부분 고깃집이거나 횟집과 같은 술을 주로 파는 음식점의 경우에 해당된다고 볼 수 있다. 이런 유형의 음식점은 저녁 매출이 하루 매출의 80% 이상을 차지하는 경우가 상당수다. 그러다 보니 저녁장사에 더욱 목을 매야 하고 특정시간대에 손님이 몰리면서 인건비 등에서 불가피한 어려움들이 발생하게 된다. 마실과 같이 식사를 위주로 하는 밥장사의 경우는 좀 다르다. 평일 점심 매출과 평일 저녁 매출, 그리고 주말_{공휴일 포함} 매출이 거의 1:1:1의 비율이 최상의 매출 분포다.

실제 장사를 하는 입장이 되어 보면 점심 때 장사가 별로 안 되면 슬슬 걱정이 된다. '저녁 장사가 안 되면 어떡하지? 또는 저녁 예약이 별로 없는데. 이러다 오늘 손가락 빨다가 퇴근하는 거 아냐?' 뭐 이런 생각에서부터 별별 고민이 다 든다. 업종마다 차이는 있지만, 요즘은 점심장사가 잘 되어야 저녁도 잘 된다. 점심장사가 잘 되면 저녁장사는 당연히 별 걱정이 들지 않으니 여유가 있게 되고 덩달아 손님한테도 친절하게 대한다. 선순환의 구조가 만들어진다.

따라서 점심 매출보다는 저녁 매출에 치중해 판매전략을 세울 필요가 있다는 칼럼의 주장이 점심때는 가급적 회전율을 높일 수 있도록 반찬구성을 최대한 간소화하고 서비스는 빠른 속도에 중점을 두면서 저녁때는 접객, 서비스, 메뉴 구성 등 전반적인 업소의 분위기를 달리 가져가고 고객에 대한 역량을 집중시킬 필요가 있다고 하지만 전적으로 그렇게 가는 것보다는 이런 방식이 나을 것 같다.

점심 매출과 저녁 매출이 균등하게 나올 수 있도록 판매전략을 세울 필요가 있다. 점심 때는 가급적 회전율을 높이되 가격 대비 만족도를 느낄 수 있도록 하고 서비스는 너무 빠른 속도보다는 어느 정도의 식사시간_{점심의 경우는 보통 1시간으로 정함}을 보장해 주도록 한다. 그리고 저녁 때는 접객, 서비스, 메뉴 구성 등 전반적인 업소의 분위기를 나름대로의 콘셉트를 정해놓은 스타일대로 가져가고 고객에 대한 역량을 집중시킬 필요가 있다.

음식점마케팅은
매출향상과 브랜드스토리를 동시에 진행해야 한다

요즘 부진에 허덕이는 음식점 사장들을 만나면 자주 하는 이야기가 있다. 필자와 같이 음식점 개선프로젝트를 하려면 꼭 하나 다짐을 해야 한다고. 나는 돈을 받고 하는 컨설팅에 불과하지만 대표님에게는 당신의 삶 전부를 걸고 하는 것이 아니냐고. 그러니 대표님의 전부를 쏟아 부으시라고. 그러면 나도 최선을 다해 돕겠다고 말한다. 그러면 상대방은 대부분 겉으론 끄덕끄덕하면서 나타나는 반응이 '당연하지. 내가 너한테 돈을 이만큼 주는데 그 정도는 해야 되는 거 아냐?' 뭐 대충 이런 정도다. 아직 인생의 쓴맛을 못 보신 분들일수록 더 그렇다.

상담이 오면 컨설팅계약을 하기 전 먼저 현장을 방문한다. 그리고 의뢰인과 함께 현장을 보면서 무엇이 문제인가를 같이 이야기한다. 짧게는 한두 시간, 길게는 서너 시간을 같이 보낸다. 눈썰미 좋은 사람이라면 여기에서 나온 이야기들만 가지고 제대로 실천해도 상당수의 음식점들이 원하는 것을 가질 수 있을 정도다. 어쩌면 첫 만남에서 내가 가진 노하우의 80% 이상을 오픈하는 편이다. 운 좋게 바로 컨설팅계약을 하는 수도 있지만 아직 그 정도에서 계약성공률은 10% 정도에 불과한 편이고, 대부분 2~3차례 만남을 더 가진다. 생각보다 규모가 있고 복잡한 곳은 직원들과 다시 재방문하는 편이 많다. 아직 계약을 하지 않았지만 그래도 보다 더 정확한 현장과 구체적인 대안을 만들어내야만 의뢰인에게 제대로 된 컨설팅을 할 수 있기 때문이다.

그런 다음 천안에 있는 메뉴개발실을 방문하게 한다. 구체적인 개선내용과 매출향상을 위한 로드맵 등을 브리핑^{프레젠테이션}한다. 그리고 최소 2~3시간 제안서를 가지고 함께 토론한다. 물론 이 자리에 많게는 담당직원 2, 3명이 함께 하기도 한다. 신뢰감을 주는 효과도 있고 음식에 관해서는 나보다 이 친구들이 더 전문가이기 때문이다. 이렇게 해서 계약하는 단계에 들어가기까지 최소 1주일에서 길게는 1개월 가까이 시간이 소요된다. 아직 돈 한 푼 받지 못하고 계약도 하지 못한 상태이지만 계약과 관계없이 이 정도 시간이 지나면 우리도 내부적으로 비용이 지출된다. 준비에 따른 물질적, 시간적 비용 등을 합치면 1주일에 최소 100만 원 정도는 선비용이 지출되는 셈이다. 대표인 내 인건비도 인건비지만 직원들의 인건비는 공짜가 아니지 않는가?

어쨌든 그렇게 시작하는 컨설팅이 중간 정도 가면 지지부진해지는 경우가 종종 있다. 예상보다 빠르게 효과가 나타나거나 또는 당신의 생각대로 되지 않아서, 그도 아니면 고객이 무반응인 경우 잔소리를 하거나 참견을 시도한다. '이렇게 합시다.', '여기는 그런 걸 싫어해요.', '이 동네는 좀 특별해요.', '나는 그것보다 저것이 더 좋아 보여요.' 등.

그런데 이 사람들이 하는 모습을 가만히 지켜보면 몸이 귀찮은 경우가 더 많다. 쉽게 생각하고 대충 해서 장사만 잘되고 싶은 마음이 우선이다. 공부해라, 연구해라, 메모해라, 책을 보아라, 새벽에 일어나 사색하고 생각해라. 이런 잔소리 많은 컨설턴트와 같이 일하려니 스트레스가 많아진 탓이다. 머리 쓰는 일이 얼마나 힘든 일인지 해보지 않는 사람은 잘 모른다. 우리랑 전수창업이든지 컨설팅이든지 간에 어떠한 형태로든 인연을 맺은 음식점 대표들 중에서 추천하는 책을 절반이라도 읽은 사람은 아직 채 1/3이 되지 않는다. 아니, 읽기도 전에 매출향상이라는 선물을 받은 분은 더 읽지 않는다. 책, 그딴 거 안 봐도 장사만 잘 되는데 꼭 귀찮게 읽어야 하는 거야? 〈월간식당〉, 〈외식경영〉을 아무리 꼼꼼하게 읽어도 한나절이면 다 볼 수 있는데 머리 쓰는 일은 귀찮게 생각하는 사람들이 더 많다.

또 있다. 하루 한 번 정도는 나랑 통화를 하자고 말씀드린다. 처음에는 그렇게 한다. 내가 먼저 전화를 거는 경우도 있고 그쪽에서 하기도 한다. 짧게는 5분 정도에 끊기도 하지만 길게는 1시간 가까이 통화할 때도 종종 있다. 그것도 낮 시간에는 장사 때문에 바쁘니 대부분 영업마감 후 통화하는 경우에는 대략난감인 경우가 많다. 그래도 어쩌랴. 통화가 길어져도 서로 해야 할 이야기는 끝을 보아야 하고 그래야 다음 날 무엇을 하고 어떻게 진행해야 하는지에 대한 감이라도 잡을 수 있어서 중언부언 아는 데까지 말씀드리려고 노력한다.

난 데이터를 즐겨 인용한다. 귀에 걸면 귀걸이 코에 걸면 코걸이가 되는 말하는 이의 느낌. 정말이지 사라질 순 없겠지만 함축적인 감이라는 느낌에 의거해 어떤 결정을 내리는 것의 후과를 너무나도 잘 알기에 가급적 포스자료와 원가 그리고 현금흐름 등의 구체적인 숫자를 사용하려고 노력한다. 내가 즐겨 사용하는 점심장사와 주말장사에 집중하는 이유 그리고 한상차림 메뉴의 필요성, 고객들과의 교감 맞추기, 원가관리와 매출관리, 손익분석, 현금흐름관리 등. 앞으로 남지만 뒤로 밑지는 장사의 대표 격이 되어버린 음식점에 수치경영이 도입되어야 한다고 그토록 주장하는 이유가 손익계산에서 1,000원이 남았으면 통장에 1,000원이 그대로 남아 있어야 장사가 제대로 되는 것이라고 입에 거품을 물고 떠드는 이유다.

이렇게 데이터를 만들어내는 것도 귀찮다. 나이 들어 컴퓨터를 만지는 게 불편해서다. 현장에서 고객들과 스킨십을 자주 하라고 요구하는 경우가 종종 있다. 레시피대로 조리하는 습관과 자발적 추가습관을 들이라고 한다. 레시피대로 조리하는 습관은 음식의 맛을 일정하게 유지하는 데 이보다 더 나은 방법을 찾지 못해서이고 자발적 추가 습관은 이것이 고객들과 편하게 소통하는 가장 빠른 방식이라는 것을 믿기 때문이다. 문제는 이런 습관을 주인이 먼저 들여야 하고 직원들에게 시범을 보여주면서 그대로 하게 해야 하는데 다수의 주인장들은 직원들한테 밀어버리고는 정작 당신들은 뒷전으로 물러나 감시만 하려 든다.

왜 이렇게 귀찮을 정도로 잔소리를 해대고 책 읽고 메모하고 매일 데이터를 기록하라고 강조하는 것일까?

"고객만족은 재구매다." 음식점마케팅에 관해서 딱 한마디만 하라고 하면 이 명제를 즐겨 언급한다. 마케팅은 고객이 만족하기 위해 시도하는 여러 경영기법들 중의 하나이며, 고객만족은 마케팅이 추구하는 이론적 방식의 대표적인 정량화된 수치기법이다. 그런 업소 입장에서의 고객만족이 원하는 수치적 형태는 매출의 증가다. 매출의 증가라는 증명은 재구매신규고객의 첫 구매와는 좀 다르게 해석함라는 고객들의 리액션이 우리의 목숨을 좌우한다. 이런 고객만족과 재구매의 반응과 응답 사이에 존재하는 마케팅의 핵심적 요인인 매출향상과 내 가게의 인지도를 높여내는 스토리를 만들어 내는 것이 중요한 이유는 두말할 것도 없이 브랜딩이 마케팅의 최종목적이어서이다.

하지만 당장은 매출향상과 스토리 있는 내 가게를 운영하는 것에 집중하도록 노력해 보자. 누군가 우리 음식점을 이용했다면 그 고객은 우리 가게의 매출향상에 기여함과 동시에 음식이나 서버들의 서비스행동, 가게 내외부의 인테리어나 콘셉트 등을 기억할 것이다. 한번 방문한 행위는 한 번의 매출에 기여할 뿐이지만 그의 머릿속에 저장된 음식점과 관련된 스토리_{음식의 맛, 직원들의 서비스행위, 인테리어, POP 등}는 재방문에 결정적 역할을 하게 된다. 음식점마케팅의 핵심 포인트가 여기에 있다.

욕망은 소유를 낳는다. 맛있는 음식과 다시 찾아가고 싶은 식당은 소유할 수는 없지만 재방문이라는 누군가와 같이 식사하는 소모성 독점의 효과를 공유하게 만든다. 이 욕망과 소유의 지점을 파고드는 독점과 공유의 공간에서 음식점마케팅은 자기역할을 부여받게 된다.

그래서 마케팅은 외형적 스토리보다 고객의 인지적 역할에 더 집중하게 되는 것이고 우리들 음식점을 운영하는 이들이 고민해야 하는 것 또한 내 가게의 음식의 맛, 서비스, 공간의 인테리어와 아웃테리어 등에 이야깃거리를 만들어야 한다. 고객의 뇌리에 기억되는 거리, 즉 스토리가 다른 음식점과 차별화될수록 재방문율은 높아진다. 스토리텔링마케팅이 범람하게 된 이유가 여기에 있다.

내용 하나만 더 이야기하자. 음식점마케팅에서 꼭 기억해야 할 점은 음식 이외의 요소는 가능한 튀지 않도록 하면서 음식이나 맛, 조리법, 식재료, 가성비 등의 요소들이 중심에 내세우도록 해야 한다. 주차공간이 좋다든지, 가시성이 최고라든지, 인테리어가 최고급인데다 개별룸이 많아서 모임하기에도 좋다든지 등 이야기들은 양념으로 끼워주는 센스가 필요하다.

그러면서 주인이든지 직원이든지 간에 가게 분위기가 활발하게 유지하도록 노력해야 한다. 지금까지 마케팅 이야기하면서 갑자기 뜬금없이 분위기를 살리라고? 그게 마케팅과 무슨 관계가 있을까 싶겠지만 마케팅 역시 사람이 사람과의 관계에서 풀어내는 공감대 형성이 중요한 역할을 하기 때문이다. 홍성태 교수는 책 《모든 비즈니스는 브랜딩이다》에서 눈을 마주치며 손님을 맞이한 음식점이 그렇지 못한 음식점보다 3배의 매출을 기록했다고 하고, 《데이터의 보이지 않는 손》의 저자 야노 가즈오는 휴식시간을 보장하고 잡담을 유도한 텔레마케터의 대화 활발도가 10% 올라갈 때 매출이 13%가 더 향상되었다고 말한다.

그만큼 일하기 좋은 직장은 즐거운 직장이다. 분위기가 즐거운 음식점은 직원과 고객이 함께 흥겨워진다. 밝고 활발한 음식점이 마케팅활동 역시 능동적으로 수행하는 법이다.

매출과 원가의 상관관계
: 손님이 몰리면 원가는 잡힌다

"소비심리위축, 장기불황, 저성장"이라는 불황의 늪에 빠진 우리 외식업계의 절대 다수를 차지하고 있는 한식당에 대한 우려의 목소리가 높아지고 있다. 특히 이들의 원가부담에 대한 우려의 목소리는 경쟁업소의 폭발적인 증가와 함께 위험수위를 넘어선지 이미 오래다. 특히 구매시점에서의 선점을 위한 가성비가격 대비만족도를 높이고자 가격을 낮추거나 원가율을 높여 고객들의 눈높이를 맞추다 보니 장사를 해도 남는 것이 없다는 볼멘소리마저 나온다. 공멸의 소리가 아닐 수 없다.

대전에서 유명한 고깃집의 대표님과 대화를 나눈 적이 있었다. "고깃집의 원가는 얼마 정도 들어야 정상이라고 할 수 있을까요?" "글쎄요. 대표님 가게는 원재료비율이 얼마 정도 됩니까?" "저희는 고기 포함해서 50%를 넘어갈 때가 많습니다." "그렇게나 많이 들어갑니까? 아니 그렇게 주면 남는 게 있나요?" "잘 모르겠지만 이렇게 해주질 않으면 안 되더라구요. 그러니까 남는 게 별로 없습니다."

통상적으로 한 식당의 평균 원가율을 35%로 잡는다. 최근에는 40%까지 보는 곳도 많다. 그중에서도 고깃집은 45% 정도 잡아준다. 워낙 원육 값이 고공행진중이기 때문에 그나마 이 정도까지 용인하는 편이다. 현장에서 느끼는 체감원가와는 조금 다를 수 있다. 예를 들어 고깃집에 혼자 오지는 않는다. 최소 2명이거나 서너 명은 팀으로 오기 때문에 반찬에 대한 허용수치는 더 여유로울지도 모르겠다. 사실 콩나물을 찬으로 낸다고 보면 두 접시를 줄 양으로 세 접시를 만들 수 있으니 원가에 차지하는 반찬류의 비중은 들쑥날쑥할 수도 있다. 그래도 고깃집의 원가를 떨어뜨리는 것이 술과 식사 주문이 아닐까 생각한다. 술은 대부분 판매가의 30% 선에서 원가가 형성된다. 냉면이나 된장찌개 역시 그 정도이거나 이하라고 보면 될 것이다. 손익계산을 하는 다양한 방법에 따라 다르게 처리하는 경우도 있지만 이러한 직접원가인 재료비 외에 냅킨, 가스, 전기, 수도 등의 간접원가도 있다. 이것 역시 만만찮게 들어간다.

그렇다면 적정비율은 어느 정도일까? 위에서 언급한 것처럼 평균적인 한식당의 경우 매출액 대비 35%를 적정한 원재료비율로 잡는 것이 타당할 것으로 보인다. 칼국수나 냉면처럼 면을 판매하는 곳과 고깃집처럼 원육의 비중이 높은 업종처럼 서로 다를 수 있지만 규모에 따라 서로 적정한 비율을 찾는 평균은 역시 이 정도에서 맞추는 것이 적당하다. 인건비를 20~30%선에 맞춘다고 해도 재료비와 인건비를 합쳐 65% 이상이 되면 수익이 나지 않을 수 있다. 임대료, 사대보험, 부가세, 카드수수료, 소득세, 제세공과금, 운영비 등등을 생각하면 이보다 더 적어야겠지만 허용할 수 있는 최대치의 식재료 원가율은 각자의 판단에 따라 다르다고 봐도 최대한 40%를 넘어서면 정말 힘들지 않을까?

메인음식의 원가를 20% 내외에 맞추고 반찬을 가짓수만 채우는 개념보다는 먹을 만한 찬 위주로 제대로 주면서 넉넉하게 인심을 쓰는 편이 원가관리에 더 효율적이라고 생각된다. 그러면서 식사와 주류 판매에 좀 더 신경을 기울이면 원가는 떨어질 가능성은 다분하다. 물론 많이 팔 수 있으면 이보다 더 주어도 된다.

손익프레임은 음식점의 원가구조에 가장 큰 부분을 차지하는 재료비와 인건비를 적정비율에 맞추어 업주의 수익과 고객만족도를 동시에 높여낼 수 있도록 고안된 원가관리시스템이다. 처음엔 마실에서만 사용할 수 있도록 만들었지만 여러 업종에 적용해보아도 큰 무리가 없어 지금은 가맹점들뿐만 아니라 문의가 오는 곳들에게도 알려주고 있다.

방법은 간단하다. 재료비와 인건비의 비율을 매출액 대비 55~65% 정도에 맞추는 작업이다. 예를 들어 재료비가 35% 정도 되면 인건비는 최소 20~30%에 맞추는 작업을 훈련하는 것이다. 말은 쉬울 것 같지만 실제로는 매일 일일원가분석과 현금흐름분석을 시행해야 가능해진다. 월말에서야 재료비가 지나치게 높으면 업주의 수익은 그만큼 줄어들게 될 것이고 반대로 사람을 적게 채용해 인건비가 낮으면 손님이 제대로 된 서비스를 누리지 못했을 가능성이 높다. 적정한 재료비와 인건비의 구성으로 업주와 고객 모두가 만족할 수 있도록 만들어 주어야 한다.

식당경영자들이 간과하는 점 중의 하나가 매출과 원가관리 중에서 둘 다 잘하려고 한다는 것이다. 당연히 둘 다 잘 관리해야 한다. 그렇

그림 77 **손익프레임표(1)**

매출	100%
재료비	30~40%
인건비	25~30%
재료비+인건비	55~65%
순이익	15~25%

그림 78 손익프레임표(2)

어렵고 힘들지만 달성 가능하고, 실질적 도움이 되는 전략을 수립해야 할 때

매출	100%
재료비	30~40%
인건비	25~30%
제경비	55~65%
소계	75~85%
순이익	15~25%

핵심포인트
1. 재료비 + 인건비 = 55~65% 내에 위치
2. 제경비 = 22% 내외가 되도록 조절
 · 임차료(3%)
 · 수도광열비(2%)
 · 부가세(4%)
 · 공과금(3%)
 · 경비(4%)
 · 감가상각 또는 금융비용(4%)
 · 복리후생비 및 수선비(2%)
3. 자금흐름과 일일분석을 함께 하면 효율적인 관리가 가능

지만 이 중 하나만 잘 해도 나머지 하나는 자연 통제될 수 있다. 매출과 원가 중 필자는 매출에 집중하라고 강조한다. 이익은 원가를 얼마나 조정하고 통제하느냐에 달려 있지 않다. 이익의 극대화는 매출에 달려 있다.

대부분의 식당은 이익률이 낮다. 식당영업에 있어 인건비와 식재비가 가장 큰 원가요소라고 할 수 있다. 이익프레임 구조상 이 둘을 합쳐 매출 대비 65%를 넘어서게 되면 현실적으로 돈을 벌기는 어렵다고 보아야 한다. 75%가 넘게 되면 무조건 적자를 보게 된다. 그러다 보

니 많은 경영자들은 매출이 떨어지거나 장사가 생각보다 저조하다고 여겨지면 광고비용을 줄이고, 직원도 한 명 두 명 내보낸다. 그리고 집안 식구들로 대체하기 시작한다. 그뿐인가. 더 싼 재료를 찾아 원가를 절감하려 한다. 메뉴도 조금 싼 재료로 대체한다. 그 결과는 불행히도 고객들의 불만과 불평을 낳게 되고 말없이 떠나버린다.

　원가를 절감하고 이익을 높이려는 자세는 경영자라면 당연히 해야 하는 것이지만 문제는 사람을 줄이고 재료 비율을 떨어뜨리는 원가절감은 망하는 쪽으로의 관리방법이다. 정히 해야 한다면 매출을 증대시키는 방안으로 원가절감을 해야 한다. 손님이 줄어 직원을 내보내야 한다면 주요영업시간대에는 파트타임 직원을 고용한다든지 해서 고객이 불편을 느끼지 않도록 비용도 줄이면서 현상을 유지해야 한다. 즉 변동비보다 고정비를 최대한 줄여야 한다. 변동비는 매출에 따라 유동적이므로 고객이 얼마가 오더라도 일정하고 변함이 없는 고정비에 비하여 조정하기가 쉽지 않는 면이 있다. 반면 고정비는 임차료, 보험료, 이자 비용 등이고, 정규직 인건비도 고정비에 속한다. 전기, 전화, 수도, 가스 비용도 변동비에 속하긴 하지만 금액의 절대차가 크지 않으므로 필자는 고정비로 분류하고 있다. 재료비는 대표적인 변동비임과 동시에 절감의 폭이 가장 크다. 그렇지만 재료비는 원가절감의 대상이 아니다. 재료비는 매출 증가의 근원적인 주춧돌 역할을 해야 한다.

　손님이 몰리는 가장 큰 원인은 어떻든지 간에 맛이 있어야 한다. 손님들이 계산을 마치고 식당을 나서면서 자기들끼리 식당에 대해 평가할 때 좋은 소리를 들을 수 있으면 손님은 반드시 몰리게 되어 있다. 손님은 약다. 그리고 절대 손해보는 짓은 하지 않는다. 한 번 속지 두 번 속지 않는다는 말이다. 생각했던 기대치보다 떨어지면 자기 돈 주고는 두 번 오지 않는 법이다. 그렇지만 기대치보다 더 만족하면 다시 찾아온다. 이것이 고객의 습성이다. 맛을 좌우하는 최고의 비결은 좋은 재료와 정성이다. 그 다음이 맛내는 방법이다. 고객을 속이지 않는 자세로 운영한다면 식당의 규모에 상관없이 나름대로의 안정적인 식당을 유지할 수 있게 된다.

원가는 이럴 때 잡히는 것이지 장사가 안 되어서 파리가 날릴 때 잡는다고 잡히는 것이 아니라는 것을 알아야 한다. 손님이 몰리는 것을 다른 말로 매출이 증가한다고 한다. 시간이 허락된다면 경영자는 원가절감의 핵심이 매출증가에 있음을 알고 이쪽으로 힘을 집중해야 한다. 매출증가의 비결은 손님이 몰리는 것이고, 고객은 좋은 재료에 정성을 다한 맛있는 음식을 찾는다. 손님이 몰리면 원가는 반드시 잡히게 되어 있다. 요즘 엄청난 고객몰이를 하고 있는 대기업 한식 뷔페의 전쟁 같은 고객 유치 전략도 원가에 있지 않다. 일단 유치고객수를 늘려 매출을 늘리고 원가는 그 속에서 잡는 방식을 채택하고 있다. 피자업계는 신용카드사나 이동통신사와의 제휴로 최소 20%에서 최대 50%까지 할인해 주는 판촉 전략들을 내세워 고객들의 입맛을 유혹하고 있다. 과연 언제까지 저렇게 적자를 보면서 운영할까 싶은 생각이 들지만 그들은 줄곧 성장하고 확장하며 있다.

에필로그

남보다 앞장서 모범을 보이는 일을 솔선수범이라고 합니다. 솔선(率先)은 '남보다 앞장서다'의 뜻이고 수범(垂範)은 '모범을 보인다'는 의미이지요. 말이 쉽지 행동하고 실천하는 것은 어려운 일입니다. 내가 싫은 것은 남도 싫은 법입니다. 손님이 오기 전에 테이블을 정리하고 세팅하는 것이 순서 인데 굳이 손님이 와서야 분주하게 움직이는 음식점들을 가끔 봅니다. 카 운터에 있는 사장은 앉은 채로 "언니야, 몇 번 테이블 손님 받으세요." 하 고는 신문이나 뒤적이는 주인들도 아직 많습니다. 사장은 손 하나 까딱하 지 않고 말만 하고 가만있는데 어느 직원이 먼저 일어나 손님을 접객하려 할까요?

식당을 경영하다 보면 직원들조차 귀찮아하는 일이 많습니다. 손님들이 추가로 음식을 요구했을 때나 아이들을 데리고 와서 자기들은 자리에 앉 아만 있고 아이들은 시끄럽게 놀던 나 몰라라 해 아이들 관리를 해야 할 때 또는 아침에 한 주변 청소를 오후에 또 할 때, 닥트에 낀 기름때 같은 것을 청소할 경우에도 알게 모르게 짜증을 냅니다.

직원들 탓만 할 수 없습니다. 바쁘면 바쁜 대로, 한가하면 그 나름대로 핑계가 있고 이유가 있습니다. 그렇다고 사장 혼자 다 하라는 것은 아닙니 다. 먼저 시작하면 됩니다. 추가로 음식을 달라고 할 때 즐거운 마음으로 가져다 줘 보세요. 내 집 음식이 맛있어서 더 먹겠다는데 어찌 즐겁지 않 을 수 있습니까? 부보가 음식을 먹는 동안 아이들을 잘 데리고 있어 주는 것도 음식점 영업 비결의 하나입니다. 밥 먹을 때조차도 아이한테 신경 쓰 느라 제대로 먹지 못한다면 아이 엄마의 스트레스는 엄청 높아지겠죠. 작 은 배려 하나에 고객은 감사하고 다시 찾아오는 법입니다.

솔선수범은 무엇보다 자기가 하고 싶지 않은 일을 남에게 시키지 않을 뿐만 아니라, 남이 하고 싶어하지 않는 일을 자기가 하는 것입니다. 손님으로 가는 식당과 주인으로 있는 식당의 차이 정도라고 보면 될 것입니다. 고객이 되어 음식점에 가보면 정리되지 못한 테이블이나 지저분한 화장실, 깔끔하지 못한 직원들의 옷차림들을 보게 되면 눈살이 찌푸려집니다. 카운터를 보고 있는 주인의 이미지마저 그렇게 보이면 식사도 하기 전에 밥맛이 떨어지는 것은 당연한 일입니다. 음식의 맛은 70%가 눈 맛이라고 말합니다. 식당의 첫 인상이 좋아야 손님들의 기분도 좋습니다. 이런 곳을 만들려면 직원들만 닦달해서는 안 됩니다. 주인 스스로 단정하게 하는 것은 물론이고 구석구석 손이 미치지 못하는 부분까지 먼저 확인하고 정리정돈해야 직원들이 따라옵니다.

직원들은 주인이 먼저 움직이지 않으면 따라하지 않습니다. 주인이 신문 보고 쉬면 같이 신문 보고 쉽니다. 주인이 자주 자리를 비우면 외출하는 빈도가 따라서 많아지게 됩니다. 직원들은 위험을 감수하고 싶어하지 않습니다. 직원들이 잘못되었다는 말이 아닙니다. 사장인 당신도 어느 날 직원이 되면 똑같이 행동합니다. 그래서 사장처럼 일하는 직원 세 명만 있어도 못할 게 없다는 말이 있지요. 일 못한다고, 청소 못한다고 직원들을 나무랄 필요가 없습니다. 주인이 먼저 일하고 청소하면 됩니다. 자연스럽게 따라오게 만들어야 한다는 말입니다. 교육도 마찬가지입니다. 사장이 배우고 공부하면 직원들도 따라 배웁니다. 습관처럼 하게 만드는 비결은 주인의 버릇 같은 솔선수범이라고 믿습니다.

공부하는데 있어 직원들보다 앞장 서고 모범을 보인다는 것이 말처럼 쉬울 리 없습니다. '예전엔 안 해도 아무 문제 없었는데 왜 굳이 해야 하는 가?' 하는 불평도 묵묵히 감수해야 합니다. 고통스럽고 힘들어도 참고 견뎌야 합니다. 힘들고 불평소리 높아도 옳다고 생각되는 이상 하지 않을 수 없습니다. 그것이 치열한 경쟁 속에서 살아남는 방법이기 때문입니다.

우리가 공부해야 하는 이유는 음식점사업이 사람 중심의 비즈니스이기 때문입니다. 일반적으로 식당업을 입지의존성이 높은 사업 또는 음식서비스 가치판매사업으로도 표현하지만 무엇보다도 사람에 대한 의존성이 높은 사업입니다. 사무자동화나 조리기구나 기계설비 자동화가 많이 이루어지고 있지만 거의 대부분 사람의 손에서 조리하고 사람의 손에서 서비스되는 사업입니다. 한마디로 노동집약적 산업이며, 고객, 종업원, 경영주가 하나가 되어 고감도 서비스연출로 이루어지는 사람 중심의 비즈니스입니다. 그래서 외식업에서 사람이 가장 중요한 자본으로 여겨지는 것이며 그 사람을 공부하고 훈련시키는 것만큼 외식업에서 중요한 것도 없습니다.

한 명의 천재가 수만 명의 먹을거리를 만들어낸다고 모 대기업 회장이 말한 이후 고급인력 확보에 기업들이 사활적 이해를 걸고 인재전쟁시대에 돌입했다는 언론 기사가 외식업과는 전혀 무관하다고 볼 수 있을까요? 다른 어떤 산업보다도 직원들에 대한 노동의존도가 높은 외식업에서 말입니다. 선뜻 귀에 들어오지 않겠지만 아직까지 외식산업에서의 인력의 역할이 고부가가치보다는 단순노동개념의 인력활용 이해 정도로 해석되기 때문에 외식산업과, 호텔경영학과 등 외식산업과 관련된 대학이 활발하게 생겨나고 있지만 식당 현장에서 외식전문가를 찾아보기 어려운 것이 현실입니다. 그러나 한편으로 상권분석전문가과정이나 외식최고경영자과정 그리고 소스아카데미 같은 전문교육과정들이 속속 만들어지고 있는 것이 이제 외식업에도 공부하는 것이 경쟁력을 높일 수 있는 유력한 대안임을 증명하는 것이 아닐까요?

공부하는 외식인이 중요한 이유는 무엇일까요?

먼저 식당운영의 틀을 좌우하는 매출과 이익을 창출하는 원천적인 파워가 이젠 달라졌기 때문입니다. 예전에는 식당 문만 열어도 손님이 찾아오던 시대는 지났습니다. 무한경쟁의 시대에 들어선 지금 음식의 맛을 좌우하는 경영자(관리자)와 고객과의 접점에서 이루어지는 접객서비스가 식당의 흥망을 좌우할 만큼 중요해졌습니다. 이들이 우수한 인재일수록 식당의 성공확률은 높아질 수밖에 없습니다. 사람의 경쟁력이 식당의 경쟁력으로 연결되는 것이며 이 바탕에는 매일 조금씩 노력하고 공부하는 자세가 요구되기 때문입니다.

그리고 능력 있는 경영자나 셰프, 홀 서버들이 원하는 만큼 많지 않기 때문입니다. 오히려 구인난에 시달릴 지경인데 능력 있는 사람을 골라 쓸 만큼의 여유도 없는 것이 인건비 상승 등의 요인으로 보기엔 너무 답답한 현실입니다. 하지만 그렇다고 가만히 앉아 있을 수만은 없잖습니까. 보통 음식점에는 경영자(관리자나 점장 포함), 셰프(주방장 또는 찬모), 영업책임자(홀 실장 또는 서버) 이렇게 세 명 정도만 제대로 있어도 나름대로 경쟁력은 가질 수 있습니다. 고객의 소리를 겸허하게 들을 수 있고, 제대로 된 음식을 일정하게 만들 수 있으며 환경의 변화와 경영시스템을 구축할 수 있는 핵심인력을 구성하는 것은 식당경영자라면 누구나 바라는 꿈일 것입니다. 지금의 외식시장 경쟁에서 이기려면 반드시 갖추어야 할 필수사항이 되었지만 현실은 그렇게 마음먹은 대로 되지 않습니다. 그러려면 더더욱 경영자가 배우고 공부하면서 그런 인재풀을 만들어가야 합니다. 당장은 답답하더라도 하루이틀 사람을 키운다 생각하면서 만들어가다 보면 주변에 제대로 된 인재들이 몰려옵니다. 그런 인재들을 모아내기 위해서라도 내가 공부하지 않으면 안 되는 것이죠.

마지막으로 핵심인력으로 평가되는 직원들은 창업하거나 외부로부터 스카우트를 당하는 등의 명목으로 빠져 나가 상대적으로 식당에서 일하는 인력풀이 갈수록 적어질 수밖에 없습니다. 앞으로 외식업소들이 직면할 새로운 과제는 이러한 능력 있는 핵심인력들을 어떤 방법과 수단으로 붙들어놓을 수 있느냐 하는 것입니다. 그동안 외식업소에 소속된 직원들은 봉급이나 인센티브 등을 대가로 자신의 능력과 아이디어를 제공했지만 앞으로도 우리 가게에만 근무한다고 볼 수 있는지는 미지수입니다. 누군가 당신 식당의 핵심인력을 훔쳐가 버릴지 아무도 모를 일입니다. 반면에 우리도 능력 있는 사람을 데려올 수 있습니다. 그러려면 결국 비용이 들어가고 수익성은 낮아집니다. 직원을 키우고 성장시키는 것이 음식점 수는 많아지고 필요한 사람은 줄어드는 시대에 경쟁력을 높이는 확실한 방법입니다.

> "'사람'은 경영자가 자신의 대부분의 시간을 할애하여 집중할 만한 무엇보다 훌륭한 투자처다. 매출을 챙기고 수익을 챙기는 데 대부분의 시간을 쓰는 경영자는 삼류다. 결코 위대한 기업을 만들어 낼 수 없다. 좋은 경영자의 비밀은 사람에게 자신의 시간을 우선적으로 할애할 수 있다는 데 있다." — 구본형의 《사람에게서 구하라》 중

참고문헌

김영갑(2014). **창업성공을 위한 상권분석**. 이프레스

김영갑 외(2011). **외식창업론**. 교문사

김영갑 외(2009). **외식마케팅**. 교문사

김영혁 외(2005). **우리 카페나 할까**. 디자인하우스

김옥영 외(2011). **작은식당 시작했습니다**. 에디터

김원경(2002). **인적자원관리론**. 형설출판사

김의근 외(2004). **외식사업창업론**. 현학사

김지회 외 (2010). **외식경영론**. 대왕사

김현지 외(2009). **상업공간 디자인**. 신정

김형렬 외(2006). **외식관리**. 한올출판사

대니 메이어(2007). 노혜숙 역. **세팅 더 테이블**. 해념출판사

박기용(2009). **외식산업경영학**. 백산출판사

우이 요시유키(2006). 이성현 역. **성공하는 음식점 창업 및 경영하기**. 크라운출판사

윤종훈 외(2007). **경영학원론**. 학현사

이리에(2010). **음식점 창업과 경영**. 성미당출판

이유재(2008). **서비스 마케팅**. 학현사

장영광 외(2007). **생활속의 경영학**. 박영사

정재훈(2006). **인적자원관리**. 학현사

진익준(2010). **창업성공의 인테리어**. 크라운출판사

홍석천(2008). **나만의 레스토랑을 디자인하라**. 엠북스

宮崎 哲也 (2008). 이우희 역 (2009). **경영학 무작정 따라하기**. 길벗

Meyer, Danny. (2007). *Setting the Table*. Harpercollins.

Walker, John R.(2007). *the restaurant(from concept ot operation)*. Wiley.

Philip Kotler, John Bowen, & James Makens(2003). *Marketing for Hospitality and Tourism(third edition)*. Prentice Hall.

Zeithaml, V.A. & Beither, M.J.(2003) *Service Marketing*. McGraw-Hill.

저자소개

김영갑 교수

1999년 8년간 근무하던 금융기관을 그만 두고 IT사업을 시작했다. 2003년 사업의 다각화를 위하여 처음으로 외식사업에 진출했다. 이탈리아 레스토랑을 시작으로 대형 구이전문 한식 레스토랑 사업, 에스닉푸드 전문점 등으로 확장하여 다 브랜드를 실현하며 현장에서의 경험을 쌓았다. 외식사업을 확장하면서 전문지식과 연구의 필요성을 느껴서 2005년부터 조리외식경영학 박사학위 취득에 매진했다. 박사학위 취득 후 2011년 한양사이버대학교 호텔관광외식경영학부, 외식프랜차이즈 MBA 교수로 임용되어 그동안 현업에서 쌓은 실무능력과 외식경영학 이론을 기반으로 외식산업계의 인재 양성에 주력하고 있다.

2011년부터 상권분석 연구에 매진하여 현재 상권분석전문가 과정 수료생 400여 명을 배출했으며, 2013년부터는 런던, 파리, 시애틀, 로스앤젤레스, 옌벤 등지의 해외 한식당을 대상으로 외식경영 및 마케팅 강의를 진행하고 있다. 소상공인 이외에도 하이트진로, 아모레퍼시픽과 같은 대기업의 점포개발전문가과정, 영업관리전문가과정, 상권분석전문가과정 등을 지도하고 있다.

저서로는 《외식사업창업론》, 《카페창업론》, 《상권분석론》, 《외식마케팅》, 《음식점마케팅》, 《외식메뉴관리론》, 《미스터리쇼핑》, 《창업성공을 위한 상권분석》 등의 대학교재가 있으며, 소상공인을 위한 단행본의 집필에도 매진하고 있다.

박노진 대표

서강대학교 경영대학원을 졸업했고, 구본형변화경영연구원으로 활동하면서 독서와 글쓰기 공부를 했다. 1997년부터 지금까지 단체급식, 식자재유통, 한우전문점에 이어 2006년 퓨전한정식 마실을 경영하면서 지금까지 한식을 바탕으로 한 외식사업을 펼쳐오고 있다.

그동안 실패했던 경험을 거울삼아 바쁜 일상 속에서도 외식 관련 서적 탐독, 대박음식점 벤치마킹, 끊임없는 메뉴 실험 및 개발을 통해 한정식의 대중화와 한식의 세계화에 집중한 외식사업을 펼쳐오고 있다. 특히 10년 대박음식점 퓨전한정식 마실을 2015년 숟가락반상 마실로 업그레이드하면서 가치 중심의 음식문화를 창출하는 등 한식을 새로운 차원으로 끌어올렸다는 평가를 받고 있다.

'slow food & creative menu R&D'을 모토로 한 (주)마실푸드를 설립하여 마실한정식, 마실쌈밥, 마실밥상 등의 전수창업 가맹점을 운영하고 있다. 2016년에는 숟가락반상 마실을 해외에 진출하는 원년으로 삼아 슬로푸드 한식을 세계에 널리 알리는 사업을 계획 중이다. '어제보다 나아지려는 식당을 돕습니다'를 비전으로 항상 공부하는 식당을 강조하고 있으며, 매일 조금씩 읽고 쓰며 생각하는 일을 낙으로 삼는다.

저서로는 《음식보다 마음을 팔아라》, 《공부하는 식당만이 살아남는다》, 《식당공신》이 있다.

김영갑 교수와 박노진 대표의 식당이야기

성공하는
식당에는
이유가 있다

2016년 2월 5일 초판 발행 ┃ 2016년 9월 8일 2쇄 발행

지은이 김영갑·박노진 ┃ **펴낸이** 류제동 ┃ **펴낸곳 교문사**

편집부장 모은영 ┃ **디자인** 김재은 ┃ **본문편집** 신나리 ┃ **제작** 김선형 ┃ **홍보** 김미선
영업 이진석·정용섭·진경민 ┃ **출력·인쇄** 동화인쇄 ┃ **제본** 한진제본

주소 (10881) 경기도 파주시 문발로 116 ┃ **전화** 031-955-6111 ┃ **팩스** 031-955-0955
홈페이지 www.gyomoon.com ┃ **E-mail** genie@gyomoon.com
등록 1960. 10. 28. 제406-2006-000035호
ISBN 978-89-363-1545-0(03320) ┃ **값** 15,000원